AF254203

VOYAGE

AUTOUR DE

LA RÉPUBLIQUE

PAR

Paul BOSQ

PARIS

A. CHEVALIER-MARESCQ, ÉDITEUR

20, RUE SOUFFLOT, 20

—

1884

VOYAGE

AUTOUR DE

LA RÉPUBLIQUE

VOYAGE

AUTOUR DE

LA RÉPUBLIQUE

PAR

Paul BOSQ

PARIS

A. CHEVALIER-MARESCQ, ÉDITEUR

20, RUE SOUFFLOT, 20

—

1884

Méry raconte une historiette intitulée : *Deux Républicains dans une île déserte :*

Deux républicains sont jetés par la tempête dans une île absolument inhabitée. Après avoir pourvu tant bien que mal à leur installation, ils se préoccupent d'instituer un gouvernement et, naturellement, proclament la République. L'un des naufragés représente le pouvoir exécutif, et l'autre le peuple. — Les choses vont ainsi pendant quatre jours. Le cinquième, le naufragé qui représente la nation arbore une loque rouge en guise de cravate. L'exécutif le regarde de travers, finit par le traiter d'insurgé et lui enjoint de faire disparaître cet emblème séditieux. L'autre se révolte, prend les armes, fait des barricades avec les galets du rivage, s'y retranche, repousse les attaques de l'exécutif, le fait prisonnier, le juge, le condamne à mort, lui coupe la tête et la montre au peuple, c'est-à-dire à lui-même.

Du coup, notre homme réunit les pouvoirs de l'exécutif et du peuple ; on peut espérer qu'il n'y aura plus jamais de révolution. Mais cette tranquillité ne tarde pas à peser au vieux républicain ; il se fait de l'opposition, le drapeau rouge est arboré de nouveau ; il se traite de factieux, s'insurge, élève des barricades, les emporte d'assaut, se prend les armes à la main, se condamne à mort, se coupe la tête et se la montre.

Méry, qui était de Marseille, comme M. Thiers, partait de là pour démontrer que la République est impossible avec des républicains. Il attribuait à ceux-ci un penchant irrésistible à se manger les uns les autres.

Nous ne saurions dissimuler que, dans notre *Voyage autour de la République*, nous rencontrerons en toute occasion ce même caractère de voracité. Partout où nous introduirons le lecteur, depuis l'Élysée jusqu'à la moindre préfecture de troisième classe, il trouvera sur son passage quelqu'un qui a envie de manger quelqu'un. Sur toutes les figures, les plus riantes comme les plus sombres, il découvrira un appétit.

Les compartiments divers, où nous l'invitons à se promener avec nous, ne sont guère qu'une suite de petites cavernes où habitent des cannibales civilisés.

VOYAGE
AUTOUR DE LA RÉPUBLIQUE

I. — L'ÉLYSÉE

Le président de la République et l'entourage. —
M. Wilson et les frères Grévy.

Un petit nombre de Français savent que le président actuel de la République s'appelle Jules Grévy. C'est un roi élu, comme Louis-Philippe, avec lequel il a, d'ailleurs, plus d'une affinité ; il dirait volontiers, lui aussi : « Ne me faites pas d'affaires, c'est toute ma politique ». On a reproché au roi de 1830 son amour pour les constructions, le président de 1879 en tient également ; seulement il ne bâtit pas lui-même, il achète tout fait. En voici une preuve que nous donnons comme absolument authentique : M. Duclerc habitait depuis plusieurs années, quand il devint président du conseil, une fort belle maison du boulevard Haussmann ; l'appartement qu'il y occupait, très convenable pour un démocrate, lui coûtait huit mille francs par an, et M. Duclerc trouvait la somme fort honnête. Un jour, pourtant, il apprend que l'immeuble a changé de propriétaire et que son loyer est porté à dix mille francs, un cinquième en sus.

Il va aux informations, demande le nom du nouvel

acquéreur, se heurte à un certain embarras chez les personnes qu'il interroge, et finalement se promet d'avoir, coûte que coûte, la clé de cette énigme.

Il l'eut plus tôt qu'il ne l'espérait. Le lendemain, au conseil, le président de la République le prenait à part et lui disait de son air le plus aimable, en lui tendant la main : « Ne vous inquiétez pas, mon cher ami, c'est moi ! »

Le portrait de M. Grévy traine à toutes les vitrines ; on dit, cependant, que l'original a cessé depuis quelque temps de s'exposer aux trahisons de la photographie et même aux flatteries de la peinture. Il évite Bonnat qui lui en voudrait, sans doute, d'avoir laissé pousser toute sa barbe ; c'est la première fois qu'on voit, en France, un chef d'Etat si barbu. L'âge de M. Grévy a toujours été un mystère, comme la révélation de son prénom a été une surprise, puisqu'il s'appelle Judith et non Jules. On sait qu'il s'est battu en 1830, ce qui lui donne au bas mot, soixante-quatorze ans. Au mois de janvier 1886, quand son septennat sera expiré, il en aura soixante-dix-sept ; il n'est pas convaincu que ce soit l'âge de la retraite.

A quelqu'un de ses familiers qui regrettait un jour devant lui que le pouvoir présidentiel fût réduit à sept années, il répondit avec un sourire :

— Peu importe, pourvu que ce soient les sept vaches grasses.

Ceci prouverait que les dehors graves et volontairement solennels du président cachent un certain esprit pratique ; c'est, avant tout, un homme avisé. Il a

passé sa vie à réaliser à son profit cette sage maxime :
« Bien employer le peu qu'on a. »

Son existence politique est une série de bons placements.

Un capital, quel qu'il soit, a-t-il jamais donné de plus gros intérêts que le fameux amendement Grévy ? Il nous suffira de rappeler que, pendant toute la durée de l'empire, M. Grévy a vécu sur cette unique ressource, et, lorsque les électeurs du Jura le renvoyèrent, en 1868, siéger au Corps législatif sur les bancs de la gauche, c'était encore l'homme de l'amendement. Depuis lors, on a fait, dans les premiers mois du gouvernement de M. Thiers, l'expérience de cette fameuse recette, et on en a constaté le néant. Elle n'en a pas moins enrichi et casé son inventeur. Il sera toujours piquant de voir à la présidence de la République un philosophe qui ne veut pas de président et qui met une certaine coquetterie à prouver qu'il n'en faut pas.

M. Grévy est pourtant à la place qui lui convient le mieux. Député ou président de la Chambre, il avait des lacunes ; président de la République, il en a encore davantage, mais il a au moins l'air de le faire exprès. D'ailleurs, il a constamment éprouvé une certaine antipathie pour la politique militante ; elle chiffonne trop son homme, et M. Grévy tient avant tout à rester correct ou à le paraître. Ceux qui l'ont approché de tout près ont toujours cru reconnaître en lui un paresseux aimable et un pince-sans-rire désabusé.

Plus artificiel et plus calculé que les badauds ne le

supposent, il agit généralement avec une longue préméditation ; mais il est certain que son indolence naturelle répugne au bruit et à la lutte.

Agir, n'est point son fait ; il a toujours eu peur du mal qu'il faut se donner pour devenir et rester un véritable chef de parti ; il est pour les positions indépendantes et inamovibles. M. Thiers, qui prévoyait sa grandeur future et saluait d'avance en lui le triomphe de la bourgeoisie républicaine, disait quelques mois avant de mourir : « Ce sera Béranger président de la République. »

Toutes les présidences, autrement dit toutes les sinécures, lui étaient d'avance dévolues. Au fauteuil de l'Assemblée nationale, il demeura fidèle à ses opinions politiques et plus fidèle encore à son caractère personnel. Négligent par nature, il le fut de parti pris ; il posa pour la négligence. Un très vif amour-propre, qui perce en lui sous des apparences de détachement, le poussait à prendre de haut et à remplir un peu dédaigneusement les fonctions qu'une Assemblée royaliste lui avait confiées. Son chapeau rond, sa redingote et quelquefois son veston semblaient dire à cette majorité d'adversaires :« Je ne suis que le serviteur du peuple. » C'était Roland se présentant chez Louis XVI en gros souliers. Dans un de ses moments de distraction volontaire, il laissa passer le fameux *bagage* de M. Le Royer qui lui coûta la présidence et précipita M. Thiers, par ricochet.

Les républicains louent beaucoup sa simplicité ; ils ont loué longtemps sa vertu. Ce sceptique de Laurier

y fut pris lui-même, il aimait à répéter que M. Jules
Grévy était « une sorte de Phocion légèrement teinté
de Franklin ». Un autre, moins révérencieux, disait
de lui : « C'est Aristide Paturot. » Dans ces derniers
temps, Gambetta, très désillusionné du bonhomme et
ayant trouvé en lui à maintes reprises moins d'innocence qu'il n'eût voulu, s'écriait dans un mouvement
de dépit : « C'est Prudhomme-Machiavel ! »

Quoi qu'il en soit, la bonhomie apparente ou réelle
de M. Grévy a exercé sur beaucoup de gens une séduc-
tion qui n'est point encore complètement dissipée. Du
temps qu'il habitait rue Saint-Arnaud, son petit hôtel
était ouvert à tous ; le moindre solliciteur franchissait
librement la porte de son cabinet et en sortait avec
des promesses. Devenu président de la République,
M. Grévy s'empressa d'abord de transporter à l'Elysée
ce vaniteux mépris de l'étiquette. Sénateurs, députés,
politiciens de toute provenance et de toute valeur
avaient continuellement accès auprès de sa personne,
et tous vantaient sa bienveillance et sa bonne grâce, le
charme de sa conversation, sa familiarité, sa finesse et
aussi son penchant à l'épigramme. Il n'a pas son pareil
pour vous déshabiller un homme en trois mots qui ont
l'air d'un compliment ; il triomphe dans les *seulement*
de Barrière. Aujourd'hui, tout est bien changé ; la
porte du cabinet s'ouvre moins facilement ; l'homme
grave qu'elle protège se montre plus réservé dans ses
propos, et ses entretiens se réduisent généralement à
des politesses monosyllabiques. L'Élysée s'est insen-
siblement transformé ; il semblerait qu'une main mys-

térieuse a chambré le président de la République.

Serait-il vrai, comme les méchants l'insinuent, que le vieillard attristé passe aujourd'hui tout son temps à gaver *Bébé* et à regretter Duhamel ?

*\
* *

M. Wilson est auprès de M. Grévy comme un coadjuteur discret qui conduit tout, en conservant à son évêque l'entière apparence du pouvoir. Il est le bras droit du président de la République, mais il s'en défend ; il dirige les pièces sur l'échiquier, mais cache soigneusement la main qui les pousse, laissant ainsi à son beau-père le profit et l'honneur de la victoire. Il a fait Gambetta échec et mat, sans en tirer vanité ; il battra Jules Ferry, avec la même modestie. — « C'est le roi des gendres ! » murmure parfois le président d'une voix attendrie, et il ajoute tout bas « Il serait digne d'être le gendre d'un roi. »

M. Grévy s'accommode à merveille de ce régime ; il ne lui déplaît point de vaincre sans péril et de triompher sans lutte. Il adore ce gendre qui le dispense d'agir et presque de penser. Dans sa sollicitude, il l'a logé tout près de lui, sous sa main, à portée de sa voix. Ils vivent ainsi les uns à côté des autres, les grands-parents dans les vastes appartements du palais et le jeune ménage dans l'aile droite. Ce petit coin est animé, vivant, un peu bruyant même les mercredis et vendredis, qui sont jours de réception.

A quelques pas de là, tout ce bruit s'éteint, toute

celte animation cesse brusquement. Un grand calme règne dans les appartements de M. Grévy ; un grand calme et aussi une grande solitude. Le président de la République vit là comme à Mont-sous-Vaudrey, sauf les lapins. Démocratiquement chaussé de pantoufles de feutre, endossant de vieux vestons qu'il faut bien achever d'user, ce petit bourgeois aime ses aises et ne les sacrifie point aux vanités officielles. Les huissiers sommeillent sur leurs chaises et, lorsque le président passe, ils se soulèvent à demi, en murmurant d'une voix de somnambule : « Voilà papa. »

Tandis que M. Wilson saute de bonne heure à bas de son lit de camp, court à sa large toilette encombrée de brocs énormes et s'inonde d'eau froide, M. Grévy repose jusqu'au dernier coup de huit heures. Sa première pensée est pour son canard, déjà nommé.

A neuf heures et demie, M. Grévy quitte le bassin de *Bébé* et se rend dans une immense pièce du rez-de-chaussée, toute tendue de tapisseries des Gobelins : c'est son cabinet. Mollement enfoncé dans un large fauteuil, il prend, sur la grande table où ils sont posés en tas, les journaux de toute opinion et de toute nuance ; il les parcourt un peu au hasard de la cueillette, lisant articles et informations, sans négliger le cours de la Bourse. Mais onze heures sonnent, c'est l'instant solennel ; il ouvre une petite porte et le voilà chez son gendre. Ici, l'ameublement est simple et l'installation dénote des habitudes d'ordre et de travail. Les cartes accrochées au mur sont disposées pour être facilement consultées ; les brochures, les volumes, les dossiers qui encombrent les planchettes sont à la portée de la main et soigneusement classés. C'est le cabinet d'un travailleur, d'un homme d'affaires ; point de bibelots, point de tableaux, pas de volumes rares et richement reliés. Tout est disposé pour faciliter les recherches, pour assurer la prompte et bonne expédition de la besogne courante ; rien ne concourt au plaisir des yeux, ni au délassement de l'esprit.

Dans ces conversations du matin, bien des ministères ont été faits et défaits, si l'on en croit la chronique, et la petite porte qui met les deux cabinets en communication est fréquemment ouverte en temps de crise, alors que les coureurs de portefeuilles se succèdent sans relâche à l'Élysée. On dit même que M. Jules Ferry, pour être demeuré trop longtemps à chercher son pardessus dans l'antichambre, entendit certain soir une conversation qui dut lui laisser peu d'illusions sur les sentiments personnels qu'il inspire à l'Élysée.

Les mercredis et vendredis, il y a foule chez M. Wilson pendant toute la matinée ; hommes politiques, banquiers, coulissiers, agents de change, directeurs de journaux, sénateurs, députés, reporters, se coudoient, s'entassent dans les antichambres. En peu de mots et avec une grande netteté, M. Wilson indique à chacun l'article du jour, le discours à prononcer, l'attitude à prendre, conclut une affaire, donne ses ordres de bourse et, lorsque le dernier visiteur est parti, il n'a point perdu sa journée.

Son beau-père éprouve quelque difficulté à remplir

et surtout à varier la sienne ; son Élysée est monotone. M. Grévy ferait sans interruption les mêmes
choses aux mêmes heures, si les ministres ne se
réunissaient chez lui le mardi et le samedi de chaque
semaine. Le président de la République se doit aux
affaires de l'État ; il le sait et leur sacrifie, sans trop
se plaindre, quatre heures en deux fois. Ces jours-là,
à dix heures sonnant, M. Grévy, grave et ponctuel, traverse son cabinet et pénètre dans la salle du conseil.

Il assiste aux débats, mais sans les diriger, sans y
prendre une part bien active. Il sait, du reste, que ce
n'est là qu'une formalité, tout ayant été réglé et
résolu dans les conseils de cabinet que préside M. Jules
Ferry. La représentation est donc sans intérêt, les
acteurs débitent leurs rôles du bout des lèvres, ayant
épuisé leurs effets aux répétitions. M. Grévy écoute et
pose parfois une question ; s'il risque par hasard une
observation, c'est avec le laconisme et le ton d'un
sceptique qui n'ignore point que le siège est fait. Presque toujours, il laisse parler ses ministres sans les interrompre ; mais s'il se décide à dire : « Je crois qu'il
serait sage de ne point procéder ainsi », ou bien encore :
« Prenez garde, vous avez peut-être tort de faire cela, »
tenez pour certain que le cabinet est en passe de commettre quelque grosse sottise. D'ailleurs, il n'insiste
pas et ne réplique jamais ; il se borne à hocher doucement la tête, comme pour donner à entendre qu'il
n'est point convaincu, mais qu'il renonce à sauver malgré eux des obstinés qui veulent se perdre.

Un jour, cependant, M. Grévy sortit de son mutisme

et se montra moins réservé. Gambetta venait de mourir ; Fallières était ahuri, Duclerc effaré, tout le ministère anéanti. Le président entreprit de relever leur courage, tout en payant au défunt, qui n'était point de ses amis, un juste tribut d'éloges : « Gambetta est mort, dit-il d'une voix solennelle, c'est un malheur... mais il était arrivé au moment où sa popularité déclinait ; peut-être même eût-il mieux valu pour lui mourir plus tôt... Enfin, en République, il n'y a pas d'homme indispensable... commençons, messieurs, l'examen des affaires. »

Celles de l'Etat ne lui font point négliger les siennes.

Molière a donné, dans une de ses comédies, une recette infaillible pour fonder et accroître sa fortune : recevoir beaucoup et dépenser peu ; Plaute l'avait révélée avant lui. Le Président, qui est un lettré, fait grand cas de Molière et de Plaute ; mais, en sage qu'il est, il n'exagère rien. Il sait, lorsqu'il le faut, donner de publics témoignages de sa générosité. Les incendiés, les inondés, les victimes de désastres divers ne s'adressent jamais en vain à son cœur et à sa bourse ; il leur ouvre l'un et entr'ouvre l'autre.

Lorsqu'il fut question d'élever un monument à Gambetta, il ne se fit point prier et fut le premier à offrir son obole. Tout pesé, il jugea que cinquante francs était une somme honnête et s'en tint là. Il ne pensait plus à cette affaire, lorsqu'un jour de conseil, les ministres firent circuler autour de la table une liste de souscription ; M. Grévy y jeta machinalement les yeux

et s'assura que chaque Excellence venait de s'inscrire
pour vingt-cinq louis. Était-ce une leçon ? Il le crut et
l'accepta de bonne grâce ; il ajouta un zéro à sa souscription primitive et tout fut dit. Le sacrifice fut peut-
être pénible, mais il n'en laissa rien voir. Il n'aimait
pas le défunt plus que de raison et se dit sans doute
que, si un ennemi mort sent toujours bon, il n'avait
lu nulle part qu'il fût agréable de se mettre sur la
paille pour lui bâtir un mausolée.

Autour du président et de son gendre, *grévitent* deux
frères qui communiquent une gaîté décente aux soirées
de famille.

Le général est un guerrier modeste, qui n'a jamais
fait parler de lui, et un sénateur taciturne. Le public
ignorerait jusqu'à son existence, si l'on ne découvrait son
nom dans quelques scrutins, mais il vote, donc il est.

Quant à Albert, tout dans sa personne, démarche,
voix, geste, trahit l'admiration qu'il s'accorde. Il rêva
un jour de hautes destinées : son frère était quelque
chose comme roi de France, pourquoi ne serait-il pas
vice-roi d'Algérie? Il le fut et *Monsieur* fit son entrée
triomphale dans sa bonne ville d'Alger.

A vrai dire, ce fut un vice-roi fainéant, entouré de
maires du palais démesurément actifs ; il ne fit rien
par lui-même, mais laissa beaucoup trop faire à côté
de lui. Il s'isolait dans sa gloire, croyant fort ingénu-
ment se grandir aux yeux des indigènes en leur voilant
sa majesté. Les chefs les plus riches, les plus puissants, les plus fiers et les plus braves durent faire antichambre, perdus dans la foule des solliciteurs, sans

jamais obtenir d'audience. Un beau jour, ils ne revinrent plus : ils venaient de s'insurger. — *Monsieur* s'évada de cette Algérie où il était entré en triomphateur.

M. Grévy aime ses frères et apprécie, dans une juste mesure, leurs qualités ; mais il leur reproche de manquer d'entrain. Dans leur compagnie, il regrette ces bonnes soirées d'autrefois que remplissait de ses plaisanteries un peu grasses et de sa verve de commis-voyageur ce boute-en-train de Duhamel. Certes, il était bruyant, familier à l'excès, bavard comme une portière, ce diable d'homme, et vous avait des allures de tapeur sur le ventre qui ne plaisaient pas à tout le monde ; mais comme il savait animer une partie de billard ! Jouant juste assez bien pour rendre la victoire glorieuse, il n'était point assez habile pour vaincre. Et aux échecs, quel partenaire incomparable ! Toujours battu et toujours content, poussant l'habileté jusqu'à gagner de temps à autre une partie pour donner plus de prix à ses innombrables défaites.

Ce temps n'est plus ; et lorsque Albert manque un carambolage, lorsque le général commet un raccroc, le président pousse un soupir et murmure mélancoliquement un nom qu'il n'ose pas achever.

II. — LA CHAMBRE DES DÉPUTÉS

Le Palais-Bourbon

Bâti sur le terrain du Pré-aux-Clercs, le Palais
Bourbon semble prédestiné aux batailles. C'est le
conseil des Cinq-Cents qui l'a inauguré ; le Corps législatif du premier empire y a remplacé les Cinq-
Cents, puis on y a vu siéger successivement les Chambres des députés de la Restauration, de la Monarchie de Juillet et du second Empire.

La façade nord, qui fait pendant à la Madeleine, est
une copie du *Frontispice de Néron*. La façade sud, qui
regarde la place de Bourgogne, a un tout autre caractère ; c'est un arc de triomphe ou portique d'architec-
ture corinthienne, flanqué d'un double entre-colonne-
ment du même ordre. On y accède par une vaste cour,
généralement solitaire, qui sert de station aux voitures
des ministres et qui se rétrécit tout à coup pour former
la cour d'honneur. Elle aboutit à la grande porte de
bastille par laquelle entrait Louis-Philippe lorsqu'il
venait ouvrir la session des Chambres.

C'est, d'ailleurs, le seul roi qui en ait usé. Depuis
trente-cinq ans, elle est restée obstinément fermée,
même devant l'invasion du 4 Septembre, qui a préféré
se glisser par un escalier latéral.

Au milieu de la cour d'honneur, s'élevait la tribune de la fameuse *Salle de carton*, immense baraque en planches qui abrita la Constituante et la Législative de la seconde République. Provisoire et fragile comme le gouvernement qui la vit naître, aucune mésaventure ne lui fut épargnée ; on put même croire un moment qu'il faudrait renoncer à l'idée d'y voir siéger les représentants du peuple. Les ouvriers faisaient grève et s'opiniâtraient à laisser en suspens cette construction républicaine. C'est à peine si l'éloquence de Louis Blanc, leur favori, put avoir raison de leur résistance et les déterminer à achever l'édifice inviolable, qui fut violé trois mois après.

Le portique de la façade nord, avec son fronton et sa vaste colonnade, a été ajouté par Napoléon Ier au bâtiment primitif et collé pour ainsi dire comme un décor artificiel sur l'informe masse de pierre construite par la Convention. L'Empereur s'était réservé le privilège de monter seul le superbe escalier de trente-quatre mètres de largeur, gardé à droite et à gauche par les deux statues colossales de Minerve et de Thémis.

Ces deux respectables déesses ont donné lieu, d'ailleurs, à beaucoup de plaisanteries. On a dit que les législateurs laissaient la Sagesse et la Justice à la porte.

Napoléon se rendait au Corps législatif entouré d'un brillant état-major. Un régiment de guides lui servait d'escorte et se rangeait en bataille dans la salle des Gardes, qui donne accès dans l'intérieur du palais et domine la salle des séances. Par un mouvement facile à exécuter, l'Assemblée pouvait être cernée en un clin d'œil et prise comme dans un filet. Napoléon se rappelait certaines difficultés du 18 brumaire

Louis XVIII adopta le cérémonial de l'Empire jusqu'au jour où, devenu impotent, il convoqua les Chambres au Louvre ; exemple qui fut suivi par Charles X et, plus tard, par Napoléon III.

Sous Louis-Philippe, roi citoyen, l'appareil militaire fut moins imposant ; le roi n'était accompagné que de ses ministres, de quelques aides de camp et des gardes nationaux de service qui l'escortaient jusqu'à la salle du Trône. Le trône était un fauteuil en bois doré, recouvert de velours cramoisi ; il est visible encore aujourd'hui sur son estrade. On dirait qu'il attend quelqu'un. Jusqu'à nouvel ordre, la salle est abandonnée aux sténographes.

Tout le monde a vu les statues de Sully, de Colbert, de l'Hôpital et de d'Aguesseau, qui regardent le pont de la Concorde ; celle de Colbert a servi quelque temps de corps de garde. Un souvenir parlementaire se rattache à ces figures. Le général Foy, exaspéré contre M. de Serres, l'apostropha un jour en ces termes : « Pour toute vengeance, pour toute punition, je vous condamne, monsieur, à tourner les yeux, lorsque vous sortirez de cette enceinte, sur les statues de l'Hôpital et de d'Aguesseau. » — L'histoire, plus juste que l'éloquence, a proclamé que M. de Serres pouvait les regarder sans rougir.

Salle de la Paix. — C'est là, qu'avant la séance et même pendant la séance, les députés se promènent pêle-mêle, pacifiquement confondus, comme des avocats avant l'audience ; on l'appelle aussi la salle des Pas-Perdus. Les solliciteurs trouvent généralement qu'elle justifie son nom.

Aux deux extrémités, deux groupes en bronze. En entrant, *Arria et Pœtus*, groupe tragique où l'on cherche en vain la fameuse inscription, *Pœte, non dolet*, qui prêtera toujours aux plaisanteries des collégiens. Au fond, une copie du Laocoon qui, depuis de longues années, fournit matière aux saillies des beaux-esprits ; les serpents figurent l'opposition poursuivant le pouvoir de ses dards empoisonnés ; Laocoon représente le martyre du gouvernement. En 1839, on trouva sur le piédestal du groupe ce quatrain écrit à la craie :

> Chacun, dans ce héros troyen
> Qui vainement raidit ses membres,
> Reconnaît le roi-citoyen,
> Et, dans les serpents, les deux Chambres.

Cette salle, la plus vivante de toutes, est généralement envahie par une véritable cohue où se pressent et se heurtent députés, sénateurs, préfets, secrétaires des ministres, journalistes de toute couleur, sans compter les mendiants qui formeront toujours le gros de la réunion. C'est là que les électeurs viennent traquer leurs élus. On y verrait défiler en un jour toute la représentation nationale, et c'est là qu'on va observer les types originaux qui la composent ; ils s'y montrent plus volontiers dans tout le déshabillé de leur nature. Je n'ai pas la prétention de les passer tous en revue.

Tantôt c'est Wilson et Sadi-Carnot, ces deux inséparables, séparés toutefois par un petit intervalle, car Sadi suit Wilson et ne lui prend le bras que lorsque l'autre se retourne pour s'assurer qu'il est suivi.

Voici Clémenceau, animé, affairé, tumultueux, toujours prêt à raconter une anecdote ou à décocher une épigramme. Il a ses flatteurs qui lui font une cour et se pâment d'avance aux bons mots qu'il va dire.

Voici Arthur Picard, la poitrine au vent, qui s'avance les deux pouces dans les entournures de son gilet ; tandis qu'Andrieux, hochant la tête, semble se parler à lui-même et ne s'arrache à ses ironiques méditations que pour sautiller à cloche-pied et jouer à la marelle sur les dalles parlementaires.

M. Paul Bert traverse rapidement la salle, suivi depuis quelque temps d'un curé opiniâtre qui s'attache à ses basques et ne le quitte qu'au seuil de l'enceinte réservée. Évidemment, cette soutane compromettante est le châtiment de M. Bert ; on sent qu'il voudrait la repousser, mais il n'ose et chacun rit autour de lui de ce cauchemar vivant qui s'attache à ses pas. C'est une question qu'on se pose de savoir lequel des deux est la victime et lequel des deux est le bourreau. On croit généralement que le curé enterrera l'autre ; c'est son état.

Blancsubé pérore, le teint allumé, bruyant, tapant sur l'épaule ou le ventre de son interlocuteur ; il s'efforce de maintenir un pantalon qui s'obstine à glisser.

Brialou semble tout ahuri d'être là comme député ; il parle peu et étudie les allures de ses collègues, pour se former aux belles manières. Il contemple surtout avec admiration le jeune Emmanuel Arène qu'il regarde évidemment comme l'arbitre de toutes les élégances. Mais celui-ci ne s'aperçoit pas de l'admiration qu'il inspire; il est trop absorbé par une conversation intime avec l'opulent Récipon.

Tony Révillon, qui travaille à se faire la tête de Béranger, circule souriant et paterne ; la fleur des champs brille à sa boutonnière, un immense chapeau gris, — ancien genre Floquet, rajeuni aujourd'hui par le sous-secrétaire d'État Labuze, — ombrage et protège le peu de cheveux que les orages politiques lui ont laissé.

M. Ranc, toujours boutonné et mystérieux, écoute plus qu'il ne parle ; c'est à peine s'il laisse tomber çà et là quelques maximes destinées aux badauds. C'est lui qui, depuis quelque temps, donne le ton et la note de la politique ministérielle ; il ressemble un peu à l'homme grave qui, sous l'Empire, distribuait les avertissements aux journaux. Les ratapoils de ce régime avaient un gourdin, M. Ranc a une canne, et quelle canne ! Elle est faite d'une baguette de fusil autour de laquelle s'enroulent des rondelettes de cuir ; il raconte volontiers que c'est un de ses collègues de la Commune qui la lui a donnée et qu'il la garde en souvenir de cet heureux temps.

Voici les députés qui donnent des renseignements aux journalistes : M. Rouvier, qui fait du reportage en famille ; M. Ribot, auquel on s'adresse quand on veut obtenir quelque sérieuse information sur ce qui se passe dans la commission du budget ; le baron Reille, ferré sur les questions militaires, et M. Jules Roche, ferré sur tout. Les nouvellistes se précipitent sur eux, les entourent, prennent fiévreusement quelques notes, courent les rédiger sur la table voisine, grimpent au télégraphe ou au téléphone et reviennent en toute hâte glaner ce qui a pu échapper à leur première récolte.

La liste des reporters serait interminable ; nous ne citerons que les plus fameux et, à leur tête, Toulouze, le grand Toulouze, le seul Toulouze, qui a failli détrôner l'*Agence Havas* ; Toulouze, le confident de l'Élysée, que Wilson caresse, que Ferry redoute, qu'il dénonce dans chacun de ses discours et dont le spectre le suit à tous ses banquets.

Legrand, des *Débats*, qui n'eut pas son pareil pour confesser un ministre à l'époque où l'on s'entendait à demi-mot et où il fallait interpréter les réticences. On respecte ce doyen dont la mine et les allures vous rappellent incessamment que reporter, c'est fureter.

Hément, à cheval sur deux journaux, le *Rappel* et le *Temps*, auxquels il envoie ses notes, généralement exactes, sur les moindres incidents qui se produisent dans l'intérieur des commissions. Il a pris son rôle tout à fait au sérieux et se donne beaucoup de mal pour le remplir. Bien qu'une nouvelle parlementaire, quelle qu'elle soit, tombe aujourd'hui en cinq minutes dans le domaine public, on lui dit quelquefois ce qu'on ne dit pas aux autres ; mais il ne dit pas aisément aux autres ce qu'on lui a dit. Il donne le gâteau, mais il garde la fève.

Enfin, pour clôre la série, Niel, qui a la confiance de plusieurs journaux. Il vient là, moins pour recueillir des cancans, que pour préparer des articles parlementaires pleins de modération et de politesse où il émousse volontairement la pointe très aiguisée de son esprit.

Les rédacteurs en chefs de journaux sont rares dans la salle des Pas-Perdus. On y a vu, à de longs intervalles, Rochefort et About ; on y voit plus fréquemment Pessard et Hervé, qui se croient sans doute aux antipodes l'un de l'autre, mais entre lesquels il n'y a, après tout, que la distance qui sépare le comte de Paris de la République. Quand ils paraissent, on les entoure et les députés les traitent en collègues oubliés par les électeurs. Ce qui prouve que les députés ont quelquefois, quoi qu'on en dise, de la clairvoyance et du bon sens.

Salle des quatre colonnes. — De la salle de la Paix, on passe dans celle des quatre colonnes, sorte de carrefour que les députés traversent pour se rendre à la questure, aux bureaux et aux commissions ou dans la partie réservée du palais. Pour tout mobilier, quelques banquettes de velours ; pour ornements, les statues raides et austères de Brutus et de Solon. Dans un coin, Epaminondas se morfond et regarde d'un œil d'envie Montesquieu, qui se prélasse dans son fauteuil.

Bureaux et commissions. — Dans le fond et faisant face à la salle de la paix, un couloir conduit à la partie ouest du palais, divisée en salles de dimensions différéntes où siègent les bureaux et les commissions législatives.

De 1814 à 1848, les commissions exercèrent sur les travaux des Assemblées une influence presque toujours décisive ; elles empruntaient leur autorité à leur composition même. Les députés les plus éminents briguaient l'honneur d'en faire partie, et la Chambre n'y mettait que ceux dont la compétence et les talents lui paraissaient indiscutables. Les groupant par spécialité, elle composait la commission du budget de banquiers et d'hommes de finances ; la rédaction ou la révision des lois était confiée à des magistrats et à des légistes ; les militaires et les marins réglaient l'organisation de l'armée et de la flotte.

Les rapporteurs s'appelaient Guizot, Thiers, Sauzet Odilon Barrot, Lamartine, Dupin, Dufaure, Rémusat, Arago, Tocqueville, Duvergier de Hauranne. Les rapports de M. Thiers sur le budget, les fortifications de Paris, l'enseignement secondaire, sont des modèles de concision et de clarté. M. Arago rédigeait, sur les questions d'art et de science, de véritables traités académiques. On a de Lamartine un remarquable travail sur la propriété littéraire et de curieuses dissertations sur le costume des députés, M. Dupin semait ses rapports de traits d'esprit, d'épigrammes, et M. Dufaure traitait magistralement la question des chemins de fer, comme, hélas ! personne ne l'a traitée depuis.

On se préoccupe moins aujourd'hui de la valeur des hommes, l'esprit de coterie dicte tous les choix. C'est même un article de foi pour la gauche, que nul n'est compétent s'il n'est de ses amis. M. Tony Révillon prépare les lois militaires et c'est à peine si feu M. Rouher a pu faire partie de la commission des douanes.

Salle des conférences. — On se rend de la salle des quatre colonnes au Vestibule du roi et dans le pavillon Est du palais par un couloir tout peuplé de statues. Mirabeau, le général Foy, Casimir Périer, s'offrent aux méditations des orateurs et des hommes d'Etat, tandis que Bailly, les mains liées, prêt à monter à l'échafaud, rappelle aux élus du peuple la fragilité des faveurs populaires. On y a vu autrefois l'apothéose de M. Thiers; mais le tableau de Vibert a disparu le jour où il aurait pu choquer les regards de la Commune rapatriée.

Du Vestibule du roi, on passe dans la salle des conférences. Très vaste, bien éclairée par un plafond vitré, décorée de superbes peintures, elle donne asile aux députés qui préfèrent aux charmes de l'éloquence les plaisirs de la conversation et la lecture des journaux. Le cigare y est rigoureusement interdit, la cigarette même n'y est pas tolérée. Ce serait un paradis, si un va-et-vient continuel de gens qui semblent pressés ne vous rappelait à propos que la dame de propreté n'est pas loin et qu'il suffit d'ouvrir une porte pour avoir droit à ses services.

Sur un des côtés, en face d'une immense cheminée en marbre, se dresse sur un socle quadrangulaire la statue colossale de Henri IV, entourée des drapeaux conquis à Marengo, Austerlitz et Iéna ; glorieux trophées dont Napoléon fit présent, en 1810, au plus docile des Corps législatifs et que réclament en vain, depuis cette époque, tous les gouverneurs des Invalides. Le milieu de la salle est occupé par deux grandes tables ;

sur l'une, sont éparpillés les journaux de Paris et des départements, tandis qu'autour de l'autre cent députés peuvent prendre place et expédier leur correspondance politique ou privée.

Pendant toute la durée du choléra qui décima Paris, en 1849, la prévoyance des questeurs transforma la salle des conférences en une pharmacie d'un nouveau genre ; théières et bouteilles de rhum couvraient les tables. Le fléau frappant des coups redoublés, on buvait en conséquence, et quelques députés se soignaient trop.

La Buvette.— C'est un terrain neutre où les députés fraternisent assez volontiers. On y discute encore, mais on ne s'y querelle plus, et, groupés autour de la même table, conservateurs et républicains ne s'y disent la vérité qu'en riant.

Les gourmands font bande à part ; une affinité secrète les réunit. Ils dissertent savamment sur la qualité du bouillon et traitent avec compétence la question des sandwichs. Lorsque les petits pains sont bien dorés et le jambon bien rose, lorsque le consommé est succulent, lorsque le bordeaux exhale un bouquet de bon augure, leur visage reflète une douce béatitude. Si parfois un nuage passe sur leur front, c'est qu'un mot imprudent a réveillé les souvenirs des anciens jours. Les vieux habitués de la buvette n'ont oublié ni les vins de grand cru, ni les savants menus d'autrefois ; il y avait alors table ouverte et l'on pouvait, sans bourse délier, prendre ses deux repas à la Chambre. Le sucre traînait partout, le chocolat empilé sur les assiettes s'offrait de lui-même et les garçons détournaient discrètement les yeux lorsqu'un député économe allait aux provisions. C'était en user dignement avec la représentation nationale, et les républicains les plus farouches se laissent arracher l'aveu que l'Empire avait du bon.

L'estomac a aussi ses rancunes et l'imprudent questeur Margaine l'apprendra quelque jour à ses dépens. C'était peu d'avoir soumis ses collègues à un régime de Spartiates, il leur en fait encore supporter les frais ; il en coûte aujourd'hui un petit écu par mois à nos honorables pour s'abreuver de bière et se nourrir de sandwichs. L'inflexible intendant invoque je ne sais quels précédents oubliés ; il rappelle ces jours lointains de la Restauration où il fallait parler pour avoir le droit de boire ; jours néfastes où les muets devaient bourrer leurs poches de petits flacons de lait ou d'eau rougie qu'ils vidaient en cachette dans quelque couloir désert.

La Bibliothèque.— Comme tant d'autres, elle a été formée, en 1796, des dépouilles des couvents ; elle ne renfermait guère, lorsquelle fut mise à la disposition du conseil des Cinq-Cents, que douze mille volumes ; elle en possède aujourd'hui plus de cent trente mille. La collection des ouvrages parlementaires est des plus intéressantes et des plus complètes. Ne pouvant tout citer, je signalerai : la collection en six cents volumes in-folio des travaux des parlements anglais et américains ; le recueil, unique en son genre, des lois russes, soit cent quarante

grands volumes ; parmi les manuscrits, les procès
de Jeanne d'Arc et de la Chambre ardente, toutes
les œuvres de Jean-Jacques Rousseau et les mémoires
de Bailly. La salle qui renferme ces trésors n'a guère
qu'une cinquantaine d'années de date ; elle est vaste,
très élevée et ressemble à la nef d'une église. Eugène
Delacroix en a peint le plafond et les deux hémi-
cycles.

Le petit local.— Il ne rappelle qu'imparfaitement la
Bastille. La majorité n'aurait jamais songé à construire
cette prison d'Etat et Gambetta seul en eut l'idée,
sans doute pour avoir un prétexte de jouer au souverain et d'exercer le droit de grâce. Et alors même
que le petit local était déjà décrété par le parlement,
personne n'imagina qu'on pût avoir l'occasion de s'en
servir. Il n'y eut jamais de petit local à Versailles
et le Palais-Bourbon en serait encore dépourvu sans
la mésaventure de M. Baudry-d'Asson. Les questeurs
durent alors faire l'aveu de leur imprévoyance ; ils
ne savaient où mettre le prisonnier du colonel Riu.
On finit enfin par découvrir, tout près de la questure,
une pièce depuis longtemps inoccupée où siégeait
autrefois la commission de comptabilité ; on y enferma
M. Baudry-d'Asson, après y avoir apporté en toute
hâte un lit de fer, une table et cet autre meuble
intime sur lequel Louis XIV donnait audience aux
ambassadeurs étrangers. On n'a, depuis, changé que
fort peu de chose à cette installation précipitée ; le
lit est resté à sa place, mais on a remplacé la chaise
par des constructions plus modernes, habilement dis-

posées par l'architecte pour ne favoriser aucune tentative d'évasion.

La salle des séances. — Enfin, nous arrivons à la salle des séances ; elle est assez belle, quoique incommode et mal ventilée. Gambetta, qui devait mourir d'un abcès, répétait continuellement qu'elle lui ménageait une fluxion de poitrine . L'acoustique en est encore plus défectueuse que l'aération ; elle a des échos étranges et des sonorités confuses qui déroutent jusqu'à la sténographie. La voix, trop vite répercutée sur la paroi du fond, revient sur l'orateur, ricoche aux extrémités et dégénère en un sourd murmure où l'éloquence elle-même se perd et s'éteint. Faut-il s'en plaindre ? Il n'y a que les naïfs pour ignorer que les discours n'ont jamais convaincu personne. N'est-ce pas M. Disraéli qui a prononcé ce mot profond : « J'ai entendu bien des discours ; j'en ai entendu quelques-uns qui ont changé mon opinion, jamais un seul qui ait changé mon vote ! »

Considérée sous un certain aspect, la salle des séances est une succursale de la buvette ; un préposé spécial mélange d'une main habile l'eau fraîche et le sirop. On se contentait jadis de ce breuvage ; quelques orateurs le trouvent trop fade aujourd'hui. L'un veut du café, l'autre demande du bordeaux ou du bourgogne, M. Madier de Montjau exige un grog américain et Mgr Freppel, qui est Alsacien, ne boit que de la bière.

Lorsque M. Thiers prit, pour la première fois, la parole au Corps législatif, le duc de Morny consulta les précédents et lui fit apporter, non de la buvette mais de sa propre cave, un verre de bordeaux ; ce fut un évènement. A Versailles, le président de la République buvait alternativement du café et de l'eau pure ; le café était préparé par Mlle Dosne et apporté à l'Assemblée par le secrétaire de M. Thiers, M. Aude, aujourd'hui receveur général de la Corse. Devenu ministre, M. Emile Ollivier, après avoir pris à M. Rouher sa calotte, prit à M. Thiers son bordeaux ; on y vit une flatterie délicate à l'adresse de son protecteur. M. Haentjens, dans une circonstance mémorable, eut la malheureuse idée de demander l'inspiration à un vin généreux, trop généreux, car il laissa au fond du verre la fin de son discours. M. Allain-Targé s'est mis, dit-on, au même régime et il en obtient de meilleurs effets.

Les tribunes de premier rang sont réservées au public d'élite : ambassadeurs, anciens députés, sénateurs, conseillers municipaux, invités du président de la République et du président de la Chambre. On a relégué au second étage ceux qu'on flatte le plus et qu'on aime le moins, le populaire et la presse. Il est bien entendu que le public des tribunes ne peut manifester aucun de ses sentiments ; sur ce point, l'expérience d'un passé qui ne remonte pas jusqu'à la Convention glace encore d'effroi les générations contemporaines.

En 1814, le président Laîné fut obligé de lever la séance parce que la voix des dames couvrait celle des orateurs, et que la foule, trop pressée dans les tribunes, avait envahi les places des députés. Un membre de la Chambre introuvable, agacé sans doute par

le bruit des conversations féminines, oublia tout sentiment de galanterie et proposa d'exclure les dames. Il
n'y eut qu'un cri d'indignation dans la salle et le
malencontreux orateur ne put achever son discours.
Plus tard, M. Héricart de Thury plaida la cause du
beau sexe, en rappelant « la courtoisie et la déférence
des Gaulois pour leurs compagnes qu'ils consultaient
toujours et admettaient à leurs délibérations. » Les
Gauloises de la Restauration, très élégantes, maniérées, minaudières, tenaient dans leurs tribunes une
sorte de salon où les députés venaient les saluer
comme à l'Opéra ; elles parlaient haut, poussaient de
petits cris et semblaient jalouses de l'attention qu'on
prêtait à l'orateur.

Quant aux étrangères, on se rappelle qu'elles se
donnaient rendez-vous à la Chambre ; je retrouve,
chez un anonyme de 1820, un portrait qui a bien peu
perdu de son actualité :

« Voyez-vous dans la tribune diplomatique cette
femme, dont la mise est d'une simplicité si élégante,
d'une négligence si recherchée, qui penche la tête
d'un air languissant, qui promène ses regards distraits
sur l'Assemblée, sourit à demi à son voisin de gauche,
jette un mot dans l'oreille de son voisin de droite, tend
la main au député qui vient la saluer, interrompt une
conversation pour lorgner un ministre ou un député
qui entre, demande une tabatière et la respire de loin,
en faisant une foule de jolies grimaces? C'est une princesse russe. Depuis deux ans, elle n'a pas manqué une
séance ; chaque jour, elle vient avec une parure nou-

velle ; elle se laisse dire qu'elle est jolie femme ; sa figure et ses manières ont quelque chose de peu ordinaire et qui veut être original. Elle est blonde, pâle, et ne met pas de rouge ; son teint est d'une blancheur qui n'appartient qu'aux beautés du Nord ; sa main, qui se promène habituellement sur son front ou qui tient une lorgnette devant son œil bleu, est parfaitement belle, ses traits sont dessinés à la calmouque. La galanterie ne nous permet pas de lui donner plus de vingt-huit ans. Sa présence assidue aux débats législatifs a fait dire qu'elle était chargée par l'empereur de Russie d'une mission diplomatique. S'il en est ainsi, la jolie princesse russe nous semble agir un peu à la manière des cosaques irréguliers, qui font la guerre pour leur compte. Nous doutons qu'elle rende raison de toutes ses conquêtes au monarque et nous ne croyons pas que ce soient les intérêts de l'empereur autocrate qu'elle stipule dans ses conférences avec l'ambassadeur d'une grande puissance, fort assidu comme elle aux séances de la Chambre, dont les yeux ne la quittent pas un moment, qui la conduit, dans sa voiture, de chez elle à la Chambre et de la Chambre chez elle. S'il ne s'agit pas entre elle et lui d'un traité d'alliance offensive et défensive, nous ne pouvons vraiment dire de quoi il s'agit. »

A l'Assemblée nationale, les tribunes avaient aussi leurs habituées. La princesse Troubetskoï ne manquait pas un seul discours de M. Thiers ; Mme Edmond Adam était non moins assidue et attentive lorsque Gambetta prenait la parole ; Mmes de Renneville et d'Harcourt assistaient courageusement à toutes les séances. Un jour, on remarqua dans la tribune du président, qui était alors M. Grévy, une jeune femme élégante et jolie vers qui se tournèrent immédiatement tous les regards et dont la présence provoqua des chuchotements qui interrompirent un instant les délibérations. Quelle était cette inconnue ? Le bruit se répandit que c'était Gambetta lui-même qui l'avait conduite à cette place d'honneur. Peu à peu, un certain vide sembla se faire autour d'elle, le mot de scandale fut prononcé, des explications furent demandées à M. Grévy et la dame finit par se retirer d'elle-même en se rendant compte de l'émotion qu'elle causait. On était singulièrement prude alors, on s'est montré moins difficile depuis.

Bureau et bureaux. — Ce mot bureau a, dans les assemblées, trois acceptions différentes et désigne trois catégories de personnes :

Le bureau proprement dit est la réunion des dignitaires : président, vice-présidents, secrétaires et questeurs nommés par la Chambre elle-même pour diriger ou enregistrer ses délibérations et administrer ses affaires intérieures. C'est tout ensemble un pouvoir délibérant et un pouvoir exécutif.

Les bureaux de la Chambre, au nombre de onze, constituent le fractionnement en comités des 558 membres dont la Chambre se compose. Chacun de ces bureaux nomme un commissaire pour l'examen des lois ; on les forme par voie de tirage au sort, ce qui, dans une assemblée où la majorité est un peu flottante, produit souvent de bizarres résultats. Tel bureau est progressiste, tandis que son voisin est réactionnaire ; l'absence d'un membre suffit quelquefois pour changer la majorité et modifier la couleur d'une commission.

Enfin, on appelle aussi bureaux, suivant l'usage, les divers services de la Chambre : procès-verbaux, archives, comptabilité, bibliothèque, comptes rendus sténographique et analytique.

Le bureau de la Chambre est élu pour un an. La Constitution elle-même a ordonné ce retour aux anciens usages. A l'Assemblée nationale, il était soumis à la réélection tous les trois mois, ce qui mettait quatre fois par an le feu aux poudres.

Est-il nécessaire de faire remarquer que l'élection du président a une importance exceptionnelle ? C'est pour les ministres une question de vie ou de mort. Un cabinet à qui le président serait hostile ferait mieux de s'en aller à la campagne ; la tribune devient pour lui une espèce de guillotine dont le président pousse à chaque instant le bouton. M. Thiers en a su quelque chose au 24 mai ; M. Buffet eut à son tour l'occasion d'en faire l'expérience, lorsque le duc d'Audiffret-Pasquier, son ennemi personnel, lui succéda au fauteuil.

Tout président du conseil qu'il était, il se vit un jour durement admonesté et presque rappelé à l'ordre sous prétexte qu'il interrompait un orateur ; il n'en revenait pas, et ces deux hommes échangèrent alors un regard tellement meurtrier que toute l'Assemblée en frémit. Debout, le bras levé, armé d'un couteau à papier qui, en cet instant, avait l'air d'une lame de sabre, le duc semblait crier à son adversaire : « Je me venge. » Et la mimique de M. Buffet, plus concentrée, mais non moins expressive, répondait : « Tu me le paieras. » Qu'y avait-il donc entre eux? Comme toujours, un portefeuille. M. Buffet n'avait offert que l'Instruction publique au duc d'Audiffret-Pasquier, qui voulait au moins l'Intérieur.

Il est permis de croire que des mésaventures communes ont aujourd'hui réconcilié ces deux fondateurs de la République ; on ne se querelle plus sur la charrette.

Gambetta, président tour à tour violent et débonnaire, abusa maintes fois de son autorité contre ses propres créatures, ministres de passage qu'il faisait ou défaisait à son caprice et qu'il traitait de haut en bas quand ils commençaient à lui déplaire. Mais tout se paie et il apprit bientôt lui-même à ses dépens combien il en coûte d'avoir sur sa tête un président mal disposé.

Le fameux « Vitellius », de M. Henry Maret, ne fut pas réprimé avec toute l'énergie qu'on aurait pu attendre du nouveau président, M. Brisson, infiniment plus sévère depuis contre M. Paul de Cassagnac. Il faut dire que, dans le premier cas, c'était Gambetta qui était l'insulté, tandis que, dans l'autre affaire, c'était M. Ferry, c'est-à-dire un des complices de M. Brisson dans la conjuration qui renversa le grand ministère, et dont les principaux chefs étaient, avec MM. Brisson et Ferry, MM. Wilson et Ribot. Leur plan consistait à prendre Gambetta comme dans un étau entre les Clémencistes de l'extrême gauche et les Riboteurs du centre ; il réussit complètement.

Mais si l'hostilité du. président est à craindre pour
un ministère, son appui est véritablement inestimable.
Un cabinet qui a pour lui un président dévoué et adroi-
tement partial, arrive souvent à se tirer du plus mauvais pas. Il dépend, en effet, du président de donner
au débat une direction favorable au cabinet. Poser
habilement la question, employer à propos son autorité
pour étouffer les voix opposantes, stimuler, au contraire,
les interruptions quand elles peuvent déterminer une
diversion utile, couper court aux incidents fâcheux,
soulever les incidents secourables, précipiter ou prolonger la discussion, encourager du regard les demandes de clôture, choisir le moment psychologique pour
mettre brusquement la question aux voix, avoir enfin
en toute circonstance le règlement avec soi et pour
soi, c'est le pont-aux-ânes pour un président qui sait
son métier et qui est bien résolu à enlever de vive
force une décision conforme à l'intérêt ministériel.

Le règlement est un petit instrument en caoutchouc
qui permet presque toujours à un président habile de
faire prévaloir sa volonté. La Constitution de 1875 dut
ainsi son existence aux élasticités d'une procédure artistement maniée par M. Buffet ; elle n'aurait jamais
pu être votée, si ce maître des maîtres avait été hostile ou seulement indifférent. Jamais homme ne s'est
fait une aussi haute idée des ressources du règlement
et du parti qu'on en peut tirer ; à ses yeux, c'est une
science, une vraie science dont l'étude et la connaissance approfondie vous rendent maîtres d'une assemblée. Chaque matin, il relisait méthodiquement cinq

ou six articles de son code présidentiel ; quand il était arrivé au bout, il recommençait avec la volonté bien arrêtée non seulement de le savoir par cœur, mais d'en extraire, le cas échéant, le suc et la moëlle. Il fut le plus majestueux des ficeliers.

On a beaucoup raillé « l'impartialité vraie » de M. Buffet ; que dire de l'impartialité non moins vraie de M. Brisson, le plus austère des chicaniers ? Ces deux hommes sont séparés par des abîmes, mais le fauteuil a rapproché entre eux les distances, et M. Brisson, sans avoir atteint jusqu'ici les derniers sommets de l'art, peut passer pour le meilleur élève de M. Buffet. Quand il aura réussi à se défaire de cette voix gémissante qui plane comme une lamentation sur les tumultes parlementaires, il sera presque un sous-Buffet.

M. Brisson a gagné la grosse partie engagée par lui contre Gambetta ; un président gagnera toujours les parties qu'il jouera contre un ministre. C'est pourquoi M. Brisson ne veut pas être ministre et tient à rester président. Echappera-t-il décidément au ministère ? Aura-t-il la chance de rester pendant deux années encore dans cette position neutre qui permet d'arriver à la présidence de la République ? On peut en douter ; il y a trop de gens intéressés à faire de lui un premier ministre et à présenter la répugnance que ce poste lui inspire comme un calcul de l'égoïsme et de l'ambition. Il a déjà paré le coup une première fois, lors de l'avènement du cabinet Duclerc, en alléguant que nul n'était plus étranger que lui aux affaires étrangères qui étaient la grosse question du moment. Lorsqu'elles auront cédé le pas à la politique intérieure, il soutiendra sans doute que celle-ci lui est plus extérieure que toute autre ; c'est ainsi qu'on devient président de la République.

Il suffit de nommer les quatre vice-présidents, seigneurs de petite importance et de modestes prétentions : M. Lepère, l'auteur du *Vieux quartier Latin*, qui a décavé La Vieille au baccarat. M. Philippoteaux, qui se croit obligé de pousser de temps en temps des exclamations patriotiques parce qu'il est maire de Sedan. M. Sadi-Carnot, ingénieur honnête et naïf. M. Spuller, une épave de la Méduse opportuniste.

Quant aux secrétaires, c'est absolument du menu-fretin. Le seul qui ait quelque notoriété, est notre confrère Francis Charmes, qui ressemble, jeune, à M. Thiers, vieux ; c'est le plus bel aplomb de la Chambre. Viennent ensuite : M. Adrien Bastid, ce n'est pas celui qui a figuré dans l'affaire Fualdès. M. Riotteau, de la Manche, ministériel endurci sous tous les ministères. M. Bizarelli, de la Drôme, noir comme un corbeau et bon diable quand même. M. Armez ? M. Jullien, député de la Sologne, aimable garçon et jurisconsulte gras. La droite a deux secrétaires : M. Bénazet, qui porte un nom illustre, et M. de La Biliais, ferré sur la question chevaline. (1)

La plupart de ces messieurs sont jeunes et retrou-

---

(1) Est-il nécessaire de rappeler que le bureau a été changé depuis que ces lignes sont écrites ?

vent dans les tribunes le succès que la tribune leur a quelquefois refusé.

Nous devons constater que les fontions des vice-présidents et des secrétaires sont purement honorifiques. Le président de la chambre touche 72,000 francs par an. M. Grévy — on dînait alors très bien chez lui — en affectait une bonne part à sa cave, qui n'a point dégénéré sous M. Brisson. On n'a jamais mal dîné en France que chez M. Thiers.

Restent les questeurs, MM. Margaine, Madier de Montjau et Martin Nadaud ; ce sont les intendants de la Chambre. Ils entretiennent le calorifère pour que les députés aient chaud en hiver ; l'été, ils veillent à la ventilation ; ils ont la haute direction de la buvette ; ils sont payés et logés. On a vu cependant des questeurs sans domicile. Lorsque M. de Joly construisit la nouvelle salle de Versailles, les questeurs s'aperçurent au dernier moment que l'architecte les avait oubliés. Pendant six semaines, les infortunés, parmi lesquels figurait le colonel Denfert, furent à la recherche de l'appartement auquel ils avaient droit, sans trouver un coin où reposer leur tête. Le bon Rameau, qui était alors maire de Versailles, versait des larmes dans les couloirs sur le sort de ces vagabonds.

Ils reçoivent, outre leurs neuf mille francs comme députés, neuf mille francs en sus comme questeurs; avec la voiture, le mobilier et tous les petits avantages d'intérieur, cela ne va pas loin de vingt-cinq mille, ce qui explique que la place soit fort enviée. M. Noël Parfait, que ses penchants ministériels ont fait surnommer Noël Satisfait, l'a convoitée longtemps sans pouvoir l'obtenir ; les députés craignaient qu'il n'y fût trop *rat*.

Ce n'est pas que M. Margaine soit un panier percé ; il querelle les dames de propreté sur les serviettes du lavabo, et il leur a expressément ordonné de n'en fournir qu'aux députés ou aux ministres. Un employé de la Chambre, si important qu'il soit, le secrétaire général Poudra ou le bibliothécaire Laurent, si, par hasard, son mauvais destin le conduit de ce côté, n'a pas le droit de se laver les mains. On n'a pas encore dit que M. Margaine lésinât sur le papier ; il y a au Palais-Bourbon tant d'imprimés perdus.

Parmi les services de la Chambre, nous n'en mentionnerons qu'un seul, le compte rendu analytique, parce qu'il a un caractère tout particulier ; c'est un rendez-vous d'hommes de lettres. Son chef actuel, M. Maurel-Dupeyré, qui date de la fondation et a vu le 15 mai, donne des comédies à l'Odéon. C'est là que Ludovic Halévy a fait la *Belle-Hélène*, *Barbe-Bleue* et la *Grande-Duchesse* ; les députés du second Empire trouvaient le genre un peu léger, mais il les désarmait en leur donnant des loges. Paul Dhormoys, ancien préfet, a été longtemps secrétaire-rédacteur ; c'est un des hommes qui ont été le plus mêlés, au moins comme amateurs, au mouvement politique et littéraire de ce temps. Il excelle à en raconter l'histoire et surtout les histoires. Ernest Daudet, Robert Mitchell, Adrien Marx et vingt autres ont fait partie de ce petit cénacle. On y rencontre encore aujourd'hui : Claveau, portraitiste politique devant lequel tous les hommes connus ont posé ; Ernest Boysse, amateur délicat, poète du dix-huitième siècle égaré dans le nôtre ; Gaston Bergeret, qui publie des nouvelles exquises entre deux volumes sur le mécanisme du budget ; Eugène Bonhoure, journaliste influent quoique ano-nyme ; Clère, biographe sérieux et consciencieux, un véritable puits de renseignements ; Léon Guillet, passé maître dans l'art des quatrains. Le banc de ces litté-rateurs fait face à celui des Hérisson et des Tirard, et n'en est pas autrement écrasé.

Les partis et les groupes. — Bavards et muets

De tout temps, les députés se sont classés d'eux-mêmes en groupes politiques plus ou moins fermés, plus ou moins exclusifs qui ont visé à faire de petites Chambres dans la grande ; tous ont eu leur nom et quelques-uns leur histoire. La différence entre les groupes d'autrefois et ceux d'aujourd'hui, c'est que les premiers se réunissaient dans des salons ou dans des locaux particuliers dont ils payaient la location, tandis que les autres ont trouvé plus commode de tenir leurs séances dans quelque bureau du Palais-Bourbon. Le caractère des délibérations en est tout naturellement changé ; elles reçoivent aujourd'hui une publicité iné-vitable, même quand ceux qui y prennent part se sont juré d'en garder le secret ; le fameux Comité des dix-huit lui-même ne sut pas assurer le secret à ses résolutions.

A l'aurore de la Révolution, les jeudis de Mme Necker étaient en grande vogue ; Sieyès, Talleyrand, Condorcet et les membres les plus en vue de la gauche s'y donnaient rendez-vous. L'abbé Delille y déclamait jusqu'à onze heures du soir ses vers sur les *Catacombes*, après avoir eu soin de faire éteindre les bougies ; la littérature cédait ensuite la place à la politique ; on fermait les portes, on congédiait les domestiques et les conciliabules se prolongeaient fort avant dans la nuit.

Mirabeau, Danton, Camille Desmoulins, Romme, Ronsin, Pétion se rencontraient chez Théroigne de Méricourt, rue de Tournon, et y essayaient leurs discours du lendemain.

Sous le Directoire, les membres du club de Salm, dont Benjamin Constant était l'âme, se réunissaient chez Mme de Staël. Les membres du club de Clichy fréquentaient le salon de Mme Pastoret.

Avec la Restauration, les groupes politiques inaugurèrent leur existence officielle ; les ultras de la droite préparaient leurs sottises chez M. Piet. C'est là qu'ils apprirent à perdre la Monarchie avec unité et discipline. Si on en croit Chateaubriand, on ne s'y amusait pas beaucoup ; il en fait un tableau ironique où l'on est surtout frappé de la lampe qui file et fume. La royauté filait aussi.

On se rappelle les grandes réunions ennemies de la rue de Poitiers et de la rue Taitbout, sous la seconde République.

De nos jours, Mme Edmond Adam a tenté de

restaurer le salon politique ; elle a dû bien vite y renoncer et se réfugier dans la littérature, comme Mme de Girardin et Mme Ancelot.

Dans les dernières années de l'Assemblée nationale de Versailles, la manie de s'émietter à l'infini en groupes et portions de groupes avait fait les plus terribles ravages. Chacun de ces petits comités avait la prétention d'être à lui tout seul une espèce de mécanisme politique ; c'est ainsi que le centre droit avait sa droite, sa gauche et son centre, à l'image de l'Assemblée elle-même. M. de Clercq eut son groupe ; M. Léonce de Lavergne en créa un autre beaucoup moins nombreux, mais auquel sa position spéciale sur la frontière assura de grandes destinées. Enfin M. Pradié forma à lui tout seul un groupe dont il lui eût été difficile de ne pas être le président ; il se résigna un jour à s'adjoindre le général Changarnier et deux ou trois autres collègues ; ce n'était pas un groupe, c'était un canapé. M. Pradié faisait parfois courir le bruit que M. Pradié se réunissait. On le voyait alors s'enfermer seul dans un des bureaux de l'Assemblée et l'on entendait bientôt un tapage d'enfer. On feignait d'être dupe du stratagème et on reprochait à M. Pradié d'avoir des amis trop bruyants.

A une date plus rapprochée de nous, on a entrevu un soi-disant groupe constitutionnel, fondé par M. Serph qui affirmait son existence, mais ne la démontrait pas.

Nous arrivons à M. Gambetta qui, impatienté de ce qu'il appelait cette poussière de groupes et la trouvant trop impalpable pour ses desseins, résolut de former une réunion plénière des gauches et y travailla fort activement, sans y réussir.

La Chambre actuelle, en dehors des groupes de doite, se partage en quatre groupes que nous énumérons par ordre de couleur, en allant des plus clairs aux plus foncés.

Union démocratique. — Environ 110 membres. Elle s'est formée des débris de l'ancien centre gauche et de l'ancienne gauche modérée. On peut mesurer la valeur de ses chefs à celle de son président actuel, M. Roger. M. Bernard-Lavergne y est un grand homme ; MM. Sadi-Carnot, Corentin-Guyho, Danelle-Bernardin et Langlois y jouissent d'une renommée de famille. On y fait cas de M. Rameau, dont Gambetta disait « qu'il ressemble à un ver à soie atteint de la maladie. »

Ramassis ministériel par excellence, il est composé d'une multitude de Pandores qui donnent toujours raison au brigadier. Libérale, l'an passé, avec M. de Freycinet, l'union démocratique est aujourd'hui autoritaire avec M. Jules Ferry ; l'unité de direction et de vues lui fait complètement défaut. Trente de ses membres suivent régulièrement M. Ribot, qui serait depuis longtemps chef du groupe si l'indépendance de l'un n'effrayait la docilité de l'autre.

Union républicaine. — 172 membres, dont 32 sont également inscrits à la gauche radicale. Elle se subdivise en quatre groupécules que la rude main de M. Ranc essaie vainement de discipliner.

1° La coterie gambettiste composée de l'ancien entourage du maître, Ranc, Raynal, Spuller, Etienne,

Arène, Antonin Proust, Antonin Dubost, Récipon-Mollard, Thomson, Waldeck-Rousseau et Margue. M. Léon Renault coquette avec eux, mais n'en est pas.

2° Un petit lot de députés qui, comme M. Constans, se séparent des autoritaires et attendent patiemment que la girouette tourne.

3° Les mécontents, MM. Allain-Targé, Paul Bert, Turquet et quelques autres à qui on a retiré trop tôt la coupe des lèvres. Il y a quelques mois, M. Rouvier était un mécontent, c'est aujourd'hui la moitié d'un satisfait.

Enfin, le gros du parti, Blancsubé, Joseph Fabre, Lenient, Bichoffsheim, Liouville et autres choristes, parmi lesquels vous ne découvririez même pas un troisième rôle.

Il est inutile de dire que la mort de Gambetta a désemparé ce groupe prédestiné, malgré les apparences actuelles, à quelque colossale sécession.

Gauche radicale. — 111 membres dont 32 font également partie de l'Union républicaine. Ce groupe représente le schisme qui se produisit parmi les vieux républicains également hostiles à la dictature et à la modération de Gambetta. C'est là que brille M. Gatineau ; M. Lepère y est en bonne place ; MM. Ballue et Boysset s'y dérident au contact de M. de Douville-Maillefeu. M. Wilson, sans faire partie du groupe, y exerce une certaine influence. Son homme est M. Brisson qui continue à diriger cette gauche radicale par l'entremise de son factotum M. Chesneau, comme lui député du Cher, et résigné à ce rôle de trucheman.

Extrême-gauche. — Ils sont quarante ou, pour mieux dire, ils sont deux fois vingt. Les autoritaires obéissent à MM. Clémenceau et Camille Pelletan ; les libéraux se rangent autour de MM. Barodet, de Lanessan et Henry Maret. A l'origine, l'extrême-gauche, entraînée par sa passion de l'égalité, refusa de se donner un président ; comme ses réunions se tenaient d'ordinaire chez M. Louis Blanc, quelqu'un alla jusqu'à se plaindre qu'on semblât ainsi reconnaître indirectement une suprématie contraire aux principes. Le groupe se fit ambulant par rigidité et siégea tantôt chez l'un, tantôt chez l'autre de ses membres.

Les indépendants. — Ils sont une soixantaine qui n'ont voulu s'assujétir à aucun sectionnement et qui contribuent isolément au gâchis.

Les groupes de droite. — Quatre-vingt-dix groupes en quatre-vingt-dix personnes ; c'est le comble de l'individualité.

En dehors de ces divisions et subdivisions parlementaires, messieurs les députés forment deux grandes catégories, les muets et les bavards, entre lesquelles on désire quelquefois une variété intermédiaire. Voyons d'abord les premiers, qui sont heureusement les plus nombreux.

Il y a les muets qui approchent de la perfection ; puis les quasi-muets qui ont encore leur mérite. Les uns et les autres sont censés travailler dans les commissions. D'autres, encore moins désireux de se mettre en scène, sont des gens pratiques et avisés, ils n'ont pas d'autre ambition que de contenter leurs électeurs ; ils ne laissent pas une lettre sans réponse, ils ne reculent pas devant les plus désagréables démarches, ce sont d'admirables commissionnaires, ils ont même la médaille. Vous les verrez rarement à la Chambre, mais ils font partie du mobilier des ministères. On en a rencontré qui couraient les magasins pour des dames de province ; on en cite un qui a cherché des nourrices ; ne serait-ce pas M. Tassin ? Solliciteurs impitoyables, ils traînent après eux des nichées de cousins, de neveux, d'oncles et de beaux-frères qu'ils finissent toujours par caser à la veille d'un scrutin douteux.

Il en est qui siègent depuis 1848 dans presque toutes les assemblées et dont personne, sauf les ministres, n'a jamais su le nom. Comment se fait-il qu'un arrondissement s'obstine à les élire ? C'est un mystère qu'ils n'ont garde de dévoiler ; ils pensent que le silence est d'or, mais ils ne le disent même pas.

Nous avons aussi les députés fictifs, qui ne figurent jamais que parmi les absents par congé. Ils émargent, mais ils ne résident pas. Leur vie s'écoule paisiblement dans quelque douce retraite. Le type le plus complet de ces ombres législatives fut le docteur Maure, un ami intime de M. Thiers, que des électeurs complaisants envoyèrent à l'Assemblée nationale, mais qui n'y a jamais paru.

D'autres continuent à la Chambre leur petit commerce ; le bourguignon Lacretelle, vigneron et poète, prône ses vins et ses romans.

Mais le plus étonnant de tous les muets, c'est l'avocat qui ne parle pas ; à la Chambre, il y en a.

*
* *

Michel de Bourges disait : « Ce qu'il y a de plus difficile à obtenir des députés qui ne parlent pas, c'est qu'ils se taisent. »

Il faisait allusion à ce demi-muet qui ne se montre presque jamais à la tribune, mais qui exécute de temps en temps un petit solo sur la banquette. Celui-là fait rage de la voix et du geste dans les incidents tumultueux ; il lance habilement au travers de la tempête des exclamations inintelligibles : Laissez-le s'expliquer... Ramenez-nous aux carrières !... Et les commissions mixtes !... Et la Saint-Barthélemy !

Il n'y a pas encore longtemps que, dans les discussions les plus anodines, à propos d'une surcharge d'octroi ou d'un chemin de fer d'intérêt local, on entendait au bord de l'hémicycle une voix de ventriloque : « N'amnistiez pas le Deux-Décembre ! » C'était le bon Latrade qui se manifestait entre deux prises de tabac. Tous les yeux se tournaient vers lui et on apercevait un immense foulard rouge sous lequel se cachait un nez prodigieux qui murmurait encore : « N'amnistiez pas le Deux-Décembre ! » Le pauvre Latrade en est mort, mais il a laissé des imitateurs.

Parmi les plus obstinés, il faut citer l'apothicaire Truelle, député de Nogent-le-Rotrou ; les universitaires Compayré et Lenient ; le médecin Liouville ; le

papetier Laroche-Joubert, Maunoury, homme à calotte ; le comte de Douville-Maillefeu ; le sucrier Villain ;
le savoyard Horteur et cinquante autres qui ont fait de
l'art oratoire une perpétuelle interjection. M. Antonin
Dubost excelle dans cet emploi, et on ne saurait imaginer combien son éclatant fausset donne de force aux
apostrophes dont il bombarde les orateurs de la droite.
Le docteur Vernhes, encore plus fougueux, s'agite sur
son banc comme un possédé et ses amis sont obligés
de lui administrer un calmant qui produit toujours
son effet sur les plus violents interrupteurs : A la tribune ! — Il se tait et n'y monte pas.

M. Baudry d'Asson jouit aussi, comme interrupteur,
d'une réputation méritée ; il est d'autant plus redoutable qu'il prépare longtemps d'avance ses petits pé-
tards. Lorsque l'Assemblée siégeait encore à Versailles,
quelques députés entendirent un jour de grands éclats
de voix dans un bureau ; ils prêtèrent l'oreille et dis-
tinguèrent bientôt qu'il y avait là deux interlocuteurs,
dont l'un paraissait hors de lui, tandis que l'autre for-
mulait d'un ton calme quelques paternelles observations. Celui-ci disait à son adversaire : « Maintenez-
vous le mot ? » — « Je le maintiens haut et ferme ! »
ripostait furieusement l'interpellé. Le tapage grossis-
sait toujours, on finit par ouvrir la porte et on trouva
M. Baudry d'Asson tout seul qui s'escrimait contre
deux personnages imaginaires. Le premier de ces
deux êtres fictifs était un orateur absent que
M. Baudry-d'Asson interrompait ; le second était le
président Grévy qui était censé adresser à l'interrup-

teur Baudry d'Asson des réprimandes auxquelles celui-ci répondait ensuite victorieusement.

Les orateurs puissants et dignes de ce nom sont plus rares dans la Chambre actuelle qu'ils ne l'ont été dans aucune autre, et la chose est si frappante que personne n'oserait contester cette pénurie. En revanche, les bavards pullulent. Pendant que les hommes de quelque valeur se réservent et hésitent à prendre la parole, les autres, sous le moindre prétexte et même sans prétexte, s'installent à la tribune et laissent couler pendant des heures entières le flot toujours renaissant de leur éloquence intarissable. M. Madier de Montjau disait un jour en son langage : « Ce qui distingue surtout cette Chambre, c'est l'appétence à la tribune. » Lui-même en tient. M. Dufaure éprouvait, avant de se risquer sur cette douloureuse sellette, une terreur que M. Sourigues ne connaît pas ; M. Thiers, M. Guizot, M. de Broglie, ne prenaient jamais la parole sans une absolue nécessité, MM. Waldeck-Rousseau et Ferry n'y regardent pas de si près. M. Amagat se déclare prêt à deviser *de omni re scibili* et M. Jules Roche *de quibusdam aliis.* Ce dernier a, d'ailleurs, à la Chambre, deux admirateurs enthousiastes : Jules et Roche.

Pour tout dire, il n'est si mince avocat, ni si petit conseiller général qui ne se croie sacré orateur aussitôt qu'on l'a élu député et qui ne cultive avec succès l'art d'assommer ses collègues ; mais, quelque bonne volonté qu'ils y mettent, c'est une plaisanterie qu'ils ne peuvent pas renouveler souvent. Chaque collègue averti en vaut deux pour reconduire le gêneur et il n'y a pas de règlement qui puisse obliger un auditoire impatienté à entendre jusqu'au bout un discours insupportable ; les uns sortent, les autres causent ; ceux-ci jouent du couteau à papier sur leur pupitre et, en dépit des admonestations du président, le tapage et le vide finissent généralement par avoir raison des plus collants.

Les orateurs

Nous arrivons afin aux privilégiés à qui on donne ordinairement le nom d'orateurs ; dans le royaume des muets, les bègues sont rois. En dehors des ministres et des anciens ministres que nous gardons pour une autre occasion, on en compte une trentaine ; mais il faut descendre très bas pour arriver à ce chiffre. Je vous les livre tels qu'ils sont, mais je ne les garantis pas sur facture.

Voici d'abord, à l'extrême gauche, le doyen de la vieille éloquence, le vétéran du vieux jeu, M. Madier de Montjau, empoignant, mais ampoulé ; la mode n'y est plus.

M. Clémenceau, raisonneur tranchant, quelquefois pointu ; logique et inconséquent tour à tour, inégal, féroce à l'attaque, terrible à la parade ; il vise et touche avec une merveilleuse dextérité au défaut de la cuirasse, mais l'adversaire, même blessé à mort, peut riposter au hasard : M. Clémenceau n'est pas cuirassé.

M. Camille Pelletan, un humoriste à la tribune ; il a le sophisme amusant et le paradoxe drôle.

M. Clovis Hugues, poète.

M. Lockroy, un paquet de nerfs éloquent et rageur ; il tient à justifier sa réputation d'homme d'esprit et fait un discours pour placer un mot.

M. Benjamin Raspail, rageur, sans compensation.

M. Laisant, moins éloquent que les pots de vin contre lesquels il a protesté.

Dans la gauche radicale, M. Brisson. On ne peut pas dire que ce soit un triste orateur, mais c'est un orateur triste ; il a le geste lamentable et la voix mortuaire ; il ne donne pas ses raisons, il les pleure. Une sorte de subtilité chicanière qui lui appartient en propre imprime à sa mélancolie un carractère de procédure ; il gémit ses plaidoyers et il plaide ses oraisons funèbres. C'est Jérémie avocat. Barrère était l'Anacréon de la Guillotine, M. Brisson est le bourreau de la gaîté.

Mossieu Floquet, un prudhomme boursouflé, le Mirabeau de la rue des Jeûneurs. Sa prétention est d'être un orateur de la Montagne, c'est pourquoi il s'est fait élire dans les Pyrénées. Ses discours sont des harangues ; il recherche le style spécial qui florissait dans les Assemblées révolutionnaires, la phraséologie vide et sonore, espèce de bouillie indigeste qu'on cuisine avec les journaux et les papiers du temps. C'est un mélange de Chaumette et de Béranger. Robespierre élevait des serins ; M. Floquet est un élève de Robespierre.

M. Goblet, le petit Goblet, infiniment supérieur aux

deux précédents, mais la voix et la taille lui manquent. Il parle une langue élégante et facile, et il excelle à composer un discours qu'on n'entend pas.

M. Wilson, discuteur acharné ; il abuse du droit qu'on a d'être minutieux en affaires, ses discours sur le budget ressemblent à un mémoire d'épicerie.

M. Boysset, avocat fatigué et lugubre ; il chante des requiems sur le Concordat.

M. Gatineau est l'antipode de M. Boysset ; il a un air de noce, comme l'autre a un air d'enterrement. Les discours de ce Désaugiers politique sont gais comme une chanson du Caveau ; il cultive le genre croustillant qui lui a réussi au barreau et qui ne déplaît pas à la Chambre.

M. Viette, nature joviale, gros garçon spirituel, dont le bon sens vous réjouit, et dont les saillies vous égaient. Il fait des mots contre les magistrats, qui ne sont pas tous mauvais (les mots).

L'Union républicaine a été décapitée par la mort de Gambetta ; tous ses orateurs, sauf un seul, sont ministres ou l'ont été, nous les retrouverons ailleurs. Le seul qui ait échappé au sort commun est M. Léon Renault, qu'on s'étonne, du reste, de rencontrer dans un groupe fort éloigné de ses idées et auquel il ne tenait que par son affection personnelle pour M. Gambetta.

Il a bien l'éloquence orléaniste où l'art prend autant de place que l'inspiration ; c'est un genre presque perdu et qui laisse des regrets aux lettrés. M. Léon Renault en a donné jusqu'ici trois spécimens principaux sur des sujets fort différents : Le 16 mai, le divorce et la loi de proscription contre les princes. La distinction chez lui n'exclut pas la chaleur, et l'entrain oratoire ne nuit en rien à la finesse des aperçus. Élégant et fleuri, il est exactement à M. Ribot, ce que M. Bocher est à M. Buffet.

L'Union démocratique présente en première ligne ce même M. Ribot, qui serait le premier orateur de la Chambre, si les fortes qualités qui le distinguent ne cédaient chaque jour le pas à la provocante grossièreté qui sera l'éloquence de l'avenir. Il donne une idée complète de ce que fut l'orateur parlementaire sous la monarchie. La politesse et la fermeté se combinent en lui sans jamais se faire tort ; mais son originalité propre est une vigueur concentrée qui porte toujours son effort au point juste, une logique serrée qui sauve la faiblesse de la voix par la force des arguments. La grande bataille se livrera prochainement entre M. Clémenceau et M. Ribot, et l'on pourra dire ce jour-là que c'est bien la lutte de deux éloquences, de deux politiques, de deux hommes.

Autour de ce chef contesté, mais qui s'impose et grandit à chaque discours, il est juste de mentionner :

M. Andrieux, homme indépendant et fantasque ; il n'a pas de méchanceté, mais il a du mordant.

M. Maze, en qui la bienveillance égale la présomption, et qui a fini par se faire pardonner l'une en faveur de l'autre.

M. Franck-Chauveau, un petit-fils de Léon Renault.

M. Georges Graux, un petit frère de Franck-Chauveau.

Dans la droite, se détache avec une supériorité évidente M. le comte de Mun qui s'est fait une loi de la dignité dans la tenue et de la noblesse dans le style. Par respect pour lui-même et pour son auditoire, il prépare même ce qu'il pourrait improviser, bien différent en cela de M. Paul de Cassagnac, qui improvise même ce qu'il pourrait préparer. Son éloquence est un vin généreux qui ne demande qu'à se dépouiller pour être exquis.

M⁰ʳ Freppel, dialecticien habile et abondant qui, seul contre une armée, répond à la brutalité par l'ironie, et, par la supériorité de la raison, à la puissance du nombre. Lapidé et crucifié, il a tout des martyrs, excepté la résignation.

M. Paul de Cassagnac, ardent, impétueux, toujours prêt à l'attaque et à la riposte, pour qui la parole est moins une épée qu'une massue. Il ne pique point ses adversaires, il les bâtonne ; il a et aura toujours la magistrale éloquence de la trique.

M. Jolibois est plus régulier dans l'escrime parlementaire ; il frappe moins fort, mais non pas moins juste. Sa vieille expérience d'avocat le sert à merveille dans les petites exécutions périodiques dont il régale ceux qui ont l'imprudence de le provoquer.

Nous en nommerions beaucoup d'autres : M. Delafosse, très ferré sur la question de politique étrangère, — M. de Soland, causeur ingénieux et facile, — M. Ferdinand Boyer, l'honnêteté même, la bonne grâce faite homme, — le baron Reille, orateur militaire aussi agréable que le marquis de Roys est ennuyeux.

———

III. — LE SÉNAT

Promenade au Luxembourg

Par une de ces ironies si fréquentes dans l'histoire, le Sénat républicain siège dans ce vaste et beau palais du Luxembourg qui a vu passer la reine Marie de Médicis, le duc d'Orléans Gaston le Lâcheur, la Grande Mademoiselle, la duchesse de Berry fille du Régent et le comte de Provence. On sait que la révolution en fit une propriété nationale et la Terreur, une prison. Beauharnais y fut enfermé avec sa femme, la future impératrice Joséphine ; Danton et Camille Desmoulins n'en sortirent que pour aller à l'échafaud. Le Directoire s'y pavana dans la personne de Barras. Bonaparte, premier consul, y installa une sorte de cour militaire et bientôt le Sénat conservateur du premier Empire y trouva une retraite tranquille et dorée. Les Jacobins les plus farouches, les conventionnels les plus violents, les intraitables montagnards qui avaient juré une haine éternelle à la tyrannie y vécurent dix ans comme des coqs en pâte. Il semblait décidé dès lors que le Luxembourg serait le conservatoire des hommes d'Etat défraîchis.

Cependant, la pairie héréditaire y montra, sous la Restauration, quelque indépendance, et la pairie non héréditaire de la monarchie de juillet, rehaussée de noms illustres, (le duc de Broglie, le comte Molé, le duc Pasquier, Victor Hugo, Cousin, Villemain, Montalembert), y brilla d'un vif éclat qui s'éteignit dans la bourrasque de 1848. Le Luxembourg fut habité alors par Louis Blanc et par sa tapageuse commission du travail qui ne fit que du bruit.

Le Sénat du second Empire en reprit possession et ne fit parler de lui que quand Sainte-Beuve y parlait.

Pendant la guerre, le Luxembourg fut transformé en ambulance ; après la Commune et l'incendie de l'Hôtel de Ville, le conseil municipal s'y établit et y trôna en maître jusqu'au 15 octobre 1879. Il n'en voulait plus déguerpir et le nouveau Sénat de la troisième République dut presque livrer bataille pour y rentrer. Comme ces locataires expulsés qui crachent sur les murs, le conseil municipal, en vidant les lieux, laissait derrière lui beaucoup de réparations à faire. Il fallait tout à la fois nettoyer et rebâtir ; il fallait avant tout remettre en état la salle des séances. On crut un moment qu'elle ne serait jamais prête en temps voulu et lorsque le Sénat vint y siéger pour la première fois, le 27 novembre 1879, on s'aperçut que le plancher fléchissait sous le poids des fauteuils et menaçait de s'affaisser comme une trappe. Pour comble de malheur, les menuisiers, les charpentiers faisaient grève et les fumistes eux-mêmes, (noblesse oblige), participaient à la plaisanterie.

Les sénateurs et le public pénètrent dans le Luxembourg par la porte monumentale qui fait face à la rue
de Tournon. Les premiers gravissent, — péniblement
quelquefois, — le superbe escalier de marbre qui conduit à la Salle des fêtes ; quant aux journalistes, solliciteurs, curieux, etc., il leur faut traverser la grande
cour dans toute sa longueur et s'égarer ensuite dans
une multitude de petits couloirs qui défendent ce nouveau palais du Sommeil. Le Sénat tient à être chez
lui, à s'isoler dans son repos et à ne recevoir que des
visiteurs agréables. Par exemple, quand on est un peu
de la maison et quand on connaît le mot de passe, on
jouit de la plus complète liberté. Des tapis moelleux
amortissent le bruit des pas et c'est à peine si une
faible clarté pénètre dans le corridor circulaire qui
précède la salle des séances. Vous ne trouveriez pas
un guide pour vous diriger dans ce mystérieux laby-
rinthe, si une rumeur lointaine et quelques légers ap-
plaudissements assourdis par des cloisons capitonnées
ne vous avertissaient que vous approchez de la scène.

La Bibliothèque, riche collection d'ouvrages rares
classés avec le plus grand soin, la Galerie des Fêtes,
qui sert de promenoir aux sénateurs, deux ou trois
autres salles somptueuses et désertes complètent har-
monieusement cet Odéon parlementaire. Il n'est pas
jusqu'à la douce chaleur du calorifère qui n'exerce au
loin son influence assoupissante, et les énormes bûches
qui flambent dans des cheminées colossales n'y semblent mises que pour le plaisir des yeux. La Galerie
des bustes présente, dans les grands jours, un peu

plus d'animation que le reste du palais : mais là, comme ailleurs, on cause discrètement et à voix basse, comme si l'on avait peur de réveiller quelqu'un.

La salle des séances produit la même impression de calme et de confort. Les sénateurs sont assis dans des fauteuils mobiles dont les dossiers sont bien rembourrés et dont les sièges garnis d'épais coussins invitent naturellement à la méditation. Une ventilation parfaite protège également contre le coryza et la congestion les crânes dénudés des vieillards qui habitent ces lieux. Une acoustique savante permet aux orateurs de se faire entendre sans forcer leur voix et si le Sénat a parfois ses petits orages, tout y rentre bientôt dans l'ordre accoutumé. Il règne dans cet asile un ton de bonne compagnie contre lequel ne sauraient prévaloir les fureurs de M. Testelin, les ricanements de M. Tolain, et les interruptions à heure fixe de M. de Gavardie.

On a prétendu que les malicieux auteurs de la Constitution s'étaient proposé pour but, en créant le Sénat, d'en faire un foyer de conspiration contre la Chambre des députés et de semer la discorde dans la République. C'est une interprétation excessive. La vérité est que la première majorité du Sénat, composée d'éléments conservateurs, considérait que si la guerre n'est pas un devoir, la résistance est un droit ; sans rechercher les conflits, sans les craindre quand ils lui paraissaient inévitables, elle répugnait à croire qu'elle dût en toute occasion sacrifier ses espérances et incliner sa volonté. Selon M. le duc de Broglie, le Sénat et la

Chambre des députés figuraient deux horloges qui n'avaient pas besoin, pour marcher régulièrement, de subir les mêmes oscillations et de marquer la même heure. M. Laboulaye disait, de son côté, qu'il suffirait de prendre un député et de le transporter au Sénat pour lui donner un autre esprit et lui imprimer une autre allure. S'il en devait être autrement, à quoi bon le Sénat ?

Cependant cette majorité primitive s'est peu à peu modifiée et ses derniers votes se sont assez réglés sur les décisions de la Chambre pour que l'unité d'horloge semble aujourd'hui un fait accompli. Le dernier espoir de ceux qui ne veulent point d'un sénat-machine est dans la division des groupes. Il est bien évident, en effet, que si les gauches ont la majorité, elles ne forment pas encore une majorité compacte et indissoluble. L'élément modéré manifeste cà et là des velléités de résistances au succès desquelles est attachée l'indépendance du Sénat.

Tandis qu'au Palais-Bourbon la droite et la gauche sont séparées par une ligne de démarcation infranchissable, au Luxembourg on se bat encore un peu sur la frontière. Un tiers parti s'est constitué sous le nom de centre-gauche et, s'il était uni, il serait assez nombreux pour faire pencher à son gré la balance de la politique ; mais l'union est ce qui lui manque le plus. Au moment où l'on croit que cette fraction prépondérante va se rallier tout entière à la voix de M. Jules Simon, les ministres font un signe et y mettent bon ordre. Les ministres sont des hommes puissants et avisés

auxquels la connaissance du cœur humain sénatorial
fournit des ressources dont la discussion sur le cumul
nous a révélé le secret. Il n'en est pas moins vrai que
ce centre gauche si aisément entamé tient dans ses
mains débiles les destinées de la République et l'avenir même du Sénat.

La droite de la Chambre haute, encore si puissante
aujourd'hui surtout par le talent de ses chefs, compte
environ cent membres fortement disciplinés et parm
lesquels la défection n'a encore exercé que d'insignifiants ravages ; quelques votes épars de MM. Lafond de
Saint-Mür et Galloni d'Istria ne sauraient passer pour
des apostasies. Les guidons ont disparu et on n'aperçoit plus guère, à droite, que le grand drapeau conservateur.

Le principal groupe républicain s'intitule simplement la « gauche républicaine » et correspond assez
exactement à l'Union démocratique de la Chambre. On
y rencontre les noms et les personnages les plus
divers ; des journalistes, comme MM. Scherer, Hébrard
et John Lemoinne ; des ambassadeurs, comme
MM. Jaurès et Foucher de Careil ; le gouverneur de la
Banque de France, M. Magnin ; les deux Grévy ; des
légistes et des magistrats en grand nombre ; M. Le
Royer, M. Humbert, M. Dauphin, M. Ronjat,
M. Faye ; le général Billot ; l'ancien ministre Duclerc ;
M. de La Fayette ; d'anciens familiers de M. Thiers,
comme MM. Barthélemy-Saint-Hilaire et Calmon.

L'isolement personnel dans lequel s'éteint M. Barthélemy-Saint-Hilaire doit lui rappeler le temps où il formait

à lui tout seul, dans les assemblées de 1848, *le grand
parti des renoncules*, ainsi nommé parce que son chef,
qui n'avait pas de soldats, rougissait comme cette fleur
à la moindre alerte. Pas de soldats, c'est trop dire; le
traducteur d'Aristote et d'Homère avait au moins deux
acolytes, deux renoncules sœurs, M. Duclerc et M. Corne
qui rivalisaient avec lui de pudeur rougissante et
effarouchée. Le général Cavaignac, très timide lui-
même, n'eut pas d'ennemis plus acharnés après sa
victoire de juin que ces deux timides qui s'appelaient
Barthélemy-Saint-Hilaire et Duclerc. Ces hommes
d'Etat se renvoyaient par derrière les plus désobligeantes épithètes ; il les appelait « canailles », dans
sa moustache, et ils le traitaient de « brigand », dans
leurs gilets.

L'extrême gauche du Sénat, si elle existait, se com-
poserait du commandant Labordère tout seul ; mais
les éléments les plus avancés de la haute Chambre se
sont fondus, sous le nom d'Union républicaine, en un
groupe unique dont M. Victor Hugo fait partie avec
MM. Testelin, Tolain et Cazot. MM. Scheurer-Kestner,
Peyrat, Schœlcher se vantent de lui appartenir, M. de
Freycinet s'en cache.

En réalité, la grande démarcation au Sénat, le
groupe le plus original et le plus uni par des inquiétudes communes, ce sont les inamovibles. On se rappelle par quelles étamines ils ont passé ; il y en a de
tous les partis et de tous les bords. Une grande incertitude plane sur leurs destinées et la plupart échange-
raient bien leur immortalité contre une garantie de

neuf ans. Leur élection a été une des comédies politiques les plus curieuses de notre temps. Une coalition,
d'où sont sortis en même temps MM. de Lorgeril et
Testelin, Wallon et Carnot, Jules Simon et Duclerc,
Kolb-Bernard et Corbon, d'Audiffret-Pasquier et
Schoelcher, Hervé de Saisy et Le Royer, restera toujours une énigme pour les historiens de l'avenir. La
même bizarrerie se retrouve dans la succession des
inamovibles nommés ensuite par le Sénat : Buffet et
Farre, Chesnelong et John Lemoinne, Lucien Brun et
Deschanel, Oscar de Vallée et Berthelot, de Carayon-
Latour et Albert Grévy, Baragnon et Tirard ; quelles
anomalies, quels contrastes ! Le tour de roue des
majorités ressemble en cette occasion à un tour de
force, à une espèce de gageure contre le bon sens. Il
n'y a d'autre lien entre ces échappés de la même urne
qu'une mort inévitable et prochaine ; mais qu'ils se
consolent, le Sénat y passera avec eux.

Les orateurs du Sénat

La Chambre affecte de mépriser le Sénat ; c'est probablement par jalousie, car, à tous les points de vue,
il a sur elle une écrasante supériorité. Ces vieillards
qui ne peuvent entrer au Luxembourg qu'à la condition d'avoir dépassé la quarantaine, sont vraiment la
fleur du panier politique. On compte parmi eux plus

de soixante orateurs sur trois cents membres, tandis qu'on n'en découvre à la Chambre qu'une trentaine sur cinq cent soixante députés.

Ce qui donne la proportion suivante : à la Chambre, il y a un homme sur dix-huit qui essaie de parler ; au Sénat, un sur cinq qui parle.

Les moindres passereaux du Sénat seraient des aigles à la Chambre. Prenez-les au hasard, à droite et à gauche : M. de Kerdrel, M. Marcel Barthe, M. Barthélemy Saint-Hilaire, M. Bozérian, M. Dauphin, M. Deschanel, M. Faye, M. Fresneau, M. Jouin, M. Lafond de Saint-Mür, M. La Caze, M. Leblond, M. Lenoël, M. Ninard, M. Paulmier, M. Wallon, etc...

Le plus contesté d'entre eux, supérieur à M. Floquet, s'élève presque à la hauteur de M. Boysset, qui, à la Chambre, est celle d'un pic.

M. de Kerdrel a de la chaleur et une sorte de chevalerie communicative ; — M. Marcel Barthe possède en propre une honnêteté filandreuse qui a son prix ; — M. Barthélemy Saint-Hilaire rappelle Nestor ; — M. Bozérian est un casuiste oublié dans les *Provinciales* ; — M. Dauphin, triomphant contre lui-même, excelle à prouver le lendemain qu'il a dit des sottises la veille ; — M. Deschanel demeure très supérieur, dans la conférence, à M. Jules Roche ; — M. Faye élucide avec patience et succès le contentieux des chiffres ; — M. Fresneau, dont l'âge n'a pas refroidi l'ardeur, échauffe ceux mêmes qu'il agace et n'a pas son pareil dans l'éloquence lyrique ; — M. Jouin, gai comme un pinson et rond comme une citrouille, enfile avec art un chapelet d'arguments ; — M. Lafond de Saint-Mür a une mémoire d'ange ; il n'oublie que ses anciennes opinions ; — M. La Caze exprime avec une voix de perroquet des vérités courageuses, pour lesquelles il se ferait couper en quatre ; — M. Leblond montre, dans les circonstances critiques, une impassibilité de croque-mort qui rend la confiance aux plus abattus ; — M. Lenoël joue les ingénues politiques avec une sincérité qui s'impose aux plus roublards ; c'est l'Agnès du Sénat ; — M. Ninard invente les expédients de la dernière heure ; c'est à lui que nous devons l'ingénieuse amnistie qui porte son nom ; — M. Paulmier, rapporteur du budget sous l'empire, dissimule dans une obscurité volontaire une précision de parole qui ferait honneur à M. Ribot ; — enfin M. Wallon a déployé, au moins une fois dans sa vie, cette éloquence féconde et créatrice qui engendre les constitutions.

Immédiatement au-dessus, dans une catégorie plus relevée, nous rencontrons :

M. Baragnon, tombeur et boxeur, le rempart de la royauté, qui donne des coups de langue comme d'autres donnent des coups de poing. Il a cependant, au besoin, des finesses et des adresses, qui sont à son style ordinaire ce que la savate est à la boxe.

M. Batbie, un éléphant qui a avalé un écureuil.

M. Bérenger, orateur sérieux, qui fuit la légèreté et déteste les fleurs. L'agrément et le charme ne sont à ses yeux que des dons secondaires qui ôtent à la parole humaine sa majesté. Il ne se dérange pas pour présenter des observations, il fait des discours !

M. Lucien Brun a plus d'ardeur. Sa bonne foi intransigeante plaît à ses adversaires parce qu'elle leur fournit des armes contre lui. Quand il est à la tribune, toute sa personne s'empreint d'une sorte de ferveur mystique, où l'on reconnaît le véritable Lyonnais, royaliste et catholique, du passé.

M. Delsol est l'avocat du bon sens. Calme et fort, honnête et droit, c'est moins un orateur qu'un conseiller.

M. Denormandie a l'oreille du Sénat et n'en abuse pas. S'il déployait tout l'esprit qu'il possède, on verrait un feu d'artifice : il en garde la meilleure part pour la conversation.

M. Dupuy de Lôme est un spécialiste ; la marine militaire et marchande n'a pas de secrets pour lui quand il l'étudie, et n'en a plus pour personne quand il en parle.

M. Ferrouillat pérore quatre jours et quatre nuits sans saliver.

M. Albert Grévy prononce des harangues romaines ; c'est un élève de Cicéron, il a refait les *Catilinaires* contre le duc de Broglie.

M. Hébrard, homme du Midi, journaliste du Nord et orateur du Centre, n'aurait qu'à ouvrir la bouche pour dire des choses amusantes et spirituelles, mais il est trop malin pour l'ouvrir souvent.

Les deux Labiche font regretter le troisième, qui est à l'Académie.

M. Lambert de Sainte-Croix a de l'esprit jusqu'au bout des ongles, qu'il porte très longs. Autrefois,

6.

quand un mot circulait dans les couloirs de l'Assemblée nationale, s'il était mauvais, on l'attribuait à M. de Tillancourt ; s'il était bon, à M. Lambert de Sainte-Croix.

M. Victor Lefranc a été éloquent une fois, et il est mort avant de recommencer.

M. Le Royer appartient à la famille des orateurs sombres. Son éloquence a un crêpe comme celle de M. Brisson. Ce sont deux sœurs jumelles, également en deuil, et qui sont nées à la même heure du mariage de la chaire et du barreau.

M. de Parieu, surnommé le *double étalon* (honni soit qui mal y pense), est un Auvergnat qui disserte admirablement, avec une voix de cuivre, sur les monnaies d'or et d'argent.

M. Peyrat, muet éloquent ! C'est lui, et non pas Gambetta, qui a inventé la fameuse formule : « Le cléricalisme, voilà l'ennemi ! »

M. de Saint-Vallier, diplomate qui parle un doigt sur sa bouche, bien différent en cela de son homonyme, du *Roi s'amuse.* Il dit : Chut ! et l'on applaudit.

M. Tenaille-Saligny. Rapporteur de la loi sur la magistrature, il a trouvé le moyen de martyriser les sénateurs en exécutant les juges.

M. Tolain. Avant ce vieux gamin de Paris, on n'avait jamais dit : « De quoi ! de quoi ! » dans un Sénat. Lorsque le duc d'Audiffret-Pasquier présidait, ce Berryer des nouvelles couches lui murmurait dans sa barbe : « Et ta sœur ? »

M. Grandperret, un Oscar de Vallée sec et nerveux.

M. Oscar de Vallée, un Grandperret moelleux et fleuri.

M. Waddington. (Voyez : Saint-Vallier.)

M. Allou. Celui-ci est mal parti. On dit de lui au Palais : C'est un orateur ! et au Luxembourg : C'est un avocat !

M. Bardoux. Le plus onctueux des bénisseurs ; il se sert de la parole comme d'un goupillon et on l'a surnommé le Cambacérès du centre gauche.

La plupart des noms que nous venons d'énumérer trouveraient peut-être leurs équivalents à la Chambre, et encore ! Il nous reste maintenant à passer en revue le grand état-major du Sénat.

Ils sont là une douzaine d'orateurs éminents qui ne donnent que dans les grands jours. C'est le bataillon sacré ; c'est la réserve de l'éloquence parlementaire.

On y rencontre : le duc d'Audiffret-Pasquier, impétueux et violent comme une charge de cavalerie ; — M. Challemel-Lacour, ironique et amer, qui a élevé la jaunisse politique à la hauteur d'un art ; — M. Chesnelong, chez qui l'inspiration, née d'une foi ardente et profonde, coule à pleins bords ; — M. de Freycinet, ingénieur séduisant, qui a du miel sur les lèvres ; — M. Pelletan, où l'on retrouve quelquefois un rayon assombri de Lamartine ;—M. de Fourtou, qui prononça les mots les plus énergiques du 16 Mai ; — M. Pouyer-Quertier et M. Léon Say, également habiles à jongler avec les chiffres, les plus amusants remueurs de millions du monde connu ; l'un exagère son jeu, l'autre le cache ; mais ils ont appris leur métier à la même

école de sorcellerie. On croit voir entre eux la différence qu'il y aurait entre un farceur et un sage : elle
n'y est pas.

Et enfin, les quatre coryphées :

M.Buffet, dont il suffit de prononcer le nom pour mesurer à l'instant même ce que la probité politique donne
d'accent, de nerf et d'autorité à la parole d'un homme.

M. Bocher, le maître charmeur, le favori du Sénat ;
puissant par la logique, puissant par la grâce, puissant
surtout par le cœur. Qu'il soutienne les plus hautes
controverses politiques, ou qu'il traite les plus délicates questions d'affaires, il se donne tout entier, et
répand dans chacun de ses discours toute sa raison et
toute son âme. C'est ainsi qu'il désarme ceux-là mêmes
qui ne veulent pas être convaincus.

Le duc de Broglie, qui a tous les dons de l'orateur,
sauf la voix. Il a su faire accepter, à force de talent,
cette imperfection capitale, et quand il promène son
ironie dans une de ces périodes artistement travaillées
dont chaque mot porte et touche, les plus réfractaires
admirent même ce qu'ils n'ont pas entendu.

M. Jules Simon, le dernier défenseur de la liberté,
sous la République. Elle l'a marqué, depuis quelque
temps surtout, de sa forte empreinte, et du plus souple
des polémistes elle a fait un grand orateur. Sa voix a aujourd'hui des éclats qu'on ne lui connaissait pas encore,
et le désert où elle résonne finira bien par se peupler.

Quant à M. Victor Hugo, il est toujours sénateur,
mais il n'a jamais été orateur.

IV. — LE CONSEIL D'ÉTAT

Révolution intérieure. — Le tribunal des conflits

Le conseil d'Etat a été quelque chose sous la Monarchie et sous l'Empire; sous la Monarchie, par la haute considération dont il jouissait ; sous l'Empire par le travail qu'il faisait. Aujourd'hui, c'est une troisième roue à un vélocipède.

Bien qu'il compte encore dans ses rangs un certain nombre d'hommes distingués, et un homme éminent, qui s'appelle Faustin-Hélie, il est tombé très bas dans l'opinion. Les remaniements qu'il a subis, les services humiliants qu'on lui a demandés et qu'il a rendus, le peu d'importance des attributions qui lui restent, justifient amplement ce discrédit. Ce n'est plus aujourd'hui qu'une compagnie très mêlée, où l'on rencontre des noms étonnants, et des nullités encore plus surprenantes. Parmi les conseillers d'Etat, il y a des échappés du *Rat-Mort.*

En somme, le conseil d'Etat, dépouillé, ou peu s'en faut, de la part qu'il prenait, dans un autre temps, à la préparation des lois, subsiste comme tribunal du contentieux administratif. Embusqué derrière une épaisse broussaille de textes, il distribue, avec une impartialité politique, une justice politique. Il vous dévalise au profit de l'Etat.

On l'a composé tout exprès pour cette honorable destination. La petite révolution dont il a été le théâtre en 1879 est encore présente à tous les esprits. C'est le président actuel du Sénat, M. Le Royer, qui en a été l'auteur. Comprenant qu'un tribunal républicain était indispensable pour accomplir ou sanctionner tout ce que méditait alors la République, il conçut le projet de s'assurer, dans le conseil d'Etat, une majorité républicaine en faisant, suivant la vieille mode, une fournée. C'est ainsi que fut créée la soi-disant section de législation. On n'y mit, bien entendu, que des républicains éprouvés, le vieux Courcelle-Seneuil, âgé aujourd'hui de soixante-dix ans, et qui a sur ses collègues l'avantage d'avoir professé l'économie politique à Santiago, M. Victor Chauffour, un décavé du suffrage universel, battu en 1876 dans le huitième arrondissement par le duc Decazes, et quelque ancien préfet à qui le séjour de Paris plaisait mieux que celui de la province.

Puis, cet expédient ne paraissant pas suffire, il fallut se résigner à l'épuration complète, par décrets. Dix places nouvelles furent créées, et on révoqua, sans autre forme de procès, les conseillers, maîtres des requêtes, et auditeurs suspects. C'est à ce moment que fut frappé, avec MM. Le Trésor de la Roque et Marbeau, notre confrère J.-J. Weiss, qui, depuis..... Son ami, M. Ranc, l'appelait alors royaliste !

Cependant, sa destitution surprit d'autant plus que son fameux article les *Illusions monarchiques*, publié avec un certain fracas dans la *Revue de France*, ne pouvait être sorti que d'une plume déjà inclinée vers la République, et que, seul de tous les conseillers d'Etat en exercice, il avait assisté à la première réception du nouveau président de la République, M. Grévy.

Quoi qu'il en soit, le conseil d'Etat, ainsi réorganisé, tint sa séance d'installation le 21 juillet 1879. Le garde des sceaux Le Royer, président de droit, s'y montra, non sans un peu d'embarras, ayant à ses côtés le nouveau vice-président du conseil, M. Faustin-Hélie, et les quatre présidents de section, MM. Aucoc, Groualle, Goussard et du Martroy, qui formaient, avec M. Silvy, le seul élément de l'ancien conseil d'Etat que la défiance républicaine eût maintenu en fonctions.

Que se passa-t-il entre ces épaves et les nouveaux venus ? L'impossibilité de vivre côte à côte, leur fut-elle immédiatement démontrée ? Toujours est-il que, le lendemain 23 juillet, alors que l'honnête Le Royer pouvait se flatter d'avoir écorché la bête sans trop la faire crier, on apprit brusquement que MM. Aucoc, Groualle, Goussard, du Martroy, suivis bientôt de M. Silvy, donnaient leurs démissions, que le nouveau conseil d'Etat était décapité et que tout était à refaire. La débandade prit bientôt des proportions inquiétantes. Il y avait comme une émulation et une gageure pour s'en aller. Les journaux pariaient sur M. Silvy, qui avait tardé un peu plus que les autres : « S'en

ira ! S'en ira pas ! » On craignait la retraite en masse
de tout le personnel, et un fou rire s'empara des spectateurs de cette petite comédie politique lorsqu'on vit
le garde des sceaux courir affolé après ceux qui par-
taient. Il les adjurait avec larmes de ne point quitter
ainsi un infortuné ministre qui ne savait plus à quels
conseillers d'Etat se vouer. On en fit avec des maîtres
des requêtes, et des maîtres des requêtes avec des
auditeurs, et des auditeurs avec des crieurs de journaux. On crut un moment qu'il faudrait prendre des
garçons de bureau ou des balayeurs. On les eût pris.
Quelques roublards profitèrent naturellement de la
poussée. C'est ainsi que M. Chauchat devint conseiller
et M. Chauffard maître des requêtes. Dans son trouble, le ministre ne s'aperçut pas qu'il donnait l'inves-
titure à l'ancien chef de cabinet de M. de Forcade la
Roquette, et à l'ancien chef de cabinet de M. de Cumont.

On juge aisément des sentiments que peut inspirer
à ceux qui l'ont ainsi manipulée, une compagnie où
M. Castagnary siège après M. Aucoc, et M. Gougeard
après M. Andral.

Cependant un conseil d'Etat remplit des fonctions si
hautes, même quand un gouvernement maladroit les a
systématiquement avilies, et il est si difficile, sans se
décrier soi-même, d'y introduire indéfiniment des non-
valeurs, que celui-ci, malgré ses mutilations morales
et autres, se relevait peu à peu sous l'influence de son
vice-président, M. Faustin-Hélie, et de quelques pio-
cheurs instruits, consciencieux, modestes, dans l'âme
desquels le sentiment de la justice aurait fini par péné-

trer, lorsque son malheur l'associa à toute la campagne contre les congrégations religieuses, c'est-à-dire à tous les méfaits du tribunal des conflits. Ceci l'acheva. Un tribunal dont on s'est servi comme d'un instrument à tout faire, pour enlever à une nation ce que le plus illustre de ses légistes a appelé *forum et jus*, une justice instituée tout exprès pour consacrer l'injustice, a d'avance dans l'histoire une place que toutes les apologies des contemporains ne sauraient améliorer. L'honnêteté la plus vulgaire nous dit qu'il y a des choses qu'on ne fait pas, même pour dix-huit mille francs par an.

Le tribunal des conflits s'est illustré, une première fois, sous la présidence du garde des sceaux Cazot, à qui est échue, depuis, en récompense de ses honnêtes services, la plus haute charge de judicature qui soit en France, la première présidence de la Cour de cassation. Il s'est illustré encore, sous l'austère Martin-Feuillée, en déclarant que la suppression des traitements ecclésiastiques était de la plus parfaite légalité. Il s'illustrera de la même manière, en toute occasion. Vous ne le ferez pas juger contre les prétentions du gouvernement dans une question grave. Tout ce qu'on peut attendre de son équité c'est que, pour sauver les apparences, il tranche en faveur des particuliers quelques insignifiants litiges. Si, par exemple, il prenait un jour au sous-préfet de Brioude ou de Forcalquier la fantaisie de vous administrer des coups de bâton sur la grande route et de se retrancher ensuite derrière un arrêté de conflit, le tribunal des conflits serait bien capable, dans sa haute équité, de se déclarer incompétent et de renvoyer ce bâtonniste devant les tribunaux ordinaires, c'est-à-dire devant la nouvelle magistrature, qui l'acquitterait.

M. Collet, président de la section de l'intérieur, des cultes, de l'instruction publique, et des beaux-arts, au conseil d'Etat, est vice-président du tribunal des conflits. C'est un de ces légistes dont feu M. Laboulaye, qui les avait pratiqués, disait qu'ils ont toujours étranglé légalement le droit et la liberté. MM. Braun, Victor Chauffour et Berger, conseillers d'Etat, sont membres de ce même tribunal des conflits. Deux maîtres des requêtes, MM. Gomel et Chante-Grellet, y représentent le gouvernement, avec le titre de commissaires.

Il y a peu de chose à dire de tous ces messieurs. Le plus distingué d'entre eux est un Alsacien riche et bien apparenté, M. Braun, qui chantait et mimait le *Petit Ebéniste*, avec un succès prodigieux, dans les soirées intimes de l'impératrice Eugénie. Sa fortune personnelle le met au-dessus de tout soupçon. S'il sert la République, après avoir égayé l'Empire, c'est par conviction et par préférence. Il a siégé dans la grosse affaire de propriété soulevée par les congrégations, et a contribué à leur envoyer *le bouquet de fleurs* que vous savez. On ne dit pas s'il a opiné contre elles en fredonnant. M. de Lavenay, qui a donné sa démission à la suite du vote, et qui fut, lui aussi, un des familiers de l'Empire, devait, je pense, éprouver une envie furieuse de crier à M. Braun : « Chantez donc, mon petit, chantez ! »

Enfin, M. Braun ressemble au père de sa fameuse chanson. Sous tous les gouvernements, *il n'a connu que la félicité.*

Nous ne saurions avoir la prétention de consacrer une notice, même fort courte, à chacun de ces personnages

> Qui conseillent l'Etat pour dix-huit mille francs.
>
> VICTOR HUGO.

Les noms les plus en vue sont ceux qui ont une signification politique. Ce sont tous des noms de persécuteurs : M. Laferrière, M Flourens, M. Castagnary, critique d'art.

MM. Flourens et Laferrière sont spécialement chargés d'expliquer et d'appliquer le Concordat. Ils tiennent chacun une poignée de cette grande cisaille à tondre le clergé et à émonder l'Eglise.

Parmi les conseillers d'Etat en service extraordinaire, on rencontre beaucoup d'hommes capables, et peu d'hommes connus. Ce conseil d'Etat-Bourbeau manquera toujours de prestige. Les comités de domestiques n'en ont pas.

V. — LES MINISTÈRES

Le ministère de l'Intérieur

Le ministère de l'Intérieur, qui a son installation principale place Beauvau et rue de Cambacérès, a été obligé, dans ces derniers temps, de détacher quelques services de l'autre côté de l'eau, rue de Grenelle et rue de Varennes. Ce vampire grossit tous les jours, et il est question depuis longtemps de lui acheter un local à sa taille ; mais on recule devant la dépense. Si jamais M. Cochery devient ministre de l'intérieur, on ne reculera plus ; vous avez vu comment il tire de l'argent aux députés pour ses postes, il sait l'art de traire les Chambres !

Les personnages les plus intéressants à observer dans cet endroit, moins secret que les fonds dont on y dispose, sont peut-être les huissiers ; ils causent volontiers, ils sont philosophes, ils en ont tant vu ! Ils vous diront que les deux plus aimables ministres de l'intérieur sous la République ont été le *père Constans* et l'inconstant Lepère ; ils appellent ainsi ce dernier à cause de ses infidélités à Gambetta.

L'insconstant Lepère était le plus accommodant des

hommes, surtout lorsqu'il avait gagné au baccara, ce qui lui arrivait en moyenne cinq fois sur six. Le père Constans avait une familiarité à lui qui a laissé dans les antichambres d'excellents souvenirs.

Sa préoccupation principale était de ne pas paraître ministre ; il avait l'air de dire aux gens : ne faites pas attention, je passe. Il a passé, en effet, comme tant d'autres, mais si jamais il revenait, on nocerait dans les antichambres.

M. Fallières eut aussi l'humeur aimable et l'abord facile. Il recevait avec sa bonhomie habituelle, dans le petit salon qui est à côté du cabinet officiel et qui précède la grande salle des fêtes. Le principal ornement de cette pièce est un tableau de Millet. Malheureusement, on l'a dissimulé dans un coin, sans doute pour ne pas éclipser les croûtes voisines.

Le personnel du ministère regrette moins M. Goblet qui le menait à la baguette. Ce petit homme se suffisait à lui-même, il n'avait de rapport qu'avec ses bureaux ; quant aux journalistes, il les recevait entre deux portes. Pour franchir le seuil de son cabinet, il leur fallait parler de décentralisation ; alors la figure du ministre s'illuminait et il faisait des articles pour le malin qui avait ainsi touché la corde sensible. Il a fini par se décentraliser lui-même, c'est-à-dire par quitter la place, pour démontrer par son propre exemple l'extrême fragilité du pouvoir central.

M. Waldeck-Rousseau, le titulaire actuel, s'est fait une loi de rendre à la fonction son ancien prestige : il est désagréable et boutonné, selon la formule. Sa grandeur l'oblige à ne recevoir que des sénateurs et des députés ; encore leur impose-t-il de longues quarantaines, qui durent quelquefois plusieurs heures, et après lesquelles un huissier vient les prévenir que le ministre a décidément le regret de ne pouvoir s'entretenir avec eux ; mais ils sont libres de revenir un autre jour. Quant aux reporters, il leur faut attendre dans un couloir le moment où le jeune pontife sortira de son cabinet pour se rendre dans ses appartements particuliers. Il leur jette quelques mots, au passage et sans s'arrêter, comme la becquée aux poulets ; deux ou trois familiers le poursuivent, l'échine basse, jusque sur les premières marches de l'escalier et obtiennent, dans les bons jours, un petit compte rendu au crayon qu'il a daigné écrire de sa propre main : c'est la séance du conseil des ministres. Comme ce procès-verbal, rédigé pour ne rien dire, atteint généralement son but, M. Hément et l'Agence Havas, qui sont dans les bonnes grâces de M. Jules Ferry, vont chercher d'autres renseignements au ministère des affaires étrangères.

Chaque jour, vers midi, le préfet de police Camescasse vient, avant son second déjeuner, causer avec le ministre, et M. Schnerb, directeur de la sûreté générale, se présente à la même heure au rapport. (1)

M. Waldeck-Rousseau leur lance un regard interrogatif, auquel ils répondent invariablement : Rien ! Le préfet de police remplace les conspirateurs absents par

---

(1) M. Schnerb a été exilé depuis à la préfecture de Bordeaux par son ennemi personnel M. Leguay.

une conversation familière que le ministre ne permet
à personne autre qu'à cet ami intime. M. Camescasse, qui passe pour avoir de l'esprit, ne remarque
pas trop cette délicate préférence, et il évite d'en abuser,
la première qualité d'un préfet de police ayant toujours
été de ne rien voir.

M. Schnerb était, sous l'Empire, un homme de
l'opposition, qui écrivait dans les journaux du gouvernement ; la République en fit naturellement un préfet,
et il cessa dès lors de saluer tous les impérialistes
avec lesquels il avait vécu dans les meilleurs termes.
C'est un veinard qui a été servi même par ses mésaventures ; personne n'ignore, dans le monde politique,
comment il est devenu directeur de la Sûreté générale.
Pendant qu'il était préfet d'Avignon, un mauvais plai-
sant déposa une nuit, sur la fenêtre de sa chambre à
coucher, une cartouche de dynamite. On fit une enquête
que M. Schnerb dirigea lui-même, et on ne découvrit
rien. Le mystificateur encouragé ne le lâcha plus et
mit des cartouches jusque dans son chapeau ; un soir,
il frémit d'horreur en en trouvant une où certainement
il ne l'eût jamais cherchée. L'invisible ennemi, qui
s'attachait à ses pas, avait transformé en machine
infernale la table de nuit de M. le préfet. L'enquête
recommença ; peine perdue ! M. Schnerb en est encore
à se demander s'il doit voir dans cet incident rétros-
pectif une plaisanterie ou un guet-apens.

En tout cas, le gouvernement pensa qu'un fonctionnaire, qui ne trouvait jamais les coupables, serait
particulièrement propre à surveiller les ennemis de

l'Etat, et c'est ainsi que M. Schnerb fut appelé au poste de confiance qu'il occupe aujourd'hui. Les affaires de Montceau-les-Mines et de Lyon ont mis en relief, sur un plus grand théâtre, les aptitudes spéciales que nous venons d'admirer en lui. Il s'installa de sa personne dans les gares, bien décidé cette fois à ne pas revenir bredouille, et fit arrêter tous les voyageurs dont la figure ne lui plaisait pas. Les deux procès qui suivirent ont établi d'une façon éclatante la perspicacité merveilleuse dont il fit preuve dans ces deux occasions.

Il y a peu de fonctionnaires inamovibles au ministère de l'intérieur, surtout parmi ceux qui sont attachés à la personne des ministres ; cependant, on en cite un, le chef du secrétariat particulier, M. Foubert. Ce fils de sénateur a dû sa fortune politique à son père, qui a dû la sienne à un verre de champagne. Le soir du 24 Mai, dans cette séance historique, qui fut la troisième de la journée et qui ne se termina qu'à minuit, M. Foubert, le père, encore ému du dîner, criait à tue-tête dans l'hémicycle : « Renverser le libérateur du territoire, jamais ! jamais ! » Il ne le renversa pas et fit bien, car il devint lui-même inamovible, et son fils aussi, dans un autre genre. Ce dernier est un gros Normand qui a l'accent du terroir et qui adore le cidre ; il ne recule même pas, lorsque ses ambitions électorales l'y invitent, devant ce terrible « café à la mort » que ses compatriotes confectionnent en versant de l'eau-de-vie bouillante sur le café. Grand chasseur, il corrompt la presse à bon marché ; il envoie des lapins aux journalistes, ce qui est encore une façon de leur en poser. Très discret, sous son apparence bonasse, il dit, avant même qu'on l'interroge : « Je ne sais rien ! » C'est son premier mot et son dernier. Peut-être M. Foubert dit-il la vérité ; ce qui est bien certain, c'est que sa réserve préméditée ou involontaire l'a maintenu où il est depuis le ministère Ricard. Le Seize Mai seul s'est privé de ses services, aussi le Seize Mai n'a-t-il pas réussi.

Le directeur de la presse au ministère de l'intérieur est M. Carle, qu'on appelle plus généralement le père Carle ; il ne faut pas le confondre avec l'autre M. Carle, qui est aujourd'hui rédacteur en chef de la *Paix*. Ses cheveux blancs s'ébouriffent sous les bords plats de son chapeau. Admirateur successif de tous les ministres qui défilent devant lui, il ne les connaît plus le jour de leur chute, et se répand en paroles amères contre les journaux qui ont eu l'impertinence de les défendre. Son métier consiste à pratiquer dans les feuilles françaises ou étrangères des coupures destinées à être placées sous les yeux de son supérieur. Quand celui-ci est encore dans sa lune de miel, il les lui choisit agréables ; mais à mesure que l'étoile ministérielle pâlit, les extraits se rembrunissent, de telle sorte que l'infortuné peut prévoir son sort dans les lectures graduées qu'on lui soumet. A son arrivée à la place Beauvau, M. Constans, qui se doutait du tour, lui dit doucement : « Mon ami, renfermez-vous dans la partie économique ! »

Reste le sous-secrétaire d'Etat, M. Margue ; au dernier les bons ! On l'a mis là parce que la fonction était

à prendre, mais il avait sa place marquée dans tous
les cabinets. C'est un brave homme, tout sucre et tout
miel, qui ne s'est oublié qu'une fois ; le regret sincère
qu'il en éprouve est si poignant qu'on assure, entre
intimes, que sa santé en a souffert ; il a si peur maintenant de laisser échapper quelque chose, que la limo-
nade elle-même n'a plus d'effet sur lui.

Quoi qu'il en soit, il est très goûté au ministère et,
du plus petit au plus grand, on aime mieux avoir
affaire à lui qu'à son chef ; il a d'ailleurs l'occasion de
le remplacer souvent, car M. Waldeck-Rousseau, qui
est célibataire, n'a pas de maison à lui et s'est fait une
douce habitude de déjeuner hors de l'hôtel. Presque
tous les matins, dédaignant la voiture officielle qui
l'attend sous le péristyle, le jeune ministre sort à pied,
hèle le premier fiacre qu'il aperçoit et s'en va inco-
gnito où sa fantaisie l'appelle, histoire de s'assurer si
la police de M. Camescasse est bien faite.

Le ministère des Affaires étrangères

On sait ce qu'il a été autrefois, on sait ce qu'il est
aujourd'hui ; inutile d'insister sur la différence. C'est
celui de tous les ministères qui a reçu le plus direc-
tement le contre-coup de nos malheurs ; cependant, il
faisait encore une certaine figure avec le duc Decazes,
avec M. de Freycinet et même avec les hellénistes
Waddington et Saint-Hilaire ; mais M. Challemel-Lacour l'a achevé. Seul, l'hôtel subsiste, comme un
corps sans âme que la diplomatie internationale a

presque abandonné. La plupart des ambassadeurs étrangers ne se sentent pas le courage de lutter contre les *calculs* du malade de Vichy.

Au reste, M. Challemel-Lacour lui-même s'y trouvait dépaysé; craignant sans doute la comparaison avec les souvenirs que rappelle le palais du quai d'Orsay et s'isolant encore dans cette solitude, il travaillait et couchait dans les combles, au fond d'une petite chambre de domestique où on lui avait installé une table et un lit. Chacun a pu apprécier les résultats de cette politique mansardée. M. Jules Ferry, moins modeste, s'est installé dans l'appartement officiel, galamment décoré d'un meuble rose et blanc qui semble exclure les pensées graves. Nous lui conseillons cependant de se défier d'un certain bureau empire en bois de rose dont les tiroirs anguleux ont déjà éclopé MM. de Freycinet et Duclerc. On n'a pas oublié comment celui-ci, dans son empressement à se lever pour recevoir lord Lyons, se fit au genou une blessure qui lui permit de se récuser, ou peu s'en faut, dans la question des princes d'Orléans et qui, finalement, lui coûta son portefeuille. C'est maintenant une tradition au ministère : quand le ministre est embarrassé, quand il a intérêt à être malade, le bureau est là.

Malgré cette décadence trop visible, le département des affaires étrangères est encore le seul où l'on ait gardé quelque tenue et un semblant d'étiquette ; M. Mollard, introducteur des ambassadeurs, s'est donné à lui-même la mission d'y veiller. Le beau-père de M. Récipon, chamarré de tous les ordres de la

terre, reçoit avec une grande affectation d'impartialité
le prince de Hohenlohe et les quatre nègres qui sont
venus l'année dernière nous apporter l'alliance du
Fouta-Djallon. Tous les ambassadeurs sont égaux à
ses yeux, tous l'ont décoré.

On a prétendu quelquefois que ce ministère, plus
fermé que les autres aux influences parlementaires,
était l'asile des réactionnaires qui ont échappé aux
épurations violentes dont tout le personnel administratif a été l'objet, et qu'on y rencontre encore çà et là
quelques fonctionnaires attardés qui savent porter une
cravate blanche et un frac; nous voulons bien le
croire, mais ce qui a sensiblement baissé, c'est la
langue qu'on y parle. Le Livre Jaune nous en donne
chaque année des échantillons qui trahissent suffisamment le déchet qu'elle a subi : cet art exquis et si français qui consiste à faire entendre tout ce qu'on ne veut
pas dire et à mettre une idée dans une réticence, est
aujourd'hui un art perdu, ou qui serait perdu si la diplomatie chinoise n'en avait gardé la précieuse tradition.

Si encore nos diplomates, en oubliant ce style,
avaient du moins conservé les usages dont il était
l'accompagnement naturel; mais des exemples récents
font craindre que le langage et les mœurs diplomatiques n'aient péri en même temps. Aujourd'hui, les plus
délicates questions internationales prennent à la tribune le caractère d'une polémique de journal dans
laquelle la grossièreté des procédés le dispute à la
déloyauté des arguments.

Il était temps que M. Ferry prît décidément ce portefeuille pour inaugurer un nouveau régime, et rendre tout ensemble à notre chancellerie la politesse et la bonne foi.

Celui-ci est l'homme charmant que l'on sait. On en est encore à découvrir un ministre, un sénateur, un député, un fonctionnaire qui n'ait expérimenté sa mauvaise humeur. Pour lui, la dignité consiste à blesser les gens et personne n'ignore que ce parvenu politique n'a jamais su mesurer la distance qui sépare l'arrogance de l'autorité.

Il a trouvé le moyen de paraître profond à force d'être désagréable. La badauderie parlementaire prend volontiers son entêtement proverbial pour de la fermeté; c'est un mulet dont on veut absolument faire un aigle; mais il faut bien reconnaître que, dans le milieu où il travaille, sa médiocrité le rend presque équivalent à un homme supérieur. Si vous le comparez à Casimir Périer, évidemment il déchante; mais comparez-le à Floquet, et vous verrez! Il a eu l'intelligence de deviner que la mort de Gambetta laissait une place à prendre et que, pour se l'assurer, il fallait d'abord prendre les gambettistes. Il les a pris, ou peu s'en faut; il a su mettre dans sa poche le groupe entier, avec son étiquette, l'*Union républicaine*, en lui promettant que rien ne serait changé, sauf ce léger détail : Ferry à la place de Gambetta. A cela près, on referait le même ministère, et l'on continuerait l'ancien commerce, comme une maison d'épicerie qui, après le décès du maître, annonce à sa clientèle qu'elle a conservé les mêmes garçons.

Sa campagne, un peu effrontément menée, a réussi.
Le trouble était partout, et la panique et la déroute.
La Chambre avait perdu la tête ; l'Elysée était ahuri.
Quand un homme s'offre dans un pareille débandade,
on n'a pas le choix ; quand on ne voit qu'un pont pour
passer une rivière débordée, et que ce pont peut être
emporté d'un instant à l'autre, on ne regarde pas au
prix. La majorité républicaine n'avait rien de Virginie
qui aima mieux mourir que de se déshabiller pour
nager jusqu'au rivage avec un matelot tout nu. Elle
n'a pas rougi devant le matelot, et M. Jules Ferry est
ministre.

D'ailleurs, le besoin d'un gouvernement fort, c'est-
à-dire violent, despotique et jacobin, se fait sentir en
tout temps dans les régions où s'agite M. Jules Ferry.
Tout y pousse, la nécessité, la tendance et l'instinct.
La majorité n'a ni le sens, ni le goût de la liberté ;
M. Ferry est son homme. Ce mot de gouvernement
fort plaît à sa faiblesse. Nous en faisons l'épreuve ;
nous sommes gouvernés, c'est-à-dire opprimés, et cet
aimable régime pourra durer quelques mois encore.
Les deux *Unions* conjointes, la *démocratique* et la
républicaine, jouissent d'une lune de miel dont la
douceur inespérée leur fait accepter tout et le reste.
Aplaties, éreintées, sans idée, sans volonté, passives,
béates, elles se pâment aux délices des embrassements
ministériels et finissent de s'abrutir dans la possession
momentanée de ce qu'elles appellent déjà la stabilité
gouvernementale.

Mais ce lourd égoïsme n'a qu'un temps. Déjà on

aperçoit des fissures, des crevasses, dans la muraille lézardée de ce gouvernement soi-disant indestructible. L'aversion naturelle qu'excite **M. Ferry** se surmonte un instant ; mais elle revient. A travers les caresses qu'on échange, on sent monter une certaine nausée latente qui aura raison des moins dégoûtés.

M. Jules Ferry est antipathique ; ceci est un fait. Je crois bien ne pas me tromper en affirmant que, dans les deux Chambres, il n'est aimé que d'un seul homme, qui est son frère. Pour avoir deux amis, il lui faudrait un chien. Ce n'est pas seulement son visage qui prévient en sa défaveur. D'autres parties de son personnage déplaisent ou inquiètent. A des gens qui disaient avec admiration : « C'est un caractère ! » J'ai entendu souvent répondre : « Oui, un mauvais caractère ! » S'il savait comment on parle de lui dans les coulisses du monde politique et parlementaire ! On l'y représente comme un finassier, un *truqueur* qui passe sa vie, quand il est ministre, à jouer de mauvais tours à ses collègues. Lier partie avec lui semble une naïveté de débutant ; Tirard commence à le dire et Paul Bert le proclame ; je voudrais bien savoir ce qu'en pense Brisson. Chaque jour, on surprend sur des lèvres républicaines l'aveu des défiances qu'inspire son ambition. Son approche vous refroidit, son contact vous glace, comme celui d'un jettatore. Il a certainement le mauvais œil.

Ces séduisantes qualités le brouillèrent autrefois avec l'entourage de Gambetta et le firent exclure du Grand Ministère.

Gambetta, qui le voulait pour second, avait chargé

M. Constans de l'amener à lui céder la présidence du conseil et à servir sous ses ordres. M. Ferry y consentit aisément, et tout semblait terminé, lorsque MM. Etienne et Arène, qui avaient à se plaindre de lui, entreprirent de tout défaire. Ils y réussirent, malgré les promesses verbales et les engagements écrits ; M. Grévy s'en émut, M. Constans protesta, mais le maître refusa de les écouter et, brusquement, pour en finir, se rendit chez son allié de la veille.

— Mon cher ami, je viens vous dire pour quels motifs vous ne pouvez entrer dans mon ministère...

Le cher ami l'arrêta net.

— C'est inutile, n'en parlons plus.

Mais il jura de se venger et tint parole.

Après la victoire, il se fit imposer par M. Grévy à M. de Freycinet ; redevenu ministre, il poursuivit jusqu'au bout sa vengeance. Il traqua avec une ardeur passionnée les gambettistes de toutes nuances et de tout rang, signala sans se lasser les fonctionnaires suspects et encombra de tant de noms ses listes de proscription qu'il fallut modérer son zèle. Il ne voulut rien entendre, jusqu'au jour où l'étoile de M. de Freycinet pâlit et l'influence de Gambetta redevint prépondérante ; il sentit alors se réveiller en lui des sentiments qu'il croyait éteints, adora de nouveau ce qu'il venait de brûler et s'empressa de brûler ce qu'il adorait naguère. Il se réconcilia avec ses anciens amis et leur sacrifia ses récents alliés.

Ce fut une paix boiteuse et, sans la mort de Gambetta, l'Union républicaine eût tiré de cette trahison quelque terrible revanche. Décapitée, elle a dû se soumettre et subir un maître qu'elle hait ; elle l'applaudit, elle l'acclame, elle vote servilement des ordres du jour de confiance, mais elle se rattrape dans les couloirs.

*
* *

M. Jules Ferry est incontestablement le plus exécré des ministres ; mais si ses collègues le détestent, ses électeurs l'adorent. Dans les Vosges, on vante sa douceur, sa complaisance et sa politesse ; c'est un député prévenant, familier et aimable qui vit très simplement, en famille, dans la maison qui lui vient de son père, à deux pas du petit pavillon où son frère Charles passe les vacances avec son jeune fils.

A un kilomètre de Saint-Dié, sur la hauteur qui domine la ville, une maisonnette se cache à demi sous les arbres ; le jardin qui l'entoure s'étend jusqu'à la route forestière, dont il n'est séparé que par une palissade. Il est ouvert à tous ; on pousse une barrière et l'on entre. Des allées conduisent à la véranda, où un homme aux larges favoris, en veston et chapeau de paille, parcourt les lettres, les dossiers entassés sur une table, les annote et les classe. C'est Son Excellence Jules Ferry, président du conseil et ministre des affaires étrangères.

Un visiteur se présente, il est le bienvenu ; le travailleur repousse ses papiers, l'écoute, l'interroge, prévient ses désirs, trouve ses réclamations les plus justes du monde et ses demandes les plus raisonnables qu'on puisse imaginer. Il lui parle avec une émotion éloquente de ses parents et de ses protégés, tous gens de mérite, mais grands amateurs de sinécures ; il les casera avant peu, car il dispose du budget et des places.

Le visiteur, enchanté, se répand en actions de grâces ; son bienfaiteur en est doucement ému, le prend familièrement sous le bras, l'accompagne et se laisse entraîner jusqu'à Saint-Dié. Dans les rues, il ne peut faire un pas sans se heurter à d'autres solliciteurs ou à quelque ami, — et ses amis sont nombreux, car il aime tous ses électeurs. Il va vers les timides et les humbles ; c'est un bon garçon qui provoque les demandes, sait écouter et ne se lasse point des plus ennuyeux bavardages. Il est puissant, mais sans morgue, et lorsque ses camarades d'enfance lui tapent sur l'épaule et le tutoient, il en paraît ravi. Le scrutin d'arrondissement et cette crainte des électeurs qui est pour un député le commencement de la sagesse, produisent parfois de tels miracles ; mais celui-ci a de quoi surprendre.

A Paris, dès le débarcadère, M. Jules Ferry redevient lui-même.

Depuis 1879, cet aimable personnage a habité presque sans interruption le ministère de l'instruction publique ; il vient d'en sortir pour s'installer au quai d'Orsay. Lorsqu'un vote de la Chambre l'obligera à abandonner ce palais de la diplomatie, il retrouvera au numéro 23 de l'avenue de l'Alma le grand appartement du troisième étage, où il se réfugie après chacune de ses mésaventures parlementaires. Tombé du pouvoir, il vit selon ses goûts, et, comme il aime à être seul, ne reçoit que ses amis.

Il en est jusqu'à trois que je pourrais citer.

Trois, mais pas quatre : Charles Ferry, son frère ; Floquet, son oncle ; Etienne Arago, le parrain de sa femme.

Dans cette intimité, se révèle un Ferry inconnu ; nous avons vu, dans les Vosges, le député bon garçon et prévenant ; nous découvrons, à l'avenue de l'Alma, un amateur de curiosités, d'objets d'art et de tableaux.

L'antichambre, avec ses vases étrusques et ses sculptures antiques rapportées d'Athènes, est un petit musée. Ces débris des monuments grecs rappellent aux intimes certain dîner d'autrefois où l'on servit, au dessert, du miel de l'Hymette ; M. Ferry, alors ambassadeur à Athènes, l'avait envoyé à M. Bardoux, plus doux que ce miel lui-même. On le dégusta entre hellénistes ; M. Waddington porta un toast dans la langue d'Homère, et M. Barthélemy Saint-Hilaire fredonna un refrain d'Anacréon.

Le salon est plus moderne. Le meuble, en velours frappé, est d'un bon style ; sur les bahuts, dans les vitrines, des bibelots ciselés avec un art infini, des bronzes chinois et japonais, des porcelaines, de vieux laques ; aux murs, des tableaux de Mme Élodie La Villette et quelques toiles d'Henner. Au milieu de la pièce, sur un chevalet garni de peluche, une perle : un dessin

à la sanguine, de Boucher, qui est un des plus beaux
de ce maître.

Un goût très pur et très délicat, dont on ne saurait,
en conscience, faire honneur au ministre des affaires
étrangères, a présidé au choix et à l'arrangement de
ces belles choses ; nous sommes certainement ici dans
le domaine d'un artiste. Mme Jules Ferry est peintre et
musicienne, et tout trahit, dans ce salon, des goûts
trop raffinés et trop exquis pour ne pas être féminins.

Le cabinet de M. Jules Ferry est banal; il y a transporté le canapé et les fauteuils de drap rouge qui meu-
blaient son salon de garçon. La bibliothèque en bois
noir est bondée de livres ; la littérature est représentée
par ses chefs-d'œuvre ; la collection des historiens et
des philosophes est des plus complètes, mais on y
chercherait en vain un ouvrage rare ou imprimé avec
luxe, une belle reliure. La plupart de ces livres sont
brochés et les autres ont passé par les mains d'un
relieur économe, qui a rogné les marges et collé sur le
dos une basane vulgaire.

Le train de maison est des plus simples : point de
bals, peu de réceptions, de rares dîners où on n'invite
qu'un petit nombre de convives; trois domestiques suffisent au service. Monsieur le ministre doit économiser
sur ses cinquante mille francs de rente.

Il n'en avait que quinze mille à la mort de son père ;
mais son frère, le financier, a largement accru ce modeste patrimoine, en même temps qu'il gagnait pour
lui-même une fortune qu'on ne chiffre pas. Tout le
monde sait que M. Charles Ferry est mêlé à des affaires

de tout genre ; on sait moins qu'il a été l'associé de M. Watel, un grand entrepreneur de travaux publics dont le huitième arrondissement avait fait un conseiller municipal. Les deux associés se sont enrichis, et, comme M. Jules Ferry leur avait confié des fonds, il a eu tout naturellement sa part du gâteau.

Lorsqu'il s'est marié, en 1875, à l'âge de quarante-trois ans, il n'était encore ni riche ni puissant ; il avait foi en son étoile, son ambition était sans bornes, mais Napoléon ne perçait pas encore sous Bonaparte.

En s'alliant à la grande tribu des Risler-Kestner, M. Ferry fit un coup de maître ; ses amis prétendent qu'il ne fit qu'un mariage d'amour. La future Mme Ferry, fille de M. Risler, était la petite-fille de M. Kestner, fondateur de la fameuse usine de Thann. Ce patriarche vosgien avait cinq filles ; elles épousèrent M. Risler, le colonel Charras, ministre de la guerre en 1848, M. Floquet, le sénateur Scheurer-Kestner et M. Chauffour, un des lampions du conseil d'Etat. Mme Risler mourut peu de temps après la naissance de sa fille, qui fut élevée par Mme Kestner, sa grand'mère. Celle-ci réunissait à ses dîners du dimanche les notabilités de tout ordre, littérateurs, savants, hommes politiques. M. Jules Ferry déployait dans ces réunions les qualités aimables qu'il tient en réserve pour ses électeurs ; il sut plaire, fit sa demande et ne fut pas repoussé.

Elève d'Henner, Mme Jules Ferry a exposé au Salon de 1881 un tableau, signé d'un nom d'emprunt, qui fut très remarqué. On vante beaucoup les panneaux qu'elle vient d'offrir à M. Scheurer-Kestner, son oncle ;

ils décorent la salle des Fêtes de l'ancien hôtel de
Mme Pilté, rue de Babylone, dont ce sénateur opulent
s'est rendu acquéreur. M. Vaucorbeil, qui fut le professeur de Mme Ferry et dont elle a fait un directeur de
l'Opéra, lui a inculqué le goût de la musique classique;
elle se rend chaque dimanche aux concerts Colonne,
dans sa loge ; son mari l'accompagne, mais il montre
plus de résignation que d'enthousiasme. Il en veut
évidemment à la musique d'amollir les caractères et
de les rendre aimables ; il craint la contagion et réussit
à l'éviter.

Le ministère des Travaux publics

C'est ici le domaine sacré des ingénieurs et on le
devine dès l'antichambre ; au lieu de la table et de la
chaise traditionnelles, on a construit à l'huissier un
petit monument dont des bornes reliées entre elles par
des chaînes défendent les abords. Ainsi juché, ce
modeste fonctionnaire ressemble assez exactement à
une statue sur son piédestal; il veille de là haut sur
les brouettes perfectionnées, qui remplacent les sièges,
et sur les échantillons de ciment, de houille, de mine-
rais, rangés dans ce vestibule comme des bibelots
précieux. Partout, sur les murs, s'étalent des cartes :
cartes routières, cartes de chemins de fer, cartes de
canaux, etc...
Une garde d'élite, recrutée dans les douze tribus

d'Israël, veille sur ces trésors, et l'on éprouve quelque surprise à voir réunis, dans un si petit espace, tant de spécimens d'une si vagabonde nation. C'est le royaume de Dieu et de M. Raynal.

M. Bénach commande ces jeunes lévites, avec le titre de chef de cabinet. C'est lui qui est chargé d'écarter du temple toutes les Athalies qui voudraient y pénétrer.

Le ministère des travaux publics occupait autrefois un rang modeste dans la hiérarchie des ministères ; on y plaçait les sous-secrétaires d'Etat qui recevaient de l'avancement, ou ces hommes capables, mais modestes, qu'une discrétion naturelle, un respect instinctif de l'opinion préservent des ambitions excessives et prématurées. Les uns et les autres y faisaient leurs preuves et y gagnaient leurs galons. Le plan Freycinet a changé tout cela. Un ministère qui a si largement contribué à notre ruine ne peut plus être donné au premier venu ; noblesse oblige. Gambetta y avait mis M. de Freycinet pour créer le réseau d'Etat ; M. Ferry y a placé M. Raynal pour le détruire.

J'ignore si ce ministre, essentiellement moderne et républicain, a ce qu'on appelle des convictions. Il a au moins une idée, qui consiste à croire que rien n'est trop bon ni trop grand pour sa personne. Il s'est persuadé depuis longtemps qu'il n'y a que les honteux qui perdent, que la modestie est une duperie, et la présomption un capital ; qu'au lieu de s'attarder aux bagatelles de la porte, il faut du premier coup violer l'opinion publique, en imposer aux badauds par des prétentions exorbitantes, et qu'enfin la première con-

dition pour être ministre est de déclarer qu'on veut
l'être, qu'on le sera, et qu'on est plus capable que
n'importe qui de le devenir.

Ainsi a procédé fort habilement M. Raynal. Son
visage, sa parole et tout son personnage trahissent une
estime de soi qu'on n'a pas souvent vue ailleurs au
même degré. Evidemment, l'admiration qu'il s'inspire
est d'autant plus vive qu'il trouve en lui-même mille
raisons de se l'expliquer. Et, comme il la ressent, il
la propage, et il l'exige. Le plus petit mot s'enfle
en tombant de ses lèvres, et manifeste un *moi* orgueil-
leux, ce que j'appellerai un *moi* de mécanicien. J'entends par là cette fierté superbe que l'on rencontre
aujourd'hui chez le plus mince élève d'une école d'arts
et métiers, ce mépris profond qu'il témoigne au reste
du monde, et qui résulte naturellement d'un commerce
prolongé avec la mécanique.

Ces façons n'ont pas mal réussi à M. Raynal. Il
n'eut qu'à ouvrir la bouche pour entrer dans le groupe
des enfants chéris de Gambetta, que celui-ci employait
avec succès, et systématiquement, pour rajeunir et
ragaillardir un peu le vieux personnel républicain. Il
fut tout de suite, dans la pensée du maître, une manière de Waldeck-Rousseau des travaux publics. On
signalait d'ailleurs, entre ces deux hommes nouveaux,
des analogies frappantes, la même ardeur, le même
dédain des situations subalternes, une égale désinvolture à négliger tout conseil et à écarter toute remon-
trance, la même assurance, le même extraordinaire
aplomb.

Ils étaient comme cela une douzaine environ, dont Gambetta se coiffa comme Napoléon III de Duvernois.

Parmi ces favoris du grand dispensateur des grâces, M. Raynal, encore que le dernier venu, parvint très vite au premier rang. Il naquit à la vie politique dans cette aimable ville de Bordeaux qui vit le duel historique de Gambetta et de Jules Simon, d'où sont sortis, en un temps curieux autant que stratégique, les deux grands courants de la politique républicaine.

Vous rappelez-vous cette lutte homérique entre le dogue et le chat? M. Raynal sut plaire à l'un et ne pas déplaire à l'autre. Si, au lieu d'une rencontre politique, c'eût été un véritable combat singulier, un corps-à-corps réel, M. Raynal eût sans doute été fort embarrassé, car il y a lieu de croire que chacun des deux champions lui eût demandé d'être son témoin, et son cœur aurait nécessairement balancé entre l'un et l'autre. Il était homme à se dédoubler pour ne désobliger personne, et je suis sûr qu'il aurait trouvé une combinaison pour les assister tous les deux.

A l'heure qu'il est, Gambetta étant devenu feu Gambetta, je gagerais que M. Raynal est convaincu de n'avoir jamais été brouillé avec M. Jules Simon.

La députation ne fut pour lui qu'un jeu. Il passa comme une lettre à la poste de son ami Cochery, et tout de suite chercha quelque joint pour entrer ; j'entends pour entrer dans le gouvernement. Son éducation lui indiquait les travaux publics : il s'y jeta à corps perdu et s'en fit rapidement une spécialité. C'est alors que le mécanicien se révéla. On s'habitua à voir en lui l'homme du progrès matériel, le démocrate à vapeur, le député-chauffeur, usinier, machinier, télégraphique et téléphonique, scientifique et technique, un garçon en avance sur demain. Nul n'ouvrait une bouche plus grande que ce Raynal pour parler arts et métiers, écoles professionnelles, science appliquée, piston et bielle, levier, manomètre et locomotive. Il semblait que la richesse et l'avenir du monde fussent dans les mains de cet Américain de Bordeaux.

Je dirais volontiers comme tel personnage de comédie : « J'aime pas bien ça ! » Les ingénieurs, rois du monde, quelque estime qu'on professe pour eux, sont un désagrément du temps où nous vivons. Pour faciliter la vie, ils ont gâché la nature. Ils sont tapageurs et encombrants. La foule les aime, le théâtre les adopte, on commence à en faire des jeunes premiers. M. Raynal flaira ce vent, et s'embarqua à pleines voiles dans l'ingénieur. Il eut même l'adresse, pour flatter le préjugé populaire, de préférer les conducteurs des ponts et chaussées, voire les simples piqueurs, aux élèves de l'école polytechnique ; il fut pour la polytechnie démocratisée.

Retranché dans cette citadelle, il risqua quelques menues intrigues politiques. Je ne me trompe pas, c'est bien M. Raynal qui renversa un jour le général Gresley, ministre de la guerre. Il s'agissait, comme toujours, de soldats, de processions, d'enterrements, de je ne sais quelle cérémonie dans laquelle la présence, ou peut-être l'absence, des pantalons rouges avait scandalisé l'ingénieur Raynal. Il chercha pouille au général. L'autre, bon diable, mais vif, peut disposé à se laisser *ennuyer* par un mangeur d'X, lui jeta son portefeuille à la figure et finit par quitter la salle en secouant sur tout ce vermiculement parlementaire la poussière de ses bottes. Gresley tombé par Raynal, ce fut la joie de la journée !

M. Raynal parut d'abord un peu inquiet de sa victoire. Je le vois encore à la tribune, avec les yeux effarés d'un innocent qui a marché sur un pétard. Il n'en était pas moins célèbre. Il fut ministre, bientôt après, dans le Grand Ministère, tomba, grogna, récrimina, et finalement ressuscita. Nous l'avons revu tout flambant neuf dans le cabinet Ferry ; mais, c'est ici un trait caractéristique à noter, le revenant avait fait peau neuve, et nous en sommes à la seconde manière de M. Raynal.

A qui ou à quoi devons-nous cette curieuse métamorphose ? A la première chute de M. Raynal, qui l'a rendu plus prudent, et aux grandes compagnies de chemins de fer, qui l'ont rendu plus modeste. Il est parfaitement certain que ce Bordelais a mis, pour la première fois, de l'eau dans son vin, et que Guzman a connu des obstacles. Il ignorait les grandes compagnies !

Au lieu d'un rageur comme le général Gresley, il a trouvé en face de lui des gens froids, résolus, joignant à beaucoup d'intelligence beaucoup de calme. Il a dû se sentir, et se montrer, assez petit garçon. Il partait en guerre armé de la clause de rachat ; mais j'imagine

qu'il a pu s'en servir comme d'épée et de bouclier sans
effrayer beaucoup ses adversaires. Ceux-ci n'igno-
raient pas que l'épée était ébréchée et le bouclier légèrement faussé. M. Raynal a sans doute aussi fait
sonner bien haut le chemin de fer de l'Etat, comme
une menace pour les grandes lignes ; les grandes
lignes ont ri au nez du rail de l'Etat !

Telle est la puissance du moment psychologique !
N'ayant plus un sou dans sa caisse, M. Raynal traitait
comme un fils de famille avec un usurier sémitique.

Les grandes compagnies n'ont pas abusé de la position ; elles n'ont donné à l'infortuné ministre ni
lézards empaillés, ni trou-madame, ni jeu d'oie renou-
velé des Grecs. Elles en ont usé : le tronçon de l'Etat
ne bat plus que d'une aile, et le rachat des grandes
lignes est bien malade.

Cet échec inévitable n'a pas nui au ministre. Au lieu
du Raynal d'autrefois, tranchant et cassant, il semble
qu'on voie naître et grandir un second Raynal, doux,
poli, souple comme un gant, pas mauvais négociateur,
un Raynal élastique et en caoutchouc. Et cet autre
Raynal est toujours le même Raynal, qui veut rester
ministre.

Rompre, c'était partir ; il a plié.

*
* *

Il a plié et il reste, bien différent en cela de M. de Freycinet qui est parti pour avoir trop plié. Mais celui-ci n'en

est pas moins le vrai, le seul ministre des travaux publics ; on ne peut, dans les chambres ou dans la presse, parler de chemins de fer et de canaux sans évoquer son souvenir et il suffit de prononcer son nom pour que les ingénieurs s'inclinent, pénétrés de respect, tandis que les contribuables pâlissent et tremblent. Il a été, à une certaine heure, le grand homme de la République et l'on s'est servi de son plan pour prendre les électeurs à la pipée. Depuis, l'un et l'autre ont cessé de plaire, mais on ne rend pas l'argent.

Vaincu et abandonné, il se recueille et prépare, dans la retraite, quelque terrible revanche. C'est Marius à Minturnes, mais un Marius ingénieur et ingénieux ; son marais est confortable.

C'est au numéro 77 de la rue de la Faisanderie, dans un hôtel séparé de l'avenue Victor-Hugo par un terrain vague, que M. de Freycinet médite depuis deux longues années sur la fragilité des grandeurs ministérielles. Comme M. Thiers après le 24 mai, il se consacre à « ses chères études » et se proclame le plus satisfait des philosophes.

La maison aux murs blancs semble sommeiller à l'extrémité de cette rue si calme où les bruits et l'agitation de Paris viennent expirer. Les visiteurs sont rares, les solliciteurs ont disparu et les voitures n'allongent plus devant la porte leur file interminable. On dirait le palais du ministre au bois dormant.

Enfermé dans son cabinet, entouré de ses livres, tout entier, s'il faut en croire ses amis, à ses travaux scientifiques, l'ancien ministre des travaux publics vit dans la retraite, en sage revenu des vanités de ce monde et guéri de toute ambition. Quelques sceptiques refusent de croire à tant de sagesse et comparent ce Cincinnatus à une araignée sournoise tissant la toile où M. Ferry viendra s'empêtrer.

Dans les grands jours, lorsque M. Granet interpelle le ministère, lorsque la Gauche radicale part en guerre, lorsque M. Bernard Lavergne estime avoir suffisamment ébranlé l'Union démocratique, cette solitude se peuple et de mystérieux personnages se glissent dans l'hôtel avec d'infinies précautions. Cela vous a un air de complot sérieux auquel ces carbonari qui s'appellent Goblet, Allain-Targé, Wilson, Turquet, Antonin Proust, Sadi Carnot, finissent par se laisser prendre ; ils se persuadent qu'ils conspirent réellement et s'en vont murmurant à l'oreille des affiliés : « C'est pour demain ! » Le lendemain, ils retournent leurs collets, mettent leurs perruques dans leurs poches et votent l'ordre du jour de confiance ; quelques casseurs de vitres vont jusqu'à l'abstention.

Après quoi, la souris blanche rentre dans son trou, la rue redevient déserte et l'hôtel retombe dans son sommeil.

Ni trop grande ni trop petite, élégante sans faste, confortablement aménagée, la maison n'attire point le regard. Au premier coup de sonnette, la porte s'ouvre, et un valet de chambre paraît. Ce discret personnage, lorsqu'on lui demande si M. de Freycinet est visible, répond invariablement : « Je l'ignore » ; mais il va aux informations. C'est une première halte, qui sera suivie de quelques autres ; comme le chemin de la croix, la route qui conduit au cabinet de M. de Freycinet a plusieurs stations. Vous entrez d'abord dans une salle d'attente fort simplement meublée d'une table et de quelques chaises rangées le long du mur, tout contre la porte d'entrée, au pied de l'escalier à rampe massive dont les piliers de pierre s'échelonnent lourdement jusqu'au premier étage. Au bout de quelques minutes, le discret serviteur se montre au sommet de cette échelle et vous annonce, par-dessus la balustrade, que « monsieur le président » est chez lui.

Un vitrage sépare la dernière marche de l'escalier d'un hall aux boiseries sombres. Dans un coin de cette espèce de carrefour, une lanterne monumentale se balance au bout d'une potence ; en face de ce gigantesque réverbère, un escalier tournant, masqué à demi par des tentures, conduit au second étage. A droite, la salle à manger ; à gauche, le cabinet de M. de Freycinet ; en face deux salons. Le visiteur est conduit dans l'une de ces pièces ; on l'y enferme et le voilà embastillé. Ces cachots n'ont, du reste, rien d'effrayant ; quelques-uns même sont fort agréablement capitonnés.

Plus vaste, la salle à manger aurait une certaine allure ; le plafond zébré de poutrelles peinturlurées, les boiseries qui recouvrent les murs, la cheminée profonde, immense, dont le manteau relevé est émaillé de plaques de faïence, les hauts chenets de fer supportant des troncs d'arbre ont un air de féodalité qui ravirait un antiquaire si le tout n'était flambant neuf ; la pierre est trop blanche, les boiseries sont trop vernies, les peintures trop éclatantes. La cheminée envahit la pièce et semble réaliser le difficile problème d'un contenu plus grand que le contenant ; elle ferait merveille dans un château du seizième siècle, au fond d'une de ces salles où cent convives tiennent à l'aise ; elle produit un moins heureux effet dans ce petit espace de quelques pieds carrés, sous ce plafond qui l'écrase, entre ces murs qui l'aplatissent.

La table Henri III, carrée, aux pieds sculptés, recouverte d'un tapis où s'étalent l'écusson et la couronne de comte des Freycinet, est moderne ; modernes aussi les chaises au dossier blasonné. Les unes et les autres concourent à l'encombrement, et l'on se demande avec quelque inquiétude où peuvent bien se caser l'amphitryon et ses invités. La famille et les intimes se réunissent, aux heures des repas, dans une salle à manger plus modeste et plus confortable ; celle que nous venons de décrire ne s'ouvre que pour les festins d'apparat et sert le plus ordinairement de salle d'attente.

Le petit salon qui lui fait face reçoit la même destination. Le meuble en est banal et bourgeoisement confortable : canapés et fauteuils recouverts de tapisserie, petites tables supportant des vases remplis de fleurs, bahuts en simili-boule, guéridon encombré de livres offerts par des amis, un roman de M Valery-Radot, ancien secrétaire de M. de Freycinet, une histoire du château de Chenonceaux, cher à M. Wilson, etc. Sur la cheminée, une pendule et des flambeaux dorés. Aux murs, sont accrochés des portraits de famille, une dizaine de pastels où sourient dans leurs cadres les aïeux et les aïeules de M. le comte. Le surplus de cette galerie des ancêtres orne le salon voisin où se retrouvent les mêmes meubles et le même arrangement.

Tels sont ces purgatoires où les patients languissent dans l'attente du Dieu. Celui-ci réside, comme il convient, dans son paradis, un cabinet dont les murs disparaissent sous les rayons d'une bibliothèque : c'est un paradis bourgeois. Sur les planchettes, les livres empilés montrent leur dos de basane aux tons verts qui feraient hurler un bibliophile. C'est une collection dont la littérature est exclue, que l'art de la guerre et la science se partagent exclusivement. Les ouvrages militaires sont de beaucoup les plus nombreux ; M. de Freycinet les relit fréquemment, les étudie, les annote et a toujours sous la main le rapport du baron Kaulbars sur l'armée allemande, qui est son livre de chevet. Depuis M. Thiers, aucun pékin n'a autant joué au grand capitaine ; il fait des plans comme Trochu et, comme lui, les développe en un fort beau langage ; c'est un Napoléon lorsqu'il écrit ou lorsqu'il parle. Ayant failli être ministre de la guerre et n'ayant point renoncé à le devenir, il fait complaisamment l'étalage de son érudition. Le plus assuré moyen de lui plaire est encore de vanter ses talents militaires ; mais louer délicatement l'académicien est aussi, au dire de ses amis, une petite flatterie qui ne le trouve pas insensible.

Dans un coin de ce cabinet, derrière un bureau qui

est naturellement un bureau-ministre, l'ancien président du conseil donne ses audiences. Paternel et
boutonné tout à la fois, il répond au valet de chambre
qui lui annonce les visiteurs : « Laissez venir à moi les
petits journalistes » ; il leur ouvre ses bras, mais leur
ferme son âme. Il les accueille avec bienveillance, se
montre prévenant et attentif, mais attentif surtout à ne
pas se compromettre ; on sent derrière cet étalage de
politesse et d'amabilité un grand fonds de méfiance. Il
cause avec un abandon apparent ; mais il excelle, en
réalité, dans l'art diplomatique de parler pour ne rien
dire, et tenez pour certain qu'il n'est jamais tant sur ses
gardes que lorsqu'il semble se livrer. M. Wilson, que
cette orgie de diplomatie et de prudence impatientait,
disait un jour à son beau-père : « Votre Freycinet, c'est
Machiavel-Gribouille. »

Il a des amis, mais point de confident. Toulouze, son
directeur de la presse, vient matin et soir au rapport,
mais il ne sait de ses projets que ce qu'il doit en
révéler et sa discrétion n'est jamais soumise à de trop
rudes épreuves. M. Herbette ne pénètre pas beaucoup
plus avant dans sa pensée. Le conseiller municipal de
Bouteiller et le garibaldien Bordone sont plus assidus
que renseignés. M. Laloue ne recueille dans ses visites
que cette recommandation pleine de prudence: « Ne
parlez pas trop de moi dans votre journal. »

Le dernier visiteur parti, M. de Freycinet respire ; il
ferme sa porte et travaille avec un secrétaire intime
dont il connaît la discrétion, car c'est sa fille, collabo-
ratrice assidue et intelligente, dont l'affection rappelle

le culte de Mme de Staël pour Necker. Mme de Freycinet a pour son mari les yeux de sa fille et pour sa fille les yeux de son mari. C'est une trinité étroitement unie.

Protestante austère, épouse d'un ex-ministre républicain, vivant dans un milieu politique où domine la haine de tous les cultes, Mme de Freyciuet ne dissimule ni ses croyances religieuses, ni son admiration peu démocratique pour la noblesse des Saulies de Freycinet. Elle s'entoure de leurs portraits et faisait graver leur blason sur les menus du ministère.

Fille d'un riche armateur de Bordeaux, Mlle Bosc connut dans le salon de son père cet ingénieur des mines bien élevé, aimable et titré dont la République devait faire un ministre et M. Ferry un proscripteur. Si M. de Freycinet n'est pas allé jusqu'au bout de la politique des décrets, il le doit à sa femme. Elle obtint de lui qu'il s'en tiendrait aux jésuites ; il en prit l'engagement dans ce discours de Montauban qui fit hurler la meute radicale. Il eut peur d'être dévoré et, n'ayant aucun goût pour le martyre, céda le pouvoir à de plus fanatiques.

M. de Freycinet est le seul ministre républicain qui, par sa courtoisie et la distinction de ses manières, se soit fait accepter du corps diplomatique ; le nonce du Pape lui consacrait une heure par semaine et l'ambassadeur d'Allemagne lui faisait de fréquentes visites. Mlle de Freycinet était devenue l'amie de Mlle de Hohenlohe et ces relations intimes avaient facilité certaines négociations avec Berlin.

De son passage aux affaires étrangères, l'ancien

ministre a conservé une prudence et une réserve de
diplomate ; avec ses amis, c'est un sphinx ; au Luxembourg, il s'isole avec conviction et se tait avec énergie.
Comme certain philosophe de la comédie, il s'est fait
une règle invariable « de ne jamais énoncer de proposition décisive et de parler de tout avec incertitude ».
Les rares questionneurs qui s'adressent encore à lui
dans les couloirs n'en peuvent jamais tirer une autre
réponse que l'éternel : « Il se pourrait. » Il pousserait
la prudence jusqu'à fuir le Sénat, si son médecin ne
lui prescrivait de longues promenades ; chaque jour,
il s'y rend à pied, tantôt seul, tantôt au bras d'un
ami qui l'abandonne invariablement à mi-chemin.

C'est sa destinée d'être toujours abandonné et,
parmi ses alliés d'autrefois, on en chercherait vainement un seul qui lui soit resté fidèle ; Gambetta l'a
renié, M. Léon Say l'a trahi, M. Ferry l'a renversé. Il
n'est pas jusqu'à M. Wilson qui ne s'en détache ; mais
M. Goblet lui reste, c'est un ami plus récent. Encore
ce Pylade manque-t-il parfois d'indulgence : « Chez
M. de Freycinet, disait-il naguère, de manque le décision et d'énergie n'est pas seulement un défaut, c'est
l'homme tout entier. »

Le ministère des Finances

Le ministère des Finances est aujourd'hui logé au Louvre ; il doit cet honneur au fameux « Flambez Finances » de Ferré. M. Tirard, homme modeste et à qui la modestie ne messied pas, n'en tire aucune vanité et se montre généralement bon prince. Tout visiteur qui vient peupler sa solitude est reçu à bras ouverts, surtout s'il entretient des choses du métier un ministre curieux qui cherche toujours à s'instruire. Ce successeur du baron Louis a son cabinet au second étage, à l'extrémité d'un couloir qui mesure bien près d'un kilomètre. C'est là qu'il vit ignorant et tranquille, loin du bruit, loin du monde et surtout loin de ses bureaux. Il serait le plus heureux des hommes, si la dissimulation de MM. Ferry et Raynal ne mêlait un goutte d'absinthe à son miel. Ministre des Finances, il s'est mis dans l'esprit qu'il serait peut-être juste de lui demander son avis sur les projets financiers que l'on médite, mais ces deux messieurs ne lui ont jamais demandé que sa signature.

Lorsque la conversion fut décidée, ils lui en touchèrent à peine quelques mots avec tant de discrétion et de réserve qu'il comprit d'abord à peu près le contraire de ce qu'on lui confiait et affirma de la meilleure foi du monde qu'on respecterait le 5 °/°. C'est même très probablement cette conviction de M. Tirard qui donna lieu à ce fameux malentendu d'où sortit la lettre

de M. Dugué de la Fauconnerie, et qui fit, parmi les
acheteurs de rentes, un certain nombre de victimes.

Craignant toutefois qu'à la longue la perspicacité
relative de M. Tirard ne vînt à découvrir ce qu'il en
était, ses deux collègues lui conseillèrent une petite
excursion hygiénique en Algérie. Il partit, reconnais-
sant de tant de bontés, et apprit à son retour qu'il
était l'auteur d'un projet de conversion du 5 %. Il
accepta comme sien l'enfant né en son absence et lui
donna son nom ; aujourd'hui, il en revendique fière-
ment la paternité. Ce sont les rentiers qui ont payé les
dragées du baptême. « M. Tirard, lui disait à ce propos
M. Haentjens, vous êtes le Châteaubriand des finances. »
Mais comme l'infortuné ministre, très pointilleux sur
tout ce qui touche à sa réputation, semblait voir là
quelque allusion à la cuisine financière de ces derniers
temps, « Rassurez-vous, reprit M. Haentjens, j'entends
seulement que vous avez fait vos *martyrs* ».

Le sous-secrétaire d'État Labuze est un petit homme
qui cache son nez dans sa barbe et sa tête dans son
chapeau. Il a pour chef de cabinet son oncle, M. Dé-
chérac, un de nos confrères de la presse radicale, qui
n'avait accordé jusqu'ici qu'une attention distraite aux
problèmes financiers. « Mon neveu, disait-il un jour
à M. Labuze, vous avez un nom qui oblige. » — « Mon
oncle, lui répondit spirituellement M. Labuze, quand
on a par hasard un neveu d'Amérique, il ne faudrait
pas s'en moquer. »

Malgré la collaboration de ces deux aigles, le
ministère des Finances marche encore tant bien que

mal sous la direction occulte de **M**. Léon Say, qui règne et gouverne. **M**. Pallain pousse le dévouement jusqu'à dégainer pour le défendre ; on se rappelle *le duel des deux secrétaires*. Mais quelle que soit l'admiration que le maître inspire à l'élève, il y a quelqu'un qui s'incline encore plus respectueusement devant **M**. Say que **M**. Pallain, c'est **M**. Tirard lui-même. Aussitôt que son prédécesseur paraît dans un couloir, il se précipite, sollicite un bout d'explication sur une question quelconque et remercie ensuite avec effusion comme s'il avait compris.

*
* *

On a beaucoup médit, on s'est beaucoup moqué de **M**. Tirard. Il s'en est fâché et s'est battu en duel parce qu'on l'a plaisanté sur son gilet jaune. Cette noble attitude à l'égard des rieurs ne les a pas arrêtés. Après le gilet jaune est venu le *doublé*, c'est-à-dire la petite industrie pratiquée par **M**. Tirard. L'honorable ministre est bijoutier en faux, ce qui serait peu de chose s'il était orateur ou politique en vrai ; mais c'est à voir. Les méchantes langues soutiennent que l'industriel a déteint sur l'homme d'Etat.

En réalité, tous ces quolibets sont d'un goût douteux ; il s'y cache beaucoup de malveillance et d'opposition. **M**. Tirard n'est pas plus ignorant qu'un autre qui le serait autant que lui. Il connaît aussi bien les choses de la finance que **M**. Hérisson, par exemple, connaît celles du commerce. Il n'est pas le moins du monde incapable d'étude ni de science. Il a beaucoup de livres dans son cabinet. Ses amis lui accordent, quand il les décore, une assez prompte faculté d'assimilation ou d'apparence d'assimilation. Il semble vite savoir ce qu'il a compris.

Son plus grand tort est d'être arrivé dans le temps, prédit par les prophètes, où l'étoffe à ministre commençait à s'amincir. Mais interrogez M. Martin-Feuillée : s'il se rend justice, il vous dira qu'il y a plus mince encore que M. Tirard.

Pas au physique, toutefois, car, sur ce point, c'est précisément la minceur qui caractérise M. Tirard. Dans cette époque d'Antoines gras, c'est un Brutus maigre. Il s'est un peu arrondi depuis sa prise de possession ; question de tailleur ; il reste anguleux quand même. Tel vous l'avez rencontré à ses premiers pas dans la carrière, tel vous le retrouvez aujourd'hui : un grand corps essentiellement longitudinal, la tête en arrière, comme ces clowns qui ont toujours l'air de se replier pour faire le saut périlleux. Avec cela, blond, aigu, pointu, cartilagineux, l'arête du nez très vive, les jambes grêles, serrées dans des pantalons étroits, qui collent dessus comme des maillots. On a dit qu'il ressemblait à Alfred de Musset. C'est exact, sauf un je ne sais quoi qui tient à la coupe des habits. Il s'habille ; il s'habille beaucoup plus que M. Margue, beaucoup plus que M. Cochery, avec des redingotes élégantes, compromises par des culottes à grands carreaux. Il marche dans des damiers.

Son caractère n'est pas autrement antipathique. On le dit brave et je n'ai pas d'éloignement à croire qu'il l'est ; il a du sang, il va de l'avant, il s'emporte, il se précipite ; volontiers il s'emballe. Il a toujours payé généreusement de sa personne. Sous l'Empire, pendant la Commune, plus tard, lors de l'élection Barodet, il a fait preuve d'énergie. Ce n'est pas un radical, tant s'en faut ; c'est un modéré, avec une figure de casse-cou, un modéré ardent et colère, qui se met en fureur contre les furieux. On lui attribue un mot qui vaut un portrait : « J'ai la rage de la modération ! »

Il s'est entremis souvent pour pacifier les grandes querelles ; il aime à se jeter entre les combattants et à séparer ceux qui s'égorgent. Il y a reçu quelques horions. Il joue parfois ce rôle avec candeur, toujours avec affectation et avec pompe.

Il était très naïf, et pourtant très rusé.

Ce vers d'Alfred de Musset peut s'appliquer à tous les Parisiens, et M. Tirard est de Paris. Son ingénuité native n'est pas exempte de rouerie théâtrale. Malgré ses allures à la bonne franquette, il a un tempérament d'acteur, toujours en scène. Il vous parle à tout propos de sa probité, que personne ne conteste. Il se montre susceptible sur des misères ; ombrageux et sous l'œil pour un rien.

Vous le questionnez sur un chapitre du budget, il prend la mouche, il monte comme une soupe au lait, il pousse des cris farouches ; il vous jure, la main sur son cœur, qu'il est honnête homme, qu'il restera hon-nête homme et qu'il aimerait mieux se retirer dans une île déserte ou même se brûler la cervelle, que de se départir un instant de cette vertu immaculée.

C'est beau, c'est noble ; mais rien ne justifie ce grand éclat ; on ne lui a pas dit un traître mot qui appelle ces protestations dramatiques et sincères, car elles sont sincères, même quand il est permis de les trouver excessives et inopportunes. Elles viennent mal ; mais elles viennent spontanément. Il joue un rôle ; mais il le joue avec conviction et sans le savoir. Nature parisienne, nature comédienne à qui le fracas est indispensable, dont la générosité intrinsèque a besoin de s'épancher au dehors, devant une galerie ou une rampe. A M. Tirard, comme à tous les Tirards de ce monde, il faut des planches, scène ou tribune ; c'est leur élément. Ils éprouvent un besoin invincible de s'ahurir et de se griser de leur propre bruit.

Tel est le résultat d'une mauvaise éducation politique. M. Tirard a pris ce ton et ce genre dans les réunions publiques, où il a fait ses études. Il y a des acteurs qui débutent au Théâtre-Français ; il y en a d'autres qui débutent à l'Ambigu ; M. Tirard a débuté à l'Ambigu. Dans ces milieux populaires, il faut absolument déclamer. Toute parole qui n'est pas emphatique laisse le public indifférent et froid. Quiconque ne consent pas à enfler la voix et à outrer le geste, est incapable d'enlever les spectateurs et de transporter les électeurs. M. Tirard s'est toujours appliqué à être enlevant.

Il a, par une juste réciprocité, les qualités de ses défauts. Un homme ainsi parti et lancé doit être nécessairement ce qu'on appelle aujourd'hui un bon garçon. Et le bon garçon se rencontre certainement, à forte dose, chez ce ministre. Ceux qui l'ont pratiqué longtemps le considèrent comme incapable d'une méchanceté. On peut le trouver un peu prompt et banal dans ses expansions, mais il est facile d'admettre que M. Tirard et la perfidie n'ont jamais passé par la même porte. Il se recommande véritablement par la franchise et la droiture. C'est beaucoup ; mais ne vous y fiez pas trop. La compagnie dans laquelle il a vécu, depuis qu'il est ministre, a dû déflorer légèrement ces dons précieux. Je ne serais pas plus stupéfait qu'il ne convient si l'on m'apprenait que, la politique aidant, le brave Tirard est devenu un peu plus malin, un peu plus retors et *roublard* qu'autrefois, un Tirard de la seconde manière, un Tirard de *carottes*, de carottes politiques, bien entendu. Cet affreux calembour n'est pas de moi. Il signifierait tout simplement, s'il était justifié, qu'on n'entre pas impunément dans cette mauvaise fournaise ministérielle, qui déprime et racornit les meilleures natures, et qu'à y rester trop longtemps, on devient un peu ficelier, comme tant d'autres, et plus artificiel qu'on ne se l'était promis.

Je m'aperçois que je n'ai pas dit un seul mot du ministre, de l'économiste, et que je me suis attaché uniquement à peindre l'homme ; mais le ministre, en vérité, c'est ce qui nous importe le moins. Nous avons déjà expliqué que le ministre des Finances de la République a été, est, et sera toujours M. Léon Say.

*
*

Il y a peu de gens qui n'aient rencontré quelque part, ne fut-ce qu'aux vitrines des marchands de photographies, cette bonne figure réjouie de M. Léon Say. Elle s'épanouit chaque jour davantage et tout le personnage s'épaissit progressivement avec les années. En attendant l'obésité, l'embonpoint gagne. Des moustaches de grognard, drues et courtes, hérissées comme deux brosses à dents toutes prêtes au-dessus des lèvres, ne sont pas inutiles pour animer la physionomie, qui, sans ce détail, paraîtrait quelquefois veule et tombante. Elles sont le trait distinctif du visage et donnent à cette face un peu lourde je ne sais quel air martial qui la relève et la soutient.

Le bas du corps est massif, redondant, difficile à mouvoir. Et puis M. Léon Say s'habille si mal ! Il a un tailleur détestable, qui ne sait pas tourner la difficulté et qui lui fait des pantalons trop courts, des pantalons de collégien, qui remontent. En revanche, l'œil est vif et la bouche, aisément ironique, vous avertit de ne pas trop vous fier à l'indolente bonhomie de ce ministre rondelet, chez lequel, quand on l'agace, on trouve quelquefois un dogue, — et qui mord. Je me suis laissé dire que, sans être méchant, il ne pardonnait pas volontiers une injure ou même une épigramme, et qu'il rendait généralement fève pour pois. Ce *gros égoïste* (le mot est de M. Thiers et doit être pris, comme il a été dit, en bonne part) est dur et insensible comme un roc.

Les commencements de M. Léon Say ont été assez pénibles et obscurs, malgré son nom, malgré sa

parenté avec les Bertin et son couvert naturellement
mis au *Journal des Débats*. L'Empire lui barrait ou
semblait lui barrer la route. Il se jeta, par tradition
de famille, dans l'économie politique, science admirable qui mène à tout, à la condition qu'on ne croie
pas en elle et qu'on la quitte au bon moment. Il
déploya beaucoup d'ardeur contre **M.** Haussmann et
lui démontra péremptoirement que le Paris de l'Empire avait tort de faire ce que fait aujourd'hui le Paris
de la République. C'était la mode du jour, et cette
tête de Turc du plus illustre préfet de la Seine a porté
bonheur à tous les jeunes gens qui se sont essayés sur
elle, à **M.** Léon Say comme à **M.** Jules Ferry. Aussi
fallait-il voir de quel œil paterne et bienveillant le bon
Haussmann les regardait à la Chambre. Il leur souriait
comme un maître d'armes à des élèves qui l'auraient
boutonné. Il les encourageait du geste et de la voix ;
il semblait dire à la galerie : « Voilà mon ouvrage ! »

Je me suis figuré longtemps que **M.** Léon Say,
petit-fils de Jean-Baptiste, avait une confiance aveugle
dans l'économie politique. J'aimais à croire qu'elle
était pour lui un dogme et une foi. J'en ai rabattu
depuis qu'il a été ministre. En voilà un, par exemple,
qui ne se pique pas d'appliquer au pouvoir les théories
qu'il a défendues dans l'opposition. Au contraire, il
se flatte d'y renoncer. Il a démontré, dans des discours
charmants, que le pouvoir était une occasion toute
naturelle de faire des accrocs à la théorie en faveur de
la pratique. Et il a pratiqué pour son compte, en
matière de principes, la fameuse doctrine : « Je les

tourne, donc je les respecte ! » Après avoir professé
que le libre-échange était l'arche sainte, il a fait à la
protection des concessions monumentales. Après avoir
soutenu que l'amortissement rapide de la dette était la
garantie suprême du crédit national, il a diminué le
remboursement à la Banque. Après avoir crié, comme
un désespéré, que l'économie s'imposait à la France
comme une nécessité de salut public, il s'est associé
aux entreprises de M. de Freycinet.

La vérité est qu'il ne croit à rien, en politique, pas
même à la liberté. Il croit tout au plus au savoir-faire,
à l'à-propos, et il s'en vante. Quelqu'un qui le connaît
bien, l'a peint d'un trait : « un énorme sceptique ».
Il a au moins pour lui, avec ce scepticisme qui est déjà
une force, des études sérieuses, de l'acquit, de l'expérience, le maniement des affaires, un grand mépris des
hommes, que son passage au ministère des Finances a
naturellement augmenté ; un penchant, qu'il pousse
jusqu'au népotisme, à se montrer serviable pour ses
amis ; certaines allures de politicien anglais qui sont
aujourd'hui en honneur, une parole facile sans élégance,
et nette sans éclat, volontairement familière, et même
parfois un peu vulgaire à dessein, une manière de cau-
serie sans prétention à la tribune ; avec cela une désin--
volture d'homme riche, d'homme du monde qui n'a pas
besoin de sa place, une ambition un peu nonchalante
qui, le jour où elle serait déçue, se consolerait aisément
dans la paresse ; de grandes relations, un grand journal, une grande fortune et l'amitié de M. de Rothschild.

*
* *

Le ministère de la Justice et des Cultes

L'hôtel est sombre, mal tenu, presque misérable, un vrai tombeau ; sur les tapis usés trébuchent des meubles boîteux ; cela vous a un air de magistrature maugréante et râpée. Avec ses grands murs moussus, sa pelouse pelée et ses lilas maigres, le jardin ressemble à un cimetière abandonné, le *champ de navets* des magistrats. La seule gaîté de cette nécropole est un petit escalier tournant qui aboutit au balcon du premier étage et dont la finesse contraste avec la lourdeur massive des constructions environnantes. Le personnel lui-même a l'aspect lugubre ; ne vous avisez pas de demander au garçon de bureau si le *ministre* reçoit, il vous répondrait dédaigneusement que *M. le Garde des sceaux* est invisible.

Ce monument mélancolique n'a retrouvé un peu de vie que sous la Commune. Raoul Rigault y buvait de la bière en compagnie joyeuse, et, la bière bue, toute la bande s'amusait à mettre le feu à des cartouches ; les dalles du perron en sont encore noires et disjointes.

Le cabinet du ministre donne sur le jardin ; c'est là que M. Martin-Feuillée prépare ses exécutions avec un secrétaire particulier dont il croit être sûr, car c'est son fils. Il n'y a pas dix-huit mois que cet adolescent était un clérical boudiné dont une mère pieuse surveillait les premiers pas.

M. Devès, dans son passage à la place Vendôme, avait donné à son ministère un caractère politique ; il se réservait à lui-même le soin de communiquer aux journalistes le compte rendu du conseil des ministres, et se faisait ainsi des amis dans la presse.

M. Humbert demandait à la bière, sa boisson favorite, l'air d'apathie qui l'a toujours caractérisé. Il ne laissait à personne le soin de choisir son fournisseur, et on le voyait arriver, tous les matins, avec une canette sous chaque bras.

Quant à M. Cazot, il n'a jamais été, malgré les griefs qu'on a contre lui, qu'un garde des sceaux fainéant ; le véritable ministre était Mme Cazot qui donnait les audiences et dispensait les grâces. On dit même qu'elle exerçait son influence dans les autres ministères et qu'elle casait ses protégés un peu partout. Un jour, elle en prend un qui sollicitait une petite place au ministère de l'Intérieur ; elle le conduit résolument à la place Beauvau, l'installe dans l'antichambre de M. Constans, entre chez le ministre, se campe dans un fauteuil et déclare qu'elle ne sortira pas sans une promesse et même sans une signature. De guerre lasse, le ministre assiégé capitule pour échapper au blocus que cette femme de tête lui a ainsi dénoncé. On raconte encore que c'est elle qui tient la bourse du ménage et qu'elle n'oublie jamais, lorsque son mari doit sortir, de lui mettre une pièce de quarante sous dans son gousset.

Ministre médiocre, M. Cazot était un joueur de domino émérite. Il pratiquait, avec une supériorité

incontestable, la fameuse maxime d'Armand Marrast :
Couper, rendre et répéter ; c'est-à-dire couper le dé de
l'adversaire, rendre le dé du partenaire et répéter son
propre dé. C'était, et c'est encore, le roi du double-six.
Avec cela, jurisconsulte hors ligne. On appelle jurisconsulte, dans les temps modernes, un étudiant de
trentième année qui, à force de rapetasser de mauvais
bouquins, rendrait des points à Chicaneau. Rousse
n'est pas un jurisconsulte, Demolombe n'est pas un
jurisconsulte, mais Cazot est un jurisconsulte. Il vous
enveloppe avec art dans un de ces fouillis de procédure inextricable qui dégoûtent du premier coup un
honnête homme. On n'a jamais vu de Gascon si
Normand.

Enfin, il a présidé le tribunal des conflits et étranglé
de sa main quelques pauvres femmes en cornette avec
la majesté d'un Lhôpital ou d'un Molé.

M. Martin-Feuillée a pour chef de cabinet M. Blon-
deau, auditeur au Conseil d'État. C'est dans le cabinet
de ce jeune homme que tous les soirs, à six heures,
les trois directeurs, MM. Jacquin, Gonse et Poux-
Franklin, se réunissent pour aviser aux meilleurs
moyens d'achever la magistrature.

M. Jacquin, directeur du personnel, a une tête de
parquet ; c'est un grand et sec procureur tout amaigri
d'ambitions rentrées. Son rêve est de siéger à la chambre des Députés, mais il en veut au suffrage universel
de n'avoir pas encore pensé à lui ; il s'essaie et s'excite
à l'éloquence avec les infortunés qui lui tombent sous
la main, il les oblige à avaler les discours qu'il fera

dans quelques années. C'est, malgré tout, un homme puissant. Par ce temps d'épurations, de mutations inces-santes et d'avancements aussi rapides qu'inattendus, il est devenu indispensable. En réalité, depuis que M. Dufaure a quitté les sceaux pour la tombe, le vrai ministre s'appelle Jacquin. C'est lui qui a été l'exécu-teur des hautes-œuvres de M. Martin-Feuillée. Les autres passent, il reste, et nul ne pourrait se débrouil-ler comme lui au milieu des innombrables dossiers qui encombrent les cartons du ministère. Il a ses listes de favoris, de suspects ou de condamnés, et il n'a plus besoin de les consulter, car il les sait par cœur. Dix années de pratique ont affermi son autorité et il serait à l'abri de tous les coups de la fortune, si le député Graziani, son ennemi personnel, ne présentait tous les ans au budget un petit amendement tendant à sup-primer un directeur dont il a été le collègue.

Au-dessus de lui, en apparence, mais au-dessous en réalité, se prélasse un sous-secrétaire d'Etat inu-tile. C'est l'ataxique Noirot qui marche comme un automate de Vaucanson. M. Noirot, qui a succédé au doux Varambon, est spécialement chargé des cultes ; mais chaque fois qu'il fait mine de s'en occuper, il rencontre sur son chemin M. Flourens qui prétend ne laisser à personne le plaisir de molester le clergé.

Le ministère de la Guerre

Depuis la rentrée du général Campenon, le ministère de la Guerre a repris peu à peu son ancien aspect ; on sent que la hiérarchie, si chère au colonel Ramollot, y a reconquis tous ses droits. Mais cette grande caserne était bien plus amusante sous le général Thibaudin ; on n'y rencontrait presque plus d'officiers, une nuée de reporters s'y était abattue et avait fondé une sorte d'*Agence Havas* radicale sous la raison sociale *Thibaudin, Laisant et C*^{ie}. La presse rouge y prenait son mot d'ordre ; là, s'organisaient les campagnes contre le général de Galliffet et les officiers gambettistes. Là se rédigeaient journellement ces petites notes qui faisaient bondir M. Ferry et rugir M. Waldeck-Rousseau. Le ministre avait un attaché de cabinet qui portait les renseignements à domicile ; on a vu longtemps ce personnage courir les bureaux de rédaction et y dénoncer l'hostilité, alors secrète, dont le président du conseil poursuivait M. Thibaudin. On sait comment ce duel a fini, et je n'en parle en ce moment que pour mémoire ; l'inoubliable Thibaudin est presque oublié. Les incidents parlementaires dont feu Thibaudin pourra encore être le héros ne le feront pas sortir de sa tombe ; on y inscrira ces simples mots : « Tué à Mayence, dans une sortie. »

Un ministre de la guerre, en tout temps et en tout pays, est un personnage, même quand il n'est pas une figure. J'avoue, pour ma part, qu'il m'est impossible

de songer sans respect, et sans curiosité, à ce fonctionnaire qui joue un si grand rôle dans toutes les affaires
où il y va de la vie et de la mort des hommes. Qu'il
s'agisse de préparer une guerre ou de réprimer une
émeute, c'est lui que la chose regarde, c'est lui qui est
là, c'est lui qui dit la plupart des mots et qui donne la
plupart des ordres d'où dépend le sort d'une nation.
Qu'il s'appelle Louvois ou Chamillart, Soult ou Farre,
Gouvion Saint-Cyr ou Campenon, il a une responsabilité formidable qui doit, à tout instant, appeler l'attention et attirer les regards sur lui.

Surtout en France ! Dans la situation militaire et
politique où nous sommes, avec notre passé et notre
avenir, avec les préoccupations naturelles que nous causent le dehors et le dedans, comment ne pas s'intéres-
ser au ministre de la guerre ? Comment ne pas se
demander si le grand chef de l'armée est un homme
de tête, un homme d'intelligence et d'énergie ? Comment ne pas chercher à savoir exactement ce qu'il dit,
ce qu'il fait, ce qu'il vaut ?

La République en a déjà usé neuf ou dix : les généraux de Cissey, du Barail, Berthaut, Borel, Farre,
Gresley, Billot, Thibaudin, etc., sans compter ce pauvre général Chareton, qui n'a pas été ministre, mais
qui est mort à la peine, si pauvre, qu'il a fallu donner
à sa veuve un bureau de tabac. Voilà un républicain !
C'est lui qui a fait tout ce qu'on veut défaire aujour-
d'hui ! Je ne connais pas d'homme qui, depuis nos désastres, ait travaillé avec autant d'acharnement, de
modestie et de foi !

Je vois encore les autres, ceux dont le général Campenon a recueilli l'héritage, cette longue série de prédécesseurs qui tous avaient, comme on dit, quelque chose, un je ne sais quoi qui trahissait l'homme de guerre : le général du Barail, si fin, si alerte, le véritable officier de cavalerie, derrière lequel on cherchait un escadron de chasseurs d'Afrique ; — de Cissey, avec ses yeux effacés de pervenche pâle, où l'on entrevoyait une âme de feu ; — Berthaut, d'une distinction si parfaite, avec sa tenue toujours irréprochable, et sa parole douce autant que rare, où l'on sentait du premier coup un des hommes les plus instruits de l'armée ; — Borel, si simple, si candide, si bon enfant, qui souffrait si cruellement à la tribune, et qui avait tant de peine à dire ce qu'il savait si bien ; — Gresley, moqueur et sceptique ; — Farre lui-même, avec sa loupe sur le front, et ses volubilités de sergent-major ; — et les anciens, les victimes, ceux que la République a tués, ceux de la vieille armée, qui n'ont pas été ministres, d'Aurelle, Vinoy, Ducrot ; et les nouveaux qu'elle suspecte, Berge, d'Andlau, Miribel ; et ceux qu'elle réserve, Galliffet, Lewal, Cornat ; tous avaient ou ont quelque chose, le signe et la marque ; l'étincelle, et, pour ainsi dire, le rayonnement du soldat.

Le général Campenon a des qualités militaires sur lesquelles nous n'avons pas à insister. On dit volontiers de lui que c'est un caractère. Lorsque sa volonté s'est une fois fixée sur un point, il ne connaît plus d'obstacles ; il ne les tourne pas, il les brise. A Lille, chef d'état-major du 1er corps d'armée, il s'était fait une réputation d'homme terrible et l'on racontait même de lui un trait où la galanterie légendaire si chère à l'officier français ne trouvait plus son compte.

Au-dessus de son appartement, habitait une dame, musicienne consommée, qui avait la mauvaise habitude de jouer du piano jusqu'à deux heures du matin, mais qui rachetait cette indiscrétion par un talent réel auquel toute la ville rendait hommage. Malheureusement, elle empêchait le général de dormir. Après quelques nuits blanches, il n'y tint plus et lui envoya, en parlementaire, un de ses officiers d'ordonnance chargé de lui expliquer que la musique diurne était de beaucoup supérieure à l'autre. L'officier manqua-t-il d'éloquence? Fut-il désarmé par les objections d'une jolie femme? Toujours est-il que le piano ne capitula point. Mais le général n'avait pas dit son dernier mot et ceux qui l'approchaient comprirent tout de suite qu'il méditait quelque coup d'éclat. La nuit suivante, en effet, au moment où la maison retentissait de nouveaux accords, une formidable batterie de tambours l'ébranla soudain jusque dans ses fondements et ce tapage infernal recommença toute une semaine à la même heure. On apprit le dimanche que la dame déménageait. Le tambour avait éteint le piano.

Tel est le général Campenon, quand on lui résiste ; au ministère on connaît l'aventure, et personne ne fait mine de lui résister.

Ses collègues évitent également de le contrarier; il apporte dans le conseil l'amabilité d'un sanglier et ses coups de boutoir tiennent les plus hardis en respect. Il veut d'ordinaire ce que les autres ne veulent pas et ne cède jamais ; mais les autres cèdent, certaine aventure arrivée autrefois à M. Rouvier les a rendus circonspects.

Désigné par Gambetta comme ministre du Commerce, M. Rouvier eut quelque peine, on s'en souvient, à trouver un local pour ses services et même un simple cabinet pour lui ; un jour, en conseil, étant assis à côté du général Campenon, il le pria de lui céder une partie de son hôtel. « Il n'y a là, lui dit-il, que quelques bureaux épars dans de vastes pièces et qu'on pourrait facilement caser ailleurs.

— Très bien. Voilà déjà les empiètements qui commencent !

— En aucune façon, mon général, ces locaux vous sont inutiles et je crois...

— C'est bien ce que je disais ; vous voulez empiéter.

— Mais, général...

— Je refuse.

— Je n'insiste pas, car vous avez l'éloquence d'un sabre.

— Oui, je suis un sabre et...

Mais Gambetta, qui connaissait son Campenon, lui coupa brusquement la parole.

Ce ministre, à qui rien ne résiste, n'a pas su résister à M. Clémenceau. « Il chausse, a dit M. Ferry, les souliers de M. Farre. » Nous les avons vus naguère aux pieds de M. Thibaudin. On commence à murmurer dans les couloirs de la Chambre que l'extrême-gauche reprend possession du ministère de la Guerre ; M. Clémenceau y remplace M. Laisant. Son influence, qui s'est manifestée contre les aumôniers des enfants de troupe, s'affirme par la suppression du volontariat d'un an. M. Campenon veut jouer un rôle politique ; il déchoit. Voyez plutôt ce qui est arrivé à M. Farre !

****

Une grande renommée, venue on ne sait d'où, s'attachait à M. Farre, et une grande fortune, venue de l'amitié de Gambetta, accompagnait cette renommée. Il semblait que ce favori fût le sauveur prédestiné de la nation. Vous ne connaissez pas Farre ! Vous verrez Farre ! La France entière, toujours un peu badaude, avait de Farre plein la bouche. Présenté, imposé par son puissant protecteur, il avait, du premier coup et sans preuve, enlevé l'admiration publique.

Enfin, Farre est venu ! Il y avait des gens qui ne le connaissaient pas la veille et qui vous disaient cela : « Farre est venu ! » avec des clignements d'yeux pleins de promesses et pleins d'espoir. Les honneurs et les dignités tombaient sur lui en averses. Du gouvernement de l'École polytechnique, cet ancien chef d'état-major de Faidherbe passa, en quelques mois, au commandement de l'armée de Lyon et au ministère de la Guerre, où tout était prêt pour le recevoir. On l'appelait, on l'attendait. Sa bienvenue lui riait sur toutes ces figures à moustaches. On eût juré que ses plus illustres prédécesseurs ne s'étaient arrêtés là un instant que pour préparer sa place et faire son lit. On remontait à deux siècles dans l'histoire pour lui trouver des émules dignes de lui : c'était le Vauban, c'était le Louvois de la République !

Cet avancement rapide rappelait celui du sergent Noël, sous le premier Empire. Le sergent Noël, qui était un brave, avait été oublié plusieurs années dans son grade. Un beau jour, Napoléon s'en aperçut et lui fit franchir tous les échelons à la fois. Cela s'exécuta en quatre roulements de tambours : — « Vous reconnaîtrez le sergent Noël comme lieutenant dans votre régiment. — Vous reconnaîtrez le lieutenant Noël comme capitaine dans votre régiment. — Vous reconnaîtrez le capitaine Noël comme commandant dans votre régiment. — Vous reconnaîtrez le commandant Noël comme colonel dans votre régiment ! »

Napoléon s'en tint là. Gambetta a surpassé Napoléon. Le sergent Farre est devenu ministre de la Guerre !

Il faut dire que l'illusion n'a pas duré longtemps ; elle a été courte chez M. Gambetta lui-même, à qui on attribue ce mot sur M. Farre : « C'est mon péché ! » On s'aperçut vite qu'on avait affaire à un homme dont toute la politique consistait à ne jamais savoir ce qu'il voulait. Dans l'intimité des commissions, il ne faut pas beaucoup de temps pour toiser un personnage, même galonné. Il y a là des privautés qui vous le déshabillent et vous le dégalonnent en un tour de main.

La Chambre n'est pas riche en hommes de guerre ;

l'ancien capitaine d'habillement Margaine constitue, sous ce rapport, sa plus magnifique illustration. Le général Farre n'en fut pas moins décoiffé par le bon sens et la clairvoyance des trois ou quatre Margaines de la Chambre. Ils lui ôtèrent son képi et ils virent clairement qu'il n'y avait rien dessous. Quand les grandes questions se présentèrent, le service de quarante mois, l'enrôlement des séminaristes, le volontariat d'un an, ils se trouvèrent en présence d'un ministre visiblement incapable de dire oui ou de dire non. Ce fut bien pis le jour où vint en discussion la grande loi sur l'administration de l'armée. Il répétait sans cesse à la commission : « Je ne veux pas de votre projet ! — Alors, que voulez-vous ? — Je n'en sais rien ! » Et il disait vrai. A la fin, il arriva avec un papier qu'on jeta ignominieusement par la fenêtre. Voilà où en était Vauban ! Louvois était retombé Dumanet !

Le sergent Farre est un petit homme grisonnant qui a une loupe sur le côté gauche du front. Sa figure n'est point inintelligente ; on la trouve, quand on l'observe de près, plus féline que militaire. On croit y démêler une certaine malice maquignonne qui suffirait peut-être à expliquer la fortune disproportionnée de son possesseur. Il y a du paysan normand dans cette tête et une espèce de finasserie bureaucratique qui, si je ne me trompe, a entretenu la réputation de M. Farre tant qu'il s'est contenté des seconds emplois, mais qui s'est éclipsée, avec lui, quand il a été au premier rang A ces situations dominantes, il faut quelque chose de plus que le machiavélisme subalterne de la fausse bonhomie.

Le sergent Farre n'a point le don de la parole. Entre la tribune et lui, il y a incompatibilité d'humeur, incompatibilité absolue. Je n'attache pas à cette lacune plus d'importance qu'il ne convient. Dieu nous garde des généraux beaux parleurs! On n'exigeait pas de M. Farre qu'il fut un Démosthènes et on ne demande jamais à ces fiers soldats de poser pour orateurs. Le maréchal Soult disait : *Il s'a agi;* mais au moment même où il disait : *Il s'a agi,* chacun sentait que Nicolas-Jean-de-Dieu Soult avait son idée et qu'il connaissait son affaire.

Si le fond, chez le sergent Farre, avait mieux valu que la forme, personne au monde n'eût réclamé. Mais il ne suffit pas, pour avoir du fond, d'accumuler les unes sur les autres les phrases légendaires du fusilier Pitou; il ne suffit pas de manger militairement ses mots et de dire *marchef* pour maréchal des logis chef. Le sergent Farre n'y manquait jamais.

Nul au monde n'a jamais cherché autant que lui la petite bête. C'était sa manie! On reprochait au général Berthaut d'être paperassier et de préparer, contre une invasion étrangère, dix plans de défense pour un. Cela n'est point un si grand mal, qu'en pensez-vous? Il est vrai qu'on lui reprochait en même temps de se noyer dans les infiniments petits et de recommander d'avance, sur le papier, une quantité effroyable de précautions minutieuses ou même puériles, plus propres à embarrasser qu'à servir le chef de l'armée. En vérité, le grief n'est pas grave, surtout si l'on compare cette activité un peu trop prévoyante à l'agitation minuscule qui a caractérisé le général Farre. Oh! ici, il ne s'agit pas de plans de campagne; le bouton de guêtre, ce fameux bouton de guêtre, est tout. Le ministre fait comparaître devant lui, plus mort que vif, un pauvre troupier, et, après l'avoir examiné des pieds à la tête : « Qu'en penses-tu? lui demande-t-il d'une voix de tonnerre; est-ce une grenade ou un cor de chasse qu'il faut mettre sur les boutons de ta tunique? »

Telles étaient les grandes questions qui enfiévraient cette belle intelligence. On demandait des réformes, il supprimait les tambours; on émettait quelques doutes sur la réorganisation de l'armée, il pâlissait sur les vestes et les shakos. Napoléon aussi s'occupait des shakos et des vestes; mais il gagnait de temps en temps une bataille d'Austerlitz ou d'Iéna.

Il n'est resté du passage de M. Farre au ministère que la trace des injustices qu'il a commises et des déplacements qu'il a faits. Je veux le qualifier d'un seul mot que personne ne contestera : c'est un général politique !

Il a été porté là par la politique, et il a tout sacrifié à la politique, les aumôniers, les enfants de troupe, les chefs les plus éminents et les plus aimés de l'armée territoriale. Chacun sait que, sur ce point, il avait l'action prompte et la signature facile. Briser une carrière, pourvu que ce ne fût pas la sienne, lui coûtait peu. A la Chambre, on le voyait sans cesse frotter l'épaule à quelque radical de Ménilmontant ou de Charonne. Il était toujours en quête de quelque clérical ou royaliste à servir aux appétits de ces messieurs. C'était un général politique !

* * *

M. Billot, lui aussi, a été un général politique, essentiellement politique, cent fois plus politique que M. Farre ; mais il ne l'est plus. Il y a déjà eu deux Billot comme il y a eu deux Bonaparte, le révolutionnaire et l'autre.

Le premier Billot a brillé principalement à l'Assemblée nationale. Au lieu de rester soldat, le député Billot s'était jeté dans la politique à corps perdu. Il figurait alors parmi les gardes du corps de M. Gambetta ; il a passé depuis dans une autre caserne. Il ne perdait pas une occasion d'étaler ses opinions républicaines, son dévouement républicain, sa passion échevelée pour tout ce qui tenait de près ou de loin à la République. Il avait même une façon à lui, par trop démonstrative et criarde, de se tourner du côté du vent. On en riait, on raillait les manifestations hyperboliques, qui semblaient fairé plus de tort au général que de bien. J'ai entendu des républicains sincères mettre en doute ce zèle tapageur, qui était bien d'un nouveau converti, car, malgré ses prétentions à la vieillesse, il ne datait guère que du 4 Septembre.

C'était le temps où le général Billot, soit dans la grande commission de l'armée, dont il était membre, soit à la tribune, traitait les questions militaires avec une originalité dont le souvenir ne s'est pas perdu. On lui posait, par exemple, la question suivante :

— « Croyez-vous que la demi-botte prussienne soit préférable au godillot français pour la chaussure de l'infanterie ? »

Il répondait :

— « Je suis républicain ! »

— « Très bien ! continuait l'interlocuteur. Avez-vous réfléchi aux moyens qu'il faudrait employer pour retenir nos sous-officiers sous les drapeaux ? Avez-vous quelque chose à nous proposer ? Etes-vous pour la prime ou la haute-paye ? »

— « Je suis républicain ! »

— « Parfaitement ! Quelle est votre opinion sur le service de trois ans ? Pensez-vous qu'on puisse, en trois ans, faire un bon fantassin, et surtout un bon cavalier et un bon artilleur ? »

— « Je suis républicain ! »

Notez que le général, déjà presque arrivé, n'avait pas besoin de toutes ces simagrées pour gravir les derniers échelons de sa fortune. Il jouissait d'une assez belle réputation militaire, que la guerre de 1870 avait accrue. On disait qu'il avait déployé, au Mexique, et dans des circonstances particulièrement difficiles, des qualités d'administrateur qui le désigneraient un jour ou l'autre pour le portefeuille de la guerre. On rappelait avec quelle rapidité, sur la Loire, il avait organisé et utilisé le dix-huitième corps. On citait, à son avantage, toutes les actions de guerre où il avait paru et commandé, le combat de Beaune-la-Rolande, le passage de l'Oignon sur la glace à Pesmes, sa victoire de Chênebier au milieu de la défaite d'Héricourt.

Enfin, on mettait sur lui de grands espoirs, on comptait sur Billot !

Je sais bien que là même, et dans ces brillants tableaux, il y avait un peu d'ombre. Des gens qui se disaient bien informés, des militaires studieux et curieux, des connaisseurs, sans nier les talents du général, prétendaient qu'il avait encore plus d'ambition que de génie, qu'il était littéralement dévoré de la soif de parvenir, qu'il en était malade, que son teint bilieux venait de cet appétit féroce et inassouvi ; qu'on exagérait un peu ses services, que nul n'avait jamais poussé au même degré que lui l'art de se faire valoir ; que son affaire de Beaune-la-Rolande n'était qu'un petit engagement grossi à plaisir par un gouvernement jaloux de prôner un favori ; que son passage de l'Oignon sur la glace n'avait d'importance que dans son propre rapport ; et qu'enfin son attaque et sa victoire tardives de Chênebier n'avaient réparé qu'imparfaitement le tort causé, par les lenteurs de sa marche, aux opérations générales de Bourbaki.

Nous ne savons ce qu'il faut penser de ces diverses critiques ; mais il est permis de croire qu'elles ne furent pas étrangères à ce que j'ai appelé la première manière du général Billot, c'est-à-dire à son intempérance politique, à ses excès de zèle républicain. Il craignit, sans doute, que sa gloire militaire, ainsi ébréchée par la malveillance, ne suffît plus à lui assurer les grandes destinées qu'il rêvait, et il se décida à jeter dans la balance, pour la faire pencher en sa faveur, un poids plus lourd et plus sûr. Ainsi fit Bonaparte, de

92 à 96, avant sa campagne d'Italie. Il était robes-
pierriste la veille de thermidor, comme M. Billot était
gambettiste.

Au bout du compte, malgré certaine défaveur que
ces attitudes où le soldat s'efface trop sous le politicien
avaient jetée sur le général Billot ; malgré certaine défiance où le tenaient les spectateurs de cette série de
manœuvres non militaires ; malgré les gorges chaudes
et les cancans de toute nature, la tactique a réussi ; le
général Billot en est venu où il voulait en venir ; il a
été ministre, il a été le chef de l'armée, il a tenu sous
ses pieds les railleurs.

C'est ici que sa deuxième manière apparaît, c'est ici
que le second Billot éclate. De cette brillante position,
conquise comme nous l'avons vu, et qui lui permettait
tant de vengeances, M. Billot n'a pas abusé. Il n'est
pas assez sot pour s'attarder aux représailles. Ayant
ce qu'il voulait, il ne songea plus qu'à se le faire pardonner et, pour commencer, il oublia presque son fameux : « Je suis républicain ! » Peut-être désirait-il
que personne ne s'en souvînt ! Il mettait la main sur
son épée ; il prenait des poses fières ; il se présentait
dans le cabinet en défenseur de l'autorité ; il s'annon-
çait comme le restaurateur des principes ; il ne demandait qu'à partir en guerre contre la dynamite et il se
chargeait de l'écraser. Enfin, chez le soldat arrivé, la
discipline reprenait ses droits ; chez le républicain
nanti, la réaction s'opérait. Il a fait tout son possible
pour désavouer le siège de Frigolet ; il a dit : « Ce
n'est pas moi ! Je n'y étais pas ! » Il n'a ni désavoué,

ni disgracié le général de Miribel, fatal à Gambetta.
Il s'entourait bien et se moquait du reste.

On sait comment il est sorti du ministère, au bras
de l'amiral Jaureguiberry ; il y rentrera un jour ou
l'autre, lorsque les Laisant et les Floquet auront fini
leur sabbat. Mais, quoiqu'il arrive, quel que soit le
rôle que se réserve le général Billot, il y a au moins
une chose dont on peut être assuré avec lui, c'est qu'il
sera toujours du côté du manche. Je connais des gens
qui disent qu'il sera lui-même le manche.

Le ministère de la Marine et des Colonies

Les deux hôtels occupés aujourd'hui, au coin de
la rue Royale, par le ministère de la Marine et par le
Garde-meuble étaient destinés dans l'origine aux em-
bassadeurs étrangers et aux grands dignitaires en
voyage. Sous l'Empire, la première de ces deux habi-
tations avait une sorte de réputation dans le monde
officiel : c'est là qu'on donnait les plus belles fêtes, les
plus beaux bals. Elle est devenue, dans ces derniers
temps, la demeure d'un M. Brun, que les huissiers
appelaient ministre. L'amiral Peyron l'y a remplacé
sans désavantage apparent. Les salons tendus de tapisseries des Gobelins, dont quelques-unes ont leur histoire et qui sont toutes classées parmi les plus remarquables, ont, malgré ce luxe, un air fâné qui s'harmo-

nise d'ailleurs assez bien avec les figures inquiètes des solliciteurs.

Là aussi, on conspire. Les sénateurs et les députés des colonies se sont presque installés à domicile dans ce ministère pour le démembrer ; leur ambition est de s'y tailler un département spécial des colonies qui appartiendra au plus digne. M. Blancsubé, qui est toujours dans les antichambres, ne croit pas que ce plus digne soit M. de Mahy, et M. de Mahy est convaincu que ce n'est pas M. Hurard. Un certain nombre de nègres, qui vont et viennent dans l'hôtel comme chez eux, donnent à ce ministère sa vraie couleur. Lorqu'on veut étudier sur place un échantillon de la race à qui nous devons M. Pierre Alype, c'est là qu'il faut s'adresser.

M. Germain Casse, à qui l'amiral Jauréguiberry fit autrefois la vie si dure, croise perpétuellement dans la cour le lugubre Farcy, qui s'en va mélancoliquement étudier ce qu'il appelle les vieilles matières, c'est-à-dire le compte des débris hors d'usage que les progrès de la construction nautique accumulent chaque année dans les magasins. M. Farcy leur doit une bonne partie de sa renommée et même jusqu'à son nom, car on dit de lui à la Chambre, quand il assomme ses collègues avec toutes ses ferrailles : « Vieille matière est à la tribune. »

Le complot des sénateurs et députés qui veulent faire de la direction des colonies un ministère indépendant et civil réussira un jour ou l'autre ; l'inévitable Blancsubé, qui s'y emploie avec toute son ardeur cochin

chinoise, a pour second dans cette entreprise un homme
de la maison, M. Richaud, inspecteur du commissariat
de la marine. Par lui, l'ennemi est déjà dans la place.
M. Richaud, qui passe pour un garçon aussi intelligent
qu'ambitieux, est un géant myope qui explique volontiers ses plans de réforme dans les couloirs de la
Chambre. En attendant qu'il les exécute, cette direction des colonies, objet de tant de convoitises avouées
ou occultes, est reléguée au fond d'une cour ; c'est une
espèce d'île invisible et inabordable où les initiés seuls
sont admis, où l'on n'arrive, quand on y arrive, que par
des escaliers dangereux et des couloirs perfides qui
n'ont pas peu contribué aux attaques dont on la
poursuit.

Quelles que soient les destinées prochaines du
ministère de la Marine, il a dû récemment à la présence de M. Charles Brun un relief exceptionnel ; on a
vu alors, que pour commettre certains méfaits
politiques, il était impossible de trouver un marin.
Cette heureuse supériorité a été consacrée par un mot
significatif du prince de Joinville : « La marine n'a pas
eu son Thibaudin. »

*
* *

L'homme dont elle s'honore le plus est l'amiral Jauréguiberry. Un amiral des Pyrénées, un amiral basque,
un amiral avec ce terrible nom de *tra los montes*, Jauréguiberry ! Il semblerait bien, au premier coup d'œil,

que cela doit ressembler un peu à un amiral suisse. On ne voit pas tout de suite M. Jauréguiberry sur un vaisseau, mais plutôt dans une sierra, dans une caverne, comme un chef de bandes espagnoles et carlistes. Si on n'était pas prévenu, on se figurerait un second Zumalacarréguy. Pour l'imagination, il n'a pas l'aspect marin.

Il n'en est pas moins vrai que ce montagnard, ce Pyrénéen, est véritablement un vieux loup de mer, tout ce qu'il y a de plus loup de mer (quelques-uns disent un ours) avec ce je ne sais quoi d'obstiné, de têtu, de mulet que la montagne y ajoute.

Et ce n'est pas seulement la montagne, ce n'est pas seulement le pic, laborieusement gravi, et le sol horriblement calciné qui ont durci à ce point cet homme de fer. C'est quelque chose d'autrement fort et profond, c'est un idéal sévère, c'est la religion elle-même, une certaine religion, qui est entrée, comme un coin, dans sa cervelle et dans son cœur. C'est elle qui l'a achevé, poussé à ce point de solidité et de rigidité métallique. L'amiral Jauréguiberry est protestant, comme Duquesne.

Et protestant sincère, de dévotion assidue et vraie, protestant pratiquant, protestant austère, un puritain ! On croit le voir parmi ces fiers émigrés qui s'en allèrent un jour fonder les Etats-Unis ; ou mieux encore, avec les *saints* de Cromwell, dans un de ces régiments des *côtes-de-fer* qui fauchaient tout sur leur passage, comme une tempête où soufflait l'esprit de Dieu. Je l'ai comparé tout à l'heure à un royaliste espagnol, et voici que je le compare à un républicain anglais ; c'est qu'en vérité ce mélange n'est point si disparate et qu'il y a bien un peu de tout cela en lui. Et quelque chose encore, un troisième ingrédient, tout français. Il fait penser à Coligny.

Ce tempérament si original, cette rudesse native, il les a portés dans la marine, qui n'a point dû les adoucir. La grande mer, le ciel et l'eau, le temple immense, infini, où il y a sans cesse entre l'homme et Dieu comme un sous-entendu de prières, c'est plus qu'il n'en faut pour façonner, pour compléter une âme comme celle de l'amiral et la tourner tout entière, sans effort, à la simplicité, à la fermeté, à la discipline absolue, à l'obéissance passive imposée et acceptée, aux grandes sérénités du sacrifice et du devoir. De là un vrai marin, d'une dureté inconsciente pour les autres, et d'abord pour lui.

Il paye de mine et de franchise. Du premier coup, on voit ce qu'il est, un homme ! Sa large tête, sa tête ronde (il y a encore là du vieux puritain), sa voix forte et puissante, un peu émoussée et polie par le bruit des vagues, trahissent un revenant du grand siècle, le seizième.

Il a montré d'ailleurs ce qu'il était et ce qu'il valait. En 1870, au premier bruit de nos désastres, il descendit de ses vaisseaux inutiles, où il avait conquis l'estime sans la gloire, et vint commander sur la Loire une division du 16e corps. Pauvre et grand 16e ! Lorsque Chanzy, détesté de Labordère, eut le commandement de l'armée, l'amiral Jauréguiberry eut celui du corps et fit des miracles.

Son intrépidité est restée légendaire. Il défendait les
ponts à lui tout seul, comme Bayard. Amédée Le
Faure, qui ne pouvait parler de l'amiral sans s'émouvoir, m'a raconté, devant dix personnes, un épisode
de la bataille du Mans. L'amiral était à cheval, avec
son aide de camp auprès de lui ; les obus pleuvaient
sans qu'il y prît garde, sa lorgnette braquée sur une
espèce de débandade qu'il avait aperçue au centre.
Arrive un capitaine de l'état-major de Chanzy, porteur
d'un ordre. Cet officier n'a pas même eu le temps de
prononcer un mot, qu'un obus emporte la tête de
l'aide de camp. Un peu d'émoi se produit naturellement dans le groupe. L'amiral se penche vers le capitaine et, avec une politesse calme, comme si rien ne
s'était passé : « Vous disiez, monsieur? »

Quand il fallut se retirer sur la Mayenne, Chanzy
ne voulut s'en rapporter qu'à l'amiral. On connaît la
lettre officielle et publique, celle-là, qu'il lui écrivit :
« Quand un homme comme vous juge la retraite nécessaire, il faut partir ! »

L'amiral Jauréguiberry fut, dans toute cette affreuse
campagne, un prodige de résolution, de ténacité, de
sang froid. Vaincu, comme la France et avec la France,
son courage resta supérieur aux évènements et son
âme parut encore plus grande que la défaite.

Maintenant, vous représentez-vous un homme comme
celui-là, transporté tout à coup dans la vie publique,
dans les assemblées, dans les malpropretés politiques
et parlementaires ? Quelles surprises ! quels dégoûts !
quelles effroyables nausées ! A son banc ministériel, il

avait toujours l'air de se réveiller d'un mauvais rêve. Aussitôt qu'il avait fini la petite affaire pour laquelle il était venu, il se levait, il s'en allait, il éprouvait un irrésistible besoin de sortir et de respirer. Visiblement, il étouffait.

Dans le conseil des ministres, on a dû cent fois lui faire la leçon ; les malins ont dû le sermonner, le styler, lui enseigner l'art de dorer les pilules, de glisser sur certaines délicatesses, d'esquiver ceci, cela ; d'appuyer, au contraire, sur certaines fibres. Il le promettait, mais ce n'était jamais le ton, le liant n'y était pas, ni l'adresse ; même quand il suppliait, il cassait.

Dès son premier ministère, la Chambre vit bien qu'elle ne ferait pas de lui ce qu'elle voudrait et, instinctivement, avec ses instincts despotiques, elle détesta ce réfractaire. Journellement elle lui dépêchait quelque Germain Casse pour le houspiller, le mordiller aux jambes. Il y avait aussi quelques mauricauds des colonies qui, avec une préméditation évidente, s'étaient partagé cet office. Ils se relayaient pour l'agacer. Aussi l'amiral était-il blasé sur ce jeu.

Un beau jour, exaspéré, il partit et les insectes qui piquaient sa forte échine triomphèrent. Il s'est retiré noblement, simplement ; et l'on dit de lui qu'il est un des derniers grands marins de la France ; et il est parfaitement insensible à cette juste renommée, n'ayant d'autre souci que de passer ce qui lui reste de jours dans la paix religieuse, dans la compagnie plus intime

et plus proche de ce Dieu en qui cet homme si fort a
encore la faiblesse de croire et d'espérer.

Ministère de l'Instruction publique et des Beaux-arts

Le ministère de l'Instruction publique a une spécialité : soit penchant naturel, soit application volontaire
à flatter M. Jules Ferry en l'imitant; les hauts fonctionnaires de ce département ont une physionomie particulièrement renfrognée et un caractère encore moins
séduisant que leur figure. Ils se sont donné pour tâche
d'être aussi désagréables que ce parvenu politique et
y réussissent presque toujours, mais avec plus d'étude
et d'apprêt. Cette fine fleur d'Université, directeurs,
inspecteurs, proscripteurs, a tout l'agrément d'un bouquet d'orties. M. Fallières s'y est déjà piqué les
doigts.

Elle dut faire autrefois le désespoir des deux plus
aimables ministres que la rue de Grenelle ait connus :
MM. Jules Simon et Bardoux. Ce dernier surtout en
était affligé; avec sa bonne envie de plaire à tout le
monde, il se trouvait mal secondé par un si désobligeant personnel. Mais ce petit ennui n'était pas sans
compensation; quand M. Bardoux, toujours enclin à
promettre, éprouvait le besoin de ne pas tenir, il avait
la ressource de se retrancher derrière la malveillance
de ses bureaux.

M. Jules Ferry aurait rougi de poursuivre ainsi aux

dépens de ses chefs de service une trop facile popularité ; il se faisait un bizarre point d'honneur de détourner sur lui l'insurmontable antipathie qu'ils inspirent et de ne céder à personne la première place parmi ces fanatiques pédants. M. Bert, seul, la lui dispute.

Le sous-secrétaire d'Etat, M. Durand, essaie, au contraire, d'être aimable ; il bégaie à tout venant des politesses précieuses et maniérées. Professeur de droit ou plutôt de casuistique judiciaire, il aiguise de petits discours pointus qu'il débite à la tribune avec des mines qui ressemblent quelquefois à des grimaces. C'est un Breton, mais de la nouvelle roche, comme Waldeck-Rousseau et Martin-Feuillée.

Nous retrouverons ailleurs les hommes aimables et libéraux qui président aux destinées de l'Université.

Le ministère du Commerce

Il était soudé autrefois à l'Agriculture ; M. Gambetta l'en détacha pour l'offrir à M. Rouvier. La séparation de corps se fit à l'amiable, mais la séparation de biens n'alla pas sans difficultés. L'Agriculture, lâchée par le Commerce, déclara qu'elle garderait l'hôtel, et prononça énergiquement le « c'est à vous d'en sortir ». Le Commerce un peu penaud dut céder, et M. Rouvier, errant à l'aventure, n'eut pas même une armoire pour y serrer son portefeuille. On le vit pendant plusieurs semaines courir Paris à la recherche d'un immeuble, interrogeant les écriteaux, et réduit à emprunter le cabinet d'un collègue pour y recevoir ses chefs de service aussi ambulants que lui. A la fin, M. Gambetta, touché de ses malheurs, fit acheter par l'Etat l'hôtel de l'ambassade d'Espagne ; une nouvelle mésaventure y attendait M. Rouvier : entraîné dans la chute de son chef, il cessa d'être ministre juste au moment où il avait un ministère.

Ce député de Marseille a contribué plus que tout autre à l'envahissement des préfectures, des tribunaux, des consulats, par ces Provençaux qui sont les Corses de la République. On pourrait croire qu'ils ont tous émigré dans l'administration, il n'en est rien ; lorsqu'on traverse Marseille, on y trouve encore des Marseillais.

Comme de juste, M. Rouvier y est fort aimé ; tous ceux qui demandent ou désirent quelque chose, et ils sont naturellement nombreux, s'adressent à lui ; ils le regardent comme une sorte de dieu dispensateur des grâces et ne doutent pas de sa puissance. « Si Rouvier s'en occupe, cela réussira. » C'est un refrain marseillais ; et cela réussit en effet Il est populaire et presque prophète dans son pays.

Depuis le jour où il formait avec MM. Ordinaire et Naquet l'avant-garde des radicaux à l'Assemblée nationale, M. Rouvier a fait du chemin. Comme tant d'autres, il a subi l'influence de Gambetta et a mordu à l'opportunisme. Présentement, M. Rouvier est un économiste, et l'économie politique mène à tout ; elle l'a conduit une première fois au ministère du Commerce ; il espère bien arriver aux Finances.

M. Hérisson, qui a succédé à M. Rouvier, étudie le commerce en regardant la Seine et se crée ainsi des droits ultérieurs au portefeuille de la Marine.

Dans ce ministère, comme ailleurs, les huissiers sont des personnages; mais une sorte d'hérédité donne à leurs fonctions encore plus d'importance et d'éclat. Ils se lèguent l'antichambre et veillent de père en fils sur le cabinet du ministre.

Les visiteurs sont rares; quelques présidents de chambres de commerce, des préfets des villes manufacturières, et c'est tout. M. Hérisson serait le plus désœuvré des hommes, s'il ne présidait de temps à autre quelqu'un des innombrables comités qui se sont donné rendez-vous dans son ministère : conseil supérieur du commerce et de l'industrie, comité d'hygiène publique, comité des arts et manufactures, commissions d'enquête sur la marine marchande, les sucres, etc... Les uns et les autres publient chaque année des séries de gros volumes qui ne font qu'un saut de l'imprimerie dans les caves du ministère où ils moisissent en paix.

Le ministère de l'Agriculture

L'agriculture ne manque pas seulement de bras, elle manque surtout de chef, j'entends d'un chef qui ait un semblant de compétence pour connaître ses intérêts et d'autorité pour les défendre. Avocats, médecins, horlogers se sont succédé rue de Varennes, mais on n'y a jamais vu un seul agriculteur.

Sous son principat, M. Thiers, ne sachant où caser son ami Victor Lefranc, eut l'idée d'en faire un ministre de l'Agriculture. Le nouveau titulaire n'y mit point de vanité ; interpellé un jour sur une décision prise dans ses bureaux, il répondit avec sa franchise habituelle : « Tout le monde sait que je n'entends rien à l'agriculture. » C'est un aveu que M. Méline n'a pas encore fait.

M. de Mahy passait son temps à collectionner les éditions de Rabelais ; il les avait toutes sous sa main et, lorsqu'un ami venait lui rendre visite, il le régalait des tours de Panurge et des prouesses de Pantagruel, en s'esclaffant de rire aux bons endroits. Cependant, les solliciteurs s'armaient de patience, et l'huissier Mazoyer leur disait d'un ton grave : « Monsieur le ministre travaille ! »

M. Tirard, moins épris de littérature, commit quelques imprudences. Il se laissa attirer dans un concours agricole, et, avisant une gerbe d'épis, débita tout d'une haleine un discours très savant sur la culture du blé. C'était du seigle.

On prétendit à ce propos que le ministre de l'Agriculture n'avait jamais quitté la rue Quincampoix, où le seigle ne pousse pas entre les pavés, et que ses notions agricoles se réduisaient à ce que les laboureurs vous enseignent entre le passage du Saumon et le passage du Grand-Cerf. Evidemment on exagérait. Que M Tirard, se promenant dans le département du Gers, ait pris du maïs pour des tomates, comme il avait pris du seigle pour du blé, c'est encore possible. M. Paul de Cassagnac l'en a raillé en public et il n'a pas protesté ; mais on a eu tort de prétendre qu'il n'était jamais sorti de Paris. Il a voyagé. On l'a rencontré quelquefois sur les talus des fortifications, et du temps que l'Assemblée nationale florissait, il a pu étudier la grande culture : il est allé à Versailles.

Pour ma part, je ne le crois pas très ferré sur les luzernes et si, par hasard, on lui demandait ce que c'est qu'un regain, il croirait sans doute qu'on veut le taquiner sur la popularité de M. Ferry ; j'incline également à penser qu'il ne connaît les engrais que pour en avoir causé avec M. Margue ; mais ce sont là de mauvaises chicanes. Il n'est pas absolument nécessaire d'être Triptolème ou Matthieu de Dombasle pour devenir ministre de l'Agriculture. M. Méline nous l'a prouvé.

Le bras droit de cette dernière Excellence est naturellement un ingénieur ; on a trouvé le moyen de les appliquer même au labourage. M. Philippe, directeur de l'hydraulique agricole, est chargé tout spécialement de préparer les *projets* de canaux dont on berce l'agriculture pour entretenir ses chimériques espérances d'irrigation. Il semble entendu, au ministère de l'Agriculture, qu'on n'exécutera jamais ces canaux parce que si, par hasard, on s'y décidait, la direction de l'hydraulique agricole, qui est à peu près tout le ministère de l'Agriculture, n'aurait plus sa raison d'être ; l'ingénieur qui s'en occupe serait forcé de rentrer aux Travaux publics, et le ministère de l'Agriculture lui-même trouverait difficilement, dans la part d'attributions qui lui resterait, de quoi motiver la prolongation de son existence. Il ne peut vivre qu'en prenant le plus grand soin d'avoir toujours en perspective une grande tâche qu'il accomplira. M. de Mahy, dans sa naïveté, voulait exécuter les canaux ; M. Méline a trouvé la véritable formule: commençons tout, n'achevons rien !

A quelque parti qu'on s'arrête, le vrai ministre ne sera jamais ni M. de Mahy, ni M. Tirard, ni M. Méline ; ce sera toujours l'huissier du cabinet, M. Mazoyer, qui a la corpulence de Porthos avec l'appétit de Gargantua. Il tient à prouver par son exemple que l'agriculture est la nourrice de l'homme ; toujours à table, il reçoit les solliciteurs dans une petite cuisine d'où il ne bouge pas et leur raconte, la bouche pleine, les petits cancans du ministère. Bon prince, d'ailleurs, il adore ses maîtres et il consent quelquefois à en faire ses amis.

Le ministère des Postes et Télégraphes

C'est M. Cochery, tout le monde le sait, qui a fondé ce ministère, et, comme tous les fondateurs, il veut maintenant fonder une dynastie. Ministre inamovible, M. Cochery a un fils à qui il brûle de transmettre son inamovibilité devenue héréditaire. Le père et le fils, M. Georges, comme l'appellent familièrement les garçons de bureau, trônent ensemble rue de Grenelle, dans une immense caserne treillagée de fils télégraphiques et de bobines de porcelaine. M. Georges dirige l'armée des facteurs, des employés et des attachés du cabinet ; ces derniers forment à eux seuls une légion.

Les maçons en forment une autre, car, sans parler de l'Hôtel des Postes qu'on est en train de construire à grands frais, le ministère des Postes et Télégraphes en emploie une quantité innombrable ; c'est, avant tout, le ministère des démolitions. Les réparations continuelles qu'on y fait ou qu'on est censé y faire lui donnent l'aspect particulier d'une bâtisse provisoire qu'on ne veut pas finir, pour avoir toujours un prétexte à la recommencer. Dans ce but, on a choisi un architecte dont l'activité fébrile a tous les caractères d'une maladie ; ce ne sont partout qu'échafaudages, ponts suspendus, passerelles fantastiques, architectures en l'air où il semble que la rêverie d'un Piranèse ait passé.

J'ignore si l'utilité de toutes ces transformations est en raison de la dépense, mais j'ai entendu parler d'une certaine armoire en noyer dont les médisants racontent l'histoire comme un parfait spécimen des économies qu'on fait au ministère des Postes. Toute neuve, cette modeste armoire en noyer valait bien soixante francs ; on l'avait oubliée dans un grenier où elle avait au moins l'avantage de n'attirer les regards de personne et de ne rendre aucun service onéreux. Un jour, par malheur, le chef du matériel, en furetant, l'y découvre et la place dans un couloir pour y remplir l'office de porte-manteau. Rien de mieux, mais bientôt on s'aperçoit qu'il faut réparer un des panneaux de la porte,

puis l'autre panneau, puis un pied, puis les tablettes ;
après quoi, ainsi rajustée, on s'avise que l'armoire
était encore plus à sa place dans son grenier et on l'y
reporte avec tous les honneurs dûs à son rang. —
Total : quatre cent vingt francs.

Je m'empresse d'ajouter que ces petits gaspillages,
conformes à toutes les traditions ministérielles, ne
sont pas de nature à entamer l'espèce de popularité
dont jouit M. le ministre des Postes. Quelques révéla-
tions toutes récentes et plus graves, d'où il résulte que
le personnel de M. Cochery, si parfaitement probe et
inattaquable dans son ensemble, a été cependant
souillé par quelques brebis galeuses et voleuses,
auraient pu ébranler un peu la situation d'un autre
administrateur ; mais celui-ci a une supériorité qui le
préserve. Ancien employé de Mirès, il a poussé l'art
de la réclame jusqu'à ses plus extrêmes limites, et il a
su se faire une presse qui se repose des attaques qu'elle
prodigue à ses collègues, par les félicitations dont elle
le comble. Il semble qu'après lui il faille tirer l'échelle
et qu'il n'y aura plus jamais d'autre Cochery.

Sensible à tant d'éloges, le ministre rêve sans
cesse à quelques réformes, à quelques améliorations
nouvelles. L'asile ordinaire de ses méditations est le
magnifique jardin du ministère, tout peuplé de merles
qui voltigent et sifflent autour de lui ; je suis convaincu
que l'idée viendra, un jour ou l'autre, à M. Cochery
d'utiliser ces oiseaux, comme les pigeons, pour la
transmission des dépêches. En attendant, le merle
voyageur est encore un merle blanc.

VI. — L'UNIVERSITÉ

Les grands maîtres de l'Université. — Bébé citoyen

L'Université, d'un bout à l'autre du corps enseignant, nourrit des sentiments hostiles au clergé ; c'est une aversion historique, née d'une rivalité séculaire. Il semble qu'il y ait entre l'Église et l'Université antipathie naturelle. Si l'on me permet cette locution familière, c'est chien et chat. L'Église et l'Université ont toujours, ou presque toujours, été en opposition, et c'est l'Université qui a d'abord été opprimée, jusqu'au jour où Napoléon, non content d'assurer son indépendance, lui a conféré un monopole. Alors, par un inévitable retour des choses humaines, elle a fait mine d'être oppressive à son tour, et elle a lutté, avec une opiniâtreté incroyable, pour la conservation de son privilège. Du reste, le clergé ne lui a guère laissé de repos. Victorieuse, ou à demi victorieuse, l'Université a rencontré devant elle, à partir de la Restauration, une opposition formidable. Elle a été constamment harcelée, attaquée, suspectée, espionnée et même calomniée.

On connaît cette lutte homérique, à laquelle la sagesse ou la lassitude des deux camps avait presque mis un terme et que la République a eu l'imprudence de rallumer. Elle a eu son beau moment sous Louis-Philippe. La scission violente, la guerre à main armée datent de ce règne. L'Église réclamait la liberté de l'enseignement, et elle avait raison ; elle travaillait à détruire l'Université, et elle avait tort. Une série de révolutions vinrent encore jeter de l'huile sur le feu. Je n'insiste pas sur ce duel fameux qui a eu, pour l'Université comme pour l'Église, des alternatives de succès et de revers. Je signale seulement cet antagonisme, où, tour à tour et suivant les temps, mais avec une ardeur également regrettable, l'Église et l'Université ont été persécutrices.

De l'Université, les cléricaux attaquèrent tout, ses méthodes et ses maîtres, lui refusant la capacité nécessaire pour parfaire une bonne éducation, affectant de voir en elle une sentine d'irréligion et d'impiété, la qualifiant même d'immorale, elle qui a thésaurisé dans son sein plus de vertus peut-être qu'aucun corps constitué. Depuis Lacordaire jusqu'à Louis Veuillot, en passant par l'abbé Gaume, ce fut comme un déchaînement. L'Université eut des moments très durs à passer. Pour n'en citer qu'un, demandez-lui si elle se rappelle le commencement du second Empire, les misères et les prostrations du ministère Fortoul. Son ennemie lui avait mis le grappin. Elle était prisonnière de l'Église ; et heureux ceux qui parvenaient à s'évader !

Il y eut là d'assez fortes atteintes à la liberté de conscience ; mais, il faut dire, pour être juste, que c'était une réaction. Une réaction que M. Thiers lui-même avait proclamée nécessaire, et à laquelle il avait travaillé en compagnie de Mgr Dupanloup. A cette époque, l'Université avait déjà imploré le bras séculier contre les moines. L'Église se vengeait !

Triste vengeance, et misérables représailles de part et d'autre ! La girouette a encore une fois tourné, la persécution a changé de camp, et voilà l'Université qui recommence. Je crois qu'elle n'a qu'à y perdre ; je crois qu'elle se diminue et même qu'elle se déshonore lorsque désespérant de dépasser ses rivaux, elle supplie l'État de les supprimer. Elle paiera, hélas ! elle paiera cher ce triomphe immoral, et ses meilleurs amis en seront réduits à dire comme nous : à qui la faute ?

Mais, en même temps que l'Université reste anticléricale, elle demeure spiritualiste. Considérée dans son ensemble, le matérialisme officiel ne l'a presque pas entamée. L'École de médecine, peut-être ? Et encore ! Même là, même dans ces cliniques et dans ces amphithéâtres, l'orgueil d'une science où tout est matière n'a pu arracher les esprits ni les consciences à certaines inquiétudes, à certaines revendications de *l'autre*. L'autre, c'est l'âme ! On ne croit pas au surnaturel ; mais, d'une manière plus ou moins vague, on croit à l'âme ; on croit même à Dieu... par moments. Cela va loin ! En dehors de l'École de médecine, on y croit fermement et positivement. C'est la tendance universitaire, très marquée, très persistante, on pourrait dire invincible ; c'est la tradition et le fond même de l'Université. On offenserait beaucoup plus un professeur en l'accusant d'être matérialiste qu'en lui reprochant d'être clérical. Il n'est, en réalité, ni l'un ni l'autre.

C'est un phénomène étrange que l'âpreté de la lutte ait laissé, sous ce rapport, l'Université si intacte. On pouvait craindre que ce spiritualisme, que cet idéalisme dont elle se fait gloire ne reçût dans la bataille quelque grave atteinte. Par miracle, il en est sorti sain et sauf. Toute la philosophie universitaire en est remplie. Je ne dis pas que ce soit une grande philosophie. Telle qu'elle s'est développée depuis le commencement du siècle, de Jouffroy à M. Janet, et de Cousin à M. Caro, elle a donné, scientifiquement, des résultats microscopiques. Son bagage est mince, puéril, infécond. Elle n'a produit que des artistes. Tous artistes ! mais tous spiritualistes, irrévocablement spiritualistes. Du grand naufrage, ils ont sauvé Dieu et l'âme, et ils s'y accrochent en désespérés, et ils s'y cramponnent comme à leur dernière planche de salut.

On comprend à quel point le naturalisme tapageur de M. Paul Bert doit choquer de tels hommes. Quand on fait de la philosophie sur un radeau, on ne se laisse guère enlever cette dernière planche.

Les grands maîtres de l'Université

Si l'Université de France choisissait son grand maître, elle n'aurait probablement jamais choisi M. Jules Ferry ; elle aurait très certainement repoussé M. Paul Bert.

Jamais homme, par son passé, par sa tenue, par sa tournure d'esprit, ne fut moins universitaire que M. Jules Ferry. Au milieu des Fontanes, des Cousin, des Villemain, des Guizot et des Duruy, il jure, il fait tache, il représente une déviation de l'Université, une sorte de dissonance de l'instruction publique en France. M. Jules Simon était là comme chez lui ; M. Jules Ferry semble de passage dans une habitation étrangère où il a eu le mauvais goût de casser les vitres.

Lorsqu'il figurait à la Sorbonne, comme grand maître de l'Université, et couronnait les vainqueurs du grand concours, il avait l'air d'un intrus.

On a beau être ministre de l'instruction publique, quand on n'a point obtenu de succès retentissant, et que, même au lycée, on n'a été qu'un élève ordinaire ou médiocre, il vous manque toujours quelque chose pour présider dignement ces cérémonies. Élèves et professeurs vous regardent toujours un peu de travers, comme un déclassé ambitieux, qui n'est pas de la boutique.

Grand maître de l'Université, il était, — il est encore, — un avocat, l'idéal de l'avocat, par la facilité de la parole, par la vulgarité de l'expression, par une sorte d'abondance oratoire qui est toute d'habitude et de métier, par une absence de convictions durables, qui est le fruit naturel de l'avocasserie. Tout en lui vient de là et y retourne.

Je ne dis pas que M. Ferry manque de sincérité ; je dis qu'il ne pense pas aujourd'hui comme hier, et qu'il ne pensera pas demain comme aujourd'hui. Il pense et il parle comme son dossier ; il se sacrifie continuellement au besoin de la cause ; il plaide le procès que les circonstances lui ont apporté. On accuse ses évolutions, on a tort ; il n'a pas d'idées, il n'a que des clients. On le croit à la tribune, il est à la barre.

Détestable école pour faire un homme d'État. La variation, la palinodie quotidienne lui est imposée, il lui faut recevoir des impressions, des opinions toutes faites, et, pour les défendre, c'est à peine s'il lui reste la liberté de choisir les arguments. Il subit des influences qui viennent des quatre points cardinaux. Il épouse tour à tour toutes les prétentions et toutes les querelles, il obéit à tous les courants. Que voulez-vous ? C'est un avocat !

M. Jules Ferry, né en 1832, n'a que cinquante-deux ans, et il en est déjà à sa quatrième ou à sa cinquième manière. Quel rapport y a-t-il entre le Ferry du programme de Nancy et le Ferry de l'article 7 ? Un abîme les sépare J'ai connu cet homme changeant à une époque où il était décentralisateur et libéral ; là encore, son intelligence de cire molle était pétrie par des mains étrangères ; il recevait d'autrui une empreinte et un cachet. Ceux qui le voyaient alors, aussi maniable et docile, aussi prodigieusement impersonnel, doutaient beaucoup de son avenir. Quand il fut élu député en 1869, en même temps que Gambetta, je me rappelle un pronostic que j'entendis dans l'entourage : « Gambetta, oui, il peut aller loin ; mais le pauvre Ferry !... »

Quelques années auparavant, il avait vécu dans l'atmosphère d'Émile Ollivier, dans son ombre ou dans sa lumière, comme on voudra, et on ne saura jamais à quel point il était passé à l'état de reflet. Ce n'était plus seulement l'ascendant du maître qu'il subissait en écolier respectueux. Admis dans la maison de la rue Saint-Guillaume comme un enfant gâté, comme un Benjamin enjoué et aimable, il confiait à la première Madame Ollivier, comme à une inspiratrice, la direction de son jeune esprit ; il lui soumettait toutes ses idées naissantes sur la philosophie, sur la littérature et les arts, et, comme elle se prêtait, en femme supérieure, à cette délicate sujétion : « Laissez faire, disait M. Émile Ollivier, elle le rend meilleur! »

Une nature aussi réflective éprouve une difficulté insurmontable à se retrouver, à se reprendre, à reconquérir son originalité errante à tous les vents du monde et de l'opinion, à se replier et à se recueillir pour cultiver et mettre en valeur les dons qui lui sont propres. A tout moment, la possession et la propriété d'elle-même lui échappent ; elle est perpétuellement comme en pension chez une nature dominante et voisine ; elle a abdiqué pour toujours ; et c'est ce qui explique pourquoi il a été plus facile à M. Ferry d'être ministre que d'être quelqu'un.

A qui n'a point d'idées, le verbiage suffit. On se rattrape sur les mots, et M. Jules Ferry est un faiseur de mots.

> J'écrivis un traité *du Sublime*, et son titre
> Est le seul que j'aie eu pour être décoré.

M. Jules Ferry brille au premier rang comme trouveur de titres, comme accrocheur d'enseignes ; il a le génie du vocabulaire. Personne n'ignore qu'il doit le commencement de sa fortune à ses *comptes fantastiques d'Haussmann*; mais qui donc disait que ce calembourg était de Nefftzer? Non, il est de M. Ferdinand Duval ou de M. Delprat, qui l'ont fait ensemble dans quelque soirée orléaniste, et qui l'ont généreusement prêté à M. Jules Ferry. Ainsi lesté du bien d'autrui, M. Ferry passa pour un homme spirituel, et certainement il a, de ce côté, une certaine aptitude, d'ailleurs dépourvue de toute espèce d'inspiration. Pour fabriquer un de ces mots-médailles, il a besoin de longtemps travailler ; mais, avec beaucoup d'huile et de sueur, il en fabrique. Lisez ses discours, vous y démêlerez du premier coup cette préoccupation perpétuelle du trait et du mot. Les deux modèles du grand maître de l'Université sont La Bruyère et Dumas fils ; il les imite de loin, avec de fréquents ratages et quelques trouvailles inespérées. Du reste, comme tous ces faiseurs de pointes, il prépare ses effets longtemps d'avance et les emmagasine dans des tiroirs, d'où il les sort avec plus ou moins d'à-propos, quand la circonstance lui paraît favorable pour les débiter.

Le moindre défaut de ces impromptus à loisir, c'est de venir mal et péniblement, de ne pas cadrer, de ne pas répondre, de ne se raccorder que par à peu près. C'est ainsi que M. Jules Ferry nous parlait un jour de la *sécularisation de la vertu*. Cela ne rimait à rien, n'avait ni queue ni tête, et sentait fortement son hors-d'œuvre après dîner. Peu lui importe : il sait qu'un auditoire politique est toujours sensible au mot, même quand il avorte. Partant de là, il passe sa vie à maximer, à formuler, à aiguiser en sentence une phrase creuse, et à tirer de petits coups de pistolet à la tribune. Ce sont des amorces sans balles.

Avec cette pénurie de pensée et ce goût du mot, on ne va pas au bout du monde ; tout au plus peut-on briller dans un petit cercle, et encore y brille-t-on un peu comme un habit râpé et trop brossé dont le luisant montre la corde. Ajoutez à cette première cause de discrédit et d'usure que M. Jules Ferry n'est point sympathique de sa personne. Je ne m'attarderai pas à vous le peindre sous l'aspect un peu banal d'un maître d'hôtel ou d'un chasseur de bonne maison. Il y a dans sa physionomie quelque chose qui porte plus loin que cette analogie purement extérieure ; il y a une sorte de gêne continue, le malaise moral d'un homme qui, malgré son amour-propre, se sent un peu écrasé par son rôle, et qui craint, à tout moment, de trahir son insuffisance.

On a remarqué souvent qu'il n'était pas maître de lui-même, s'emportait, s'emballait. Ce penchant aux sorties, cette colère sourde qui lui échauffe perpétuellement l'humeur, n'a pas d'autre cause : il se défie de lui-même, il se redoute ; il a toujours peur de perdre son masque. De là cet air inquiet et faux, cette tenue gourmée, cette allure bizarre de braconnier sur le qui-vive. Il ne louche pas, et il a l'air de loucher ; il se fait à lui-même les yeux blancs, ce qui, avec ses gros favoris noirs, lui donne l'apparence d'un Brésilien à

la fois furieux et sentimental. Il se regarde continuellement en-dessous, comme s'il voulait sonder son
propre intérieur. Faut-il croire que c'est tout simplement la dimension et la couleur un peu rutilante de
son nez qui le taquinent et le tourmentent ainsi du
matin au soir ? Il le voit trop, ce nez formidable ; il le
prend pour une tache noire, pour un ombre qui passe,
et il est en proie à une obsession physique qui dérange
et domine tout son personnage. A cela près, un homme
comme tout le monde, et moins vulgaire que le sénateur
Le Royer.

Il faut pourtant expliquer la fortune extraordinaire
de M. Jules Ferry. La chance, la veine, le raccroc n'y
suffisent pas. L'ex-ministre de l'instruction publique a,
pour lutter contre tant d'obstacles, une qualité maîtresse : l'obstination. Il est doué d'une ténacité
indomptable. J'ai entendu M. Brisson dire de lui-même
et de M. Jules Ferry : « Nous sommes les deux mulets
de la Chambre ! » C'est une force. N'oublions pas que,
parmi les membres du gouvernement de la Défense
nationale, M. Jules Ferry a quitté Paris le dernier.
Retranché derrière les murs de l'hôtel de ville, il eût
bel et bien mitraillé les communards si M. Thiers
l'eût permis. Ses adversaires eux-mêmes reconnais-
sent que c'est le moins capitulard de tous les hommes.

Avec cela, il est actif, prévoyant, minutieux, et il ne
néglige aucun petit moyen pour réussir. Il s'est affilié
à la franc-maçonnerie ; il s'est marié dans cette famille
Scheurer-Charras-Floquet, qui étendra bientôt ses
ramifications sur toute la République. M. Ferry a

ajouté ce gros appoint à ses efforts personnels, à cette puissante opiniâtreté qui fait le fond de son caractère, à cette heureuse témérité des gens médiocres, qui triomphe quelquefois des difficultés, parce qu'elle n'a pas assez de discernement pour les mesurer et pas assez d'expérience pour les craindre.

Voilà le secret de sa fortune ou, pour mieux dire, de sa réussite momentanée. Le joueur qui ne sait pas jouer fait quelquefois sauter la banque. Mais ces hasards ne durent pas longtemps, et le grand maître de l'Université, réduit à ses propres forces, laisse bientôt à nu l'avocat grelottant qui se cachait sous le ministre. On était l'aigle de Saint-Dié, on n'est plus que le coucou d'Épinal ; on s'est endormi Pombal, on se réveille Ferry (1) !

Avec M. Paul Bert, nous tombons un peu plus bas.

La nomination de ce vivisecteur comme grand-maître de l'Université ne produisit pas un très bon effet sur le corps qu'il était appelé à diriger. On peut même dire, sans exagération, qu'elle y reçut le plus froid accueil.

---

(1) L'aigle de Saint-Dié a encore fait du chemin depuis que ces lignes sont écrites ; il commence à fixer le soleil ; il retombera !

Toutefois, il convient de faire une exception : les maîtres d'école se montrèrent assez contents, et on comprend la satisfaction de ces estimables fonctionnaires. Ils n'étaient pas aptes à juger tout ce qu'il y a d'inquiétant et de choquant, pour l'Université elle-même, dans les idées et les antécédents de M. Paul Bert, son matérialisme impérieux et contagieux, ses penchants despotiques, son fanatisme de sectaire, sa grosse et subalterne dialectique, enfin ce je ne sais quoi de violent et borné qui perce en lui de toutes parts et qui fait de ce savant étroit tout l'opposé d'un grand sceptique moderne, par exemple d'un Renan. Ces aperçus échappent évidemment aux maîtres d'école; ils ne sont pas payés pour savoir au juste ce qu'il faut entendre par étendue d'esprit. On ne leur a pas appris que c'était la qualité magistrale de l'homme et qu'à vrai dire il n'y a pas de ministre sans cela.

Les maîtres d'école ont une autre raison, plus forte encore, de ne pas se défier de M. Paul Bert. Il a toujours été leur ami et même leur flatteur. Il veut augmenter leurs traitements. Il les a mis très haut, il les a fait venir à Paris et leur a dit, ou peu s'en faut : « Vous êtes plus savants que moi, vous êtes la démocratie de l'intelligence, vous êtes les professeurs du peuple. Je vous immolerai toute la séquelle des congréganistes et des séminaristes, etc. » Enfin il les a grisés, sauf peut-être quelques vieillards qui savent, par une longue expérience, combien c'est une tâche délicate que de procurer à des enfants une instruction et aussi une éducation élémentaires. Ceux-là, sans doute, se sont retirés en hochant la tête ; mais les autres ont battu des mains, et M. Paul Bert peut en concevoir une fierté légitime : les maîtres d'école sont pour lui !

Dans le haut enseignement (et, en m'exprimant ainsi, je parle aussi bien du secondaire que du supérieur), M. Paul Bert ne jouit pas du même crédit et n'inspire pas la même confiance. La plupart des professeurs de l'Université ont toujours éprouvé à son égard un sentiment qui est presque le contraire de la sympathie et il n'a jamais pu triompher de cette impression. Elle est née d'une incompatibilité d'humeur philosophique entre eux et lui. Malgré toute la bonne volonté qu'ils pouvaient y mettre, ils ne se sentaient pas à l'unisson avec leur ministre. Pour tout dire, un abîme les en séparait, un tel abîme, que je ne crois pas trop m'avancer en affirmant que jamais ministre de l'instruction publique n'a été en pareil désaccord intellectuel et moral avec le personnel placé sous ses ordres. Or, l'obéissance se commande, mais l'adhésion ne se commande pas.

M. Paul Bert se distingue par deux traits caractéristiques, je dirais volontiers par deux passions, qui chez lui, comme chez beaucoup d'autres, sont inséparables : il est matérialiste et ennemi de la religion ou du moins du clergé. Pour plaire à l'Université, pour être avec elle en communauté d'idées et de sentiments, c'est trop de la moitié.

L'Université est anti-cléricale comme lui, mais elle est spiritualiste ; profondément spiritualiste, et je crois

que son spiritualisme lui tient encore plus au cœur que
son animosité contre le clergé.

Il n'en fallait pas davantage pour créer entre M. Paul
Bert et les professeurs de l'Université un malentendu
sans remède. Ce n'était pas seulement leur raison qui
se révoltait; leur amour-propre, si sensible, était
profondément blessé. Ils se demandaient s'ils n'avaient
été jusqu'alors que des imbéciles; ils s'irritaient d'opinions qui ruinaient, jusque dans ses fondements, leur
ancienne croyance et la base même de leur vie morale.
Si M. Paul Bert était dans le vrai, ils n'avaient plus de
raison d'être; leur néant s'étalait à tous les yeux. Car,
enfin, qu'allaient-ils enseigner à leurs élèves ? Les doc-
trines de M. Paul Bert, ou bien celles qu'ils avaient toujours professées ? On les réduisait à dire : « Le ministre
n'y croit pas, mais nous y croyons. Le ministre regarde
comme des balivernes les idées que nous essayons
d'introduire dans vos esprits ! » En réalité, la situation
aboutissait à une hypocrisie perpétuelle, ou à une lutte
sourde, ou même parfois à une révolte éclatante. Le
chef et les soldats ne s'entendaient pas et ne pouvaient
parvenir à s'entendre. C'était l'anarchie !

Dans ces conditions, M. Paul Bert trouva quelques
valets, on en trouve toujours; mais il n'en trouva
pas beaucoup. Il n'eût pas de serviteurs fidèles, de
collaborateurs dévoués, animés de son esprit et conspirant avec lui pour le bien commun, c'est-à-dire pour
le progrès sérieux, pour le développement certain de
l'éducation nationale. La tête et les membres étaient en
conflit. La machine visiblement mal agencée, mal attelée,

cahotait. Elle alla encore une fois à hue et à dia, au petit bonheur. Heureusement, elle en avait vu bien d'autres et avait résisté à d'autres chocs. L'Université qui n'est pas morte de M. Fortoul, ne pouvait mourir de M. Bert.

Le ministère de l'instruction publique passa par de plus dures épreuves ; ce « grand inquisiteur de la libre pensée », le mot est de M. Léon Say, en usait avec ses chefs de service, avec les plus éminents de ses collaborateurs comme avec de simples moines ; tous domestiques, tous esclaves, au bâton près. Quelques-uns ne purent se faire à ce régime et s'en allèrent ; les autres plièrent l'échine, guettant l'heure propice pour prendre leur revanche et se venger. Ils eurent enfin leur tour, et on illumina au ministère lorsque M. Bert en fut expulsé. Il a voulu y rentrer naguère, mais ses victimes se sont insurgées et M. Ferry n'a pas osé passer outre.

A la Chambre, on ne lui connaît pas un ami ; M. Jules Roche le trouve intolérant et M. Ranc, autoritaire. Sa suffisance l'a rendu insupportable à tous ; il en est arrivé à ne plus permettre les objections les plus timides ; la plus légère résistance le jette hors des gonds. Il sue par tous les pores son mépris pour les petites intelligences qui l'entourent et son admiration pour son propre génie.

Lorsqu'il traverse les couloirs du Palais-Bourbon, la tête haute, la lèvre dédaigneuse, gardant son chapeau rond vissé sur ses cheveux gras, M. Bert marche droit devant lui, écartant d'un coup d'épaule ceux qui se trouvent sur son passage ; il marche de même dans la vie, sans se détourner de sa route, confiant dans sa seule force. Ce serait d'un grand caractère et d'une âme puissante, si sa valeur correspondait exactement à la haute opinion qu'il en a conçue ; mais si l'ambition de M. Paul Bert n'a pas de bornes, son mérite en a.

L'Université n'a pas toujours été livrée aux Jules Ferry et aux Paul Bert ; elle a connu, même sous la République, des ministres plus aimables, elle a eu de véritables grands maîtres, M. Jules Simon et M. Bardoux.

Celui-ci n'est pas seulement un homme aimable, c'est « l'homme aimable », comme Ménalque était « le distrait ». On a dit de lui qu'il était l'ami de tout le monde ; c'est la vérité.

Il y a dans sa personne du prêtre et du comédien ; mais il tient surtout du monsignore par le sourire fin et discret, par les caresses de la voix et du geste. C'est Philinte qui a déserté le théâtre pour le Sénat. Il se trouve à l'aise dans ce milieu tranquille, dans ce grand salon politique ; il y est à sa place et dans son milieu, le Palais-Bourbon est trop agité et ses hôtes sont trop bruyants.

Longtemps le collaborateur de M. Dufaure, M. Bardoux franchit à la fin la courte distance qui sépare le sous-secrétariat du ministère. Grand maître de l'Université, il s'appliqua à faire de ses subordonnés ses amis ; il ne repoussait aucune requête et se plaignait qu'on ne lui demandât pas assez. Il promettait tout et s'il ne tenait rien, la faute en était à **M. Dufaure.** Ce président du conseil ne voulait rien entendre; **M.** Bardoux s'en montrait navré et son désespoir arrachait des larmes aux plus endurcis solliciteurs.

Un vieux professeur, que la fréquentation des ministres avait rendu sceptique, conçut quelques soupçons; en sortant de chez **M. Bardoux,** il se rendit chez le sous-secrétaire d'État et réclama son appui. **M. Casimir Périer** le lui promit, alla trouver son ministre et lui déclara qu'il fallait forcer la main à **M. Dufaure.** L'entreprise avait ses dangers; **M. Bardoux** résistait, cherchait à gagner du temps, mais il se heurtait à une résolution inébranlable. L'entêtement est, chez les Casimir Périer, une vertu de famille; **M. Bardoux** en fit l'expérience et, de guerre lasse, se laissa conduire à la chancellerie.

Le garde des sceaux parut surpris qu'on le dérangeât pour si peu. « Faites ce que vous voudrez », ce fut son premier mot et son dernier. Et comme **M. Casimir Perier** lui rappelait qu'il avait tenu récemment un tout autre langage : «Je ne sais ce que vous voulez dire, répliqua **M. Dufaure** impatienté, je n'ai jamais entendu parler de cette affaire. » M. Casimir Périer tomba des nues; il se retourna vers son ministre, comme pour le prendre à témoin, mais le prudent Bardoux s'était esquivé.

A la tribune, il est non moins aimable que dans les couloirs; sa parole onctueuse, mesurée, conciliante, sacrifie toujours l'art de frapper juste au désir de ménager ses adversaires; quelques-uns trouvent qu'il le sacrifie trop. On a rappelé à ce sujet le mot de Grétry qui venait d'écouter une ouverture où le compositeur n'avait employé que les hautbois, les bassons et les flûtes pour produire une langoureuse harmonie : « Je donnerais six francs, s'écria-t-il, pour entendre une chanterelle. » — Quand M. Bardoux est à la tribune, vous en donneriez douze, que vous ne l'entendriez pas.

Depuis 1870, l'Université n'a eu en réalité qu'un grand maître : M. Jules Simon ; elle n'a même plus sa monnaie. Les marchands ont chassé du Temple le maître et ses disciples ; lorsque les Ferry triomphent, les Jules Simon sont proscrits et leurs amis émigrent.

On vous dira qu'il haïssait trop Gambetta et que c'est ce qui l'a tué ; n'en croyez rien. Il n'est tombé que pour avoir défendu la liberté ; crime inexpiable sous la République !

C'est un vaincu ! M. Ferry l'affirme et M. Ranc le proclame. Mais cela est-il bien vrai ? M. Jules Simon est-il aussi vaincu qu'on le dit ? Les gens à longue vue prétendent qu'il a joué à qui perd gagne. Les républicains de Panurge qui l'ont abandonné sur le champ de bataille ne tarderont pas à s'en mordre les doigts. Il y en a quelques-uns qui commencent à s'en ronger les ongles.

Au Sénat, il est moins isolé qu'on ne le suppose ; ses collègues, qui n'osent pas toujours écouter ses conseils lorsqu'il les formule à la tribune, adoptent son avis dans les commissions et les bureaux. Beaucoup se sont séparés de lui qui, dans les couloirs, louent son énergie et son courage ; lorsque la Chambre, coutumière du fait, commet quelque sottise, elle compte sur le Sénat pour la réparer ; les sénateurs trompent souvent cette espérance et ils comptent à leur tour sur **M. Jules Simon** pour réagir contre une politique ennemie de toute justice, contemptrice de toute liberté.

Même vaincu, il garde sa valeur personnelle, qui est considérable, et il peut compter plus que personne sur un retour de la fortune. C'est un stratégiste de premier ordre, tout le monde en convient, merveilleux d'habileté et de finesse, souple mais tenace, qui aura sa revanche le jour, peut-être prochain, où l'on s'apercevra que mentir n'est pas gouverner. Lafayette, sur son cheval blanc, et **M. Thiers**, dans sa jaquette d'alpaga, sont revenus de plus loin.

Il aura sa revanche ; elle sera décisive. **M. Ferry** commande une armée puissante, il dispose du pouvoir, des ministres, des fonctionnaires, du budget et des places ; **M. de Freycinet** a pour lui le président de la République et **M. Wilson** ; **M. Jules Simon**, lui, n'a rien..... rien que son habileté, son éloquence et cette force que la liberté communique à ses défenseurs. En apparence, la lutte n'est possible qu'entre ces deux hommes : Freycinet et Ferry ; celui-ci vaincra celui-là ou celui-là tuera celui-ci. Cependant, si l'on me demandait quel sera le véritable vainqueur de **M. Ferry** ou de **M. de Freycinet**, malgré les apparences, malgré les vraisemblances, malgré les symptômes et les pronostics, malgré l'opinion, malgré la fortune, je répondrais encore : « Ce sera **M. Jules Simon !** »

Retiré sous sa tente, il laisse passer l'orage ; entouré de quelques amis demeurés fidèles, il attend, avec la patience d'un philosophe, la fin de la tourmente. Il pourra dire alors comme Sieyès, dans un gentil sourire : « J'ai vécu ! » Mais il devra ajouter, pour être sincère : « J'ai aidé mes ennemis à mourir. »

C'est dans cette retraite, dans le laisser aller de la vie de famille, que se révèle un Jules Simon inconnu de la foule. On l'a représenté en cent poses diverses : à la tribune, dans son cabinet de ministre, dans les couloirs des Chambres et jusque dans la rue ; un seul portrait manque à cette galerie : celui d'un Jules Simon intime, d'un Jules Simon chez lui. Nous allons essayer de le peindre.

Lorsqu'il gravissait péniblement l'interminable escalier de M. Guizot, M. de Falloux, essouflé et ému, « sentait son respect croître avec les étages » ; en escaladant les cent et quelques marches qui nous séparent de M. Jules Simon, nous ressentons la même lassitude et le même respect. Il n'y a qu'un puritain ou qu'un philosophe pour pratiquer ce dédain du confort et ce mépris des richesses ; les ministres républicains admirent moins le traité de Sénèque. Ils n'ont garde de sacrifier leurs intérêts à la chose publique, se ménagent une retraite dorée et ne cèdent leurs portefeuilles qu'après fortune faite.

Ce n'est point aux seuls hommes d'État que M. Jules Simon peut servir de modèle ; c'est le roi des locataires et, s'ils n'étaient ingrats, les propriétaires lui dresseraient des statues ; depuis trente-six ans, il habite, au numéro dix de la place de la Madeleine, ce cinquième étage où toutes les illustrations sont venues défiler. Ses fils, sa petite-fille y sont nés et celle-ci remplit de son babil, de sa gaîté, cet intérieur un peu austère.

M. Jules Simon excelle dans cet « art d'être grand-père » dont Victor Hugo a tracé les règles ; il le pratique avec plus de naturel et de simplicité. C'est, pour tout dire, le bon papa classique aux poches bourrées de friandises, qui ne rentre jamais les mains vides et dont des yeux d'enfant guettent impatiemment le retour.

Le train de maison est modeste; la vie calme et retirée ; les heures de la journée se partagent entre l'étude, les travaux du Sénat ou de l'Académie et les longues causeries en famille.

Son esprit se détend et se repose dans l'intimité du foyer, auprès des petits et des grands, dans ces entretiens familiers où l'on se donne tout entier et que nulle préoccupation ne trouble. Il s'attarde volontiers, le soir, auprès des siens et s'il s'arrache, dans la journée, à son travail, c'est pour écouter quelqu'une de ces causeries enfantines où il épie avec une attention émue les progrès d'une jeune intelligence. Il n'aime point à se priver de ces bonnes soirées et dîne rarement en ville ; on ne le rencontre guère que chez MM. Camille Doucet, Legouvé, Germain et Leroy-Beaulieu.

On le voit plus souvent au théâtre, car le démon de la musique le pousse hors de chez lui deux ou trois fois par semaine. Chaque samedi, il se rend à l'Opéra et chaque dimanche, au Conservatoire. Il est demeuré fidèle à l'Opéra-Comique et a gardé ce goût si vif de sa génération pour Hérold, Halévy et Auber.

Un beau tableau l'émeut aussi profondément qu'une belle symphonie ; c'est un gourmet qui déguste tous les plats, un amateur délicat que tous les arts attirent et retiennent. En sortant de l'Institut, il s'arrête souvent au musée du Louvre et le Salon n'a pas de visiteur plus assidu ; il n'est si petite exposition qu'il n'aille explorer et où il ne retourne s'il y découvre quelque perle.

Il aime les livres avec passion ; sa maison en est pleine. Ils débordent de son cabinet dans la pièce voisine et jusque dans sa chambre où le flot montant des brochures et des documents parlementaires menace de tout envahir ; ils emplissent l'antichambre, s'entassent dans les moindres recoins et tapissent les murailles.

Ces quelques milliers de volumes portent tous sur leurs feuillets de garde la signature de M. Jules Simon. Il les a lu et les relit encore, les annote, connaît l'endroit précis où chacun d'eux repose et il lui suffit d'étendre la main pour le saisir. C'est une collection variée et complète où les chefs-d'œuvre de l'antiquité coudoient les chefs-d'œuvre modernes ; sur la même tablette, Platon et Cousin, Homère et Victor Hugo qui a écrit de sa main sur chacun de ses livres : « Victor Hugo à Jules Simon. »

Des gravures, des eaux-fortes s'entassent dans des cartons ; les plus beaux spécimens sont accrochés çà et là aux murs : les batailles d'Alexandre, par Le Brun; des eaux-fortes de Flameng, d'après Rembrandt ; le Serment du jeu de paume; un dessin original de Dévéria, — le portrait du député Manuel, — donné à M. Jules Simon par Regnier de la Comédie-Française ; deux eaux-fortes de Charles Blanc: le portrait de Guizot et le portrait de Rembrandt.

Dès le premier pas, on se heurte à une bibliothèque, sentinelle avancée d'une formidable armée de volumes; une avant-garde de quelques centaines de livres est casernée dans les trois bibliothèques de l'antichambre et se retranche derrière le canapé et les fauteuils.

Par la porte entr'ouverte du salon, on aperçoit le portrait de M. Jules Simon par Roll, exposé en 1878.

C'est entre deux murailles d'in-octavo et d'in-douze, en longeant un amoncellement d'in-quarto, d'in-folio et d'albums, qu'on se rend dans le cabinet de travail, grande pièce carrée autour de laquelle d'autres livres s'étagent sur deux et trois rangs dans de hautes bibliothèques.

Sur la cheminée, deux bronzes, la Vénus de Milo et les Lutteurs, évoquent le souvenir des batailles de l'opposition sous l'Empire. Ils ont été offerts par les habitants de La Réunion à l'éloquent défenseur de leurs droits.

Au-dessus de la glace, une terre cuite de M. Carrier-Belleuse représente, dans un bas-relief allégorique, les ministères de l'instruction-publique, des beaux-arts et des cultes dirigés autrefois par M. Jules Simon ; c'est un entrelacement ingénieux d'amours minuscules brandissant l'encensoir, maniant le crayon, l'ébauchoir et le pinceau.

Un peu partout, des statuettes de M. Frémiet : un soldat, des chevaux, des serpents, un chef gaulois, des cavaliers, la maquette de la Jeanne d'Arc qui nous apparaît ici coiffée d'un casque. Chacune d'elles a remplacé, au premier janvier, la traditionnelle carte de visite.

Devant la cheminée, s'étale le bureau surchargé de manuscrits, de livres et de brochures. C'est sur ce bureau que M. Jules Simon a, depuis plus de trente ans, écrit tous ses livres ; le dernier en date, *Dieu, Patrie, Liberté,* achevé en quelques semaines, a été enlevé en quelques jours. Un ouvrage de philosophie *Le Stoïcisme,* qui lui avait coûté plusieurs années de travail et de recherches, a été volé et probablement détruit par les gardes nationaux de la Commune. Ils emportèrent, avec ce manuscrit, la collection des médailles du Corps législatif, qui étaient en argent, et un assortiment de paires de bottes.

M. Jules Simon écrit très vite, tout d'un jet, sans une seule rature, sa *copie* fait le bonheur des typographes et ses manuscrits excitent l'admiration des amateurs ; quelques-uns ont été conservés : la bibliothèque du ministère du Commerce, notamment, renferme son rapport général sur l'exposition de 1878. C'est, tant au point de vue littéraire, qu'au point de vue économique, un travail d'un haut intérêt et d'une grande valeur.

Peu d'hommes travaillent autant que M. Jules Simon, peu d'hommes ont autant travaillé ; à treize ans, il était à la fois professeur et élève, payant sa pension au collège de Vannes avec le produit de ses leçons, se levant à six heures et ne prenant de repos qu'après le couvre-feu. Sa verte vieillesse est non moins active ; dès sept heures, il s'assied à son bureau et sa plume court sans s'arrêter jusqu'à dix.

Il déjeune rapidement et ouvre sa porte aux visiteurs : les sénateurs Bardoux, Bérenger, Denormandie, Voisins-Lavernière ; M. Fournier, notre ancien ambassadeur à Constantinople ; des candidats à l'Académie qui font leur tournée ; des candidats moins littéraires en quête d'un fauteuil de sénateur inamovible ; des rédacteurs de journaux et de revues ; des correspondants des feuilles étrangères ; des solliciteurs et quelques intimes.

C'est un causeur plein de charme et d'esprit, mais qui ne se livre ni aisément ni beaucoup et ne prodigue pas les promesses ; on ne lui fait point dire ce qu'il a résolu de taire et ne se prête pas à ces *conversations* dont la presse est depuis quelques années si friande. Il applique aux reporters le proverbe italien et ne se soucie point de leur laisser commettre quelque trahison en traduisant sa pensée. Il ne donne son amitié et sa confiance qu'à bon escient, mais il les accorde sans restriction ; son dévoûment à ses amis est entier et rien ne lui coûte pour les obliger.

Lorsqu'il ne se rend ni à l'Institut ni au Sénat, M. Jules Simon ferme sa porte à deux heures et écrit jusqu'à six. Il se remet au travail dans la soirée ; de dix à onze heures et demie, il lit et prend des notes qui vont grossir de volumineux dossiers.

Il prépare en ce moment deux importants ouvrages :
le premier traite du Concordat ; le second, destiné à
l'Académie des sciences morales et politiques, est con-
sacré à M. Thiers. Cette étude sur le premier président
de la République présentera un grand intérêt ; son
auteur a été le confident, le conseiller, le bras droit de
M. Thiers. Celui-ci avait en lui une confiance absolue,
lui laissait le soin de rédiger les pièces diplomatiques
les plus délicates, les documents officiels les plus con-
sidérables et s'il consultait M. Dufaure, il suivait les
avis de M. Jules Simon.

Sous l'Empire, les orléanistes et les républicains de
l'Union libérale se rencontraient à ses jeudis ;
M. d'Haussonville y coudoyait M. Gambetta qui,
depuis..... mais alors M. Jules Simon n'avait pas
d'admirateur plus fervent ni d'ami plus fidèle. Il était
de la maison, avait son couvert mis, venait quand bon
lui semblait et s'attardait jusqu'à une heure du matin
en des causeries où il prodiguait son esprit et sa
verve.

Pendant les premières années de la République, la
gauche de l'Assemblée nationale remplaça l'Union libérale et M. de Freycinet, Gambetta.

C'était un salon politique ; il tend de plus en plus à
devenir en même temps un salon académique. On y
aperçoit maintenant, confondus dans les mêmes
groupes, pêle-mêle, MM. Camille Doucet, Pasteur,
Léon Say, Alexandre Dumas, Carnot le sénateur et
Carnot le député, Cherbuliez, de Marcère, Mlle Dela-

porte, Ribot, Pailleron, Calmon, Duruy, Krantz, Halanzier, Vaucorbeil, Carvalho, Mézières, Émile Augier, Calmann Lévy, Jouaust, René Brice, Vacherot, Lamy, Frédéric Passy, etc... M. Legouvé enseigne, en parlant beaucoup, l'art de bien dire et Gounod chante ses mélodies en s'accompagnant sur le piano.

A certains soirs, l'Académie est presque au complet et pourrait tenir séance.

Excellent marcheur, malgré ses soixante-neuf ans, M. Jules Simon se rend à pied à l'Institut et au Sénat, en prenant le chemin des écoliers. Le mardi et le jeudi, il siège à l'Académie française ; le samedi, il passe l'après-midi à l'Académie des sciences morales et politiques dont il est le s crétaire perpétuel. Il exerce sur leurs délibérations et sur leurs travaux une influence depuis longtemps incontestée.

Au Sénat, il préside de grandes commissions où son autorité s'affirme. Son talent d'orateur a encore grandi dans ces dernières années et le travail préparatoire de toute sa vie a fait de lui un improvisateur.

On sait que M. Jules Simon a vu s'ouvrir le même jour les portes de l'Académie et celles du Sénat ; le 16 décembre 1875, il apprit, en arrivant à Versailles, qu'il était académicien, et, en débarquant à Paris, qu'il était sénateur inamovible. Sa double immortalité inspira ce quatrain à une muse parlementaire :

> Simon, le plus adroit des hommes,
> A surpassé Guillaume-Tell :
> D'un seul coup, il abat deux pommes
> Et devient deux fois immortel !

Bébé citoyen

L'Université républicaine et ses grands maîtres également républicains nous préparent une génération de Brutus. Échauffés, soutenus par les fières paroles qu'ils entendent chaque année à la Sorbonne, je ne doute pas que les petits citoyens de M. Ferry ne s'occupent sérieusement de réaliser cet idéal de vertu républicaine qu'on propose à leur admiration.

Je serais curieux de savoir ce qu'ils font hors du collège, les jours de sortie ou pendant les vacances, et comment ils mettent en pratique les conseils de leurs professeurs et des grands maîtres. Sans aller bien loin, en voici quelques-uns qui promènent leur uniforme dans les rues de Paris. Dieu me pardonne, ils sont charmants. Les exhortations ministérielles les ont dégrossis, émancipés. Ils portent avec élégance leur tunique à demi déboutonnée ; ils caressent d'une badine, ou même d'une cravache sifflante, le passepoil un peu fané de leur pantalon d'ordonnance ; la plupart roulent précieusement dans leurs doigts la fine cigarette, fumée librement aujourd'hui, à la barbe du pion qui passe, tandis que Dieu sait dans quels réduits ils se cachaient naguère pour en savourer le parfum. Ils ont avec cela un air conquérant qui leur sied à merveille. Qui donc suivent-ils ainsi, en chuchotant, de trottoir en trottoir ? Bravo ! La jeunesse se forme ! Elle a entendu la voix qui lui a parlé. Ce ne sont plus des enfants ; ce sont des hommes, ce sont des citoyens ! Et que dites-vous de cette première manifestation de civisme ?

Ils n'en sont pas tous là. Un certain nombre, plus ou moins maugréants, vont passer leurs vacances en province, auprès de leurs parents, et s'ennuient de leur mieux dans la maison paternelle. Je dis *s'ennuient* par un reste de pruderie tout à fait rococo. Entre nous, ils *s'embêtent*, et ils le proclament avec une hardiesse cynique..... civique, je me trompais. Celui-ci appartient à une famille dont le chef est républicain, et il professe civiquement les mêmes opinions que son père. Rien de mieux ! N'ayant pas encore les moyens de se faire des idées qui lui soient propres, il en prend à côté de lui, à sa portée, sous sa main. Son ministre lui a dit d'être républicain, son père est républicain, il est ré-publicain ; c'est parfait ! L'élève, la famille et l'Uni-versité sont d'accord. Quoi de plus beau ? Quoi de plus touchant ? Mais imaginez-vous ce qui serait arrivé si un autre ministre, sous un autre régime, eût recom-mandé à son collégien d'être royaliste ? C'était la guerre au foyer domestique ; c'était un pauvre garçon écartelé entre son ministre et son père ; cela s'est vu ! Celui-ci est plus heureux. Il pense comme son père, qui peut-être ne pense pas. Il lit les journaux, il les commente ; il a dix-huit ans, et il ne songe pas à sa cousine. Il est dans la politique jusqu'au cou ; il en boit, il en mange. Il méprise Bébé, il dédaigne Edgard et sa bonne. Dans trois ou quatre ans, ce sera un élecleur ; en attendant, c'est un citoyen !

Mais il y a encore des réactionnaires en France, à ce qu'il paraît, et voici un jeune lycéen à qui la fatalité a donné pour père un de ces réactionnaires incorrigibles. Comment faire ? Son père dit blanc, son ministre dit noir. Il passe deux mois dans sa famille ; mais il en passe dix au collège, sous l'influence ministérielle, diamétralement opposée à i'influence paternelle. Qui a tort ? Qui a raison ? Si le ministre est dans la vérité, il faut que le père soit dans l'erreur. Pas de milieu : du moment que l'un est un homme intelligent, l'autre devient nécessairement un imbécile. Mauvais élève, s'il méconnaît les conseils de ses maîtres ; mauvais fils, s'il résiste aux exhortations de ses parents ; que fera mon collégien ? Savez-vous que le cas de conscience est un peu délicat pour son âge, et le choix un peu difficile pour son esprit ? Généralement, c'est la famille qui est sacrifiée. Il y a dans l'idée, ou, pour mieux dire, dans l'attitude républicaine, un air d'opposition et de révolte qui plaît à la jeunesse. C'est la liberté, c'est l'affranchissement, choses aimables ; et le ministre les y convie, et la République les y excite. Le père, de quoi peut-il parler ? D'autorité, de respect, de soumission, d'un tas de servitudes qui rappellent l'ancien régime. Tôt ou tard, la République triomphera de la famille dans cette âme de cire, et la France aura un citoyen de plus !

J'admets que ces petits citoyens aient assez de sagesse ou d'heureuse insouciance pour ne pas prendre au pied de la lettre les mauvais conseils que leur ministre leur donne. J'admets qu'ils ne soient pas tentés de politiquer avant l'âge ou qu'ils ne veuillent s'engager dans la République qu'à bon escient. Entre leurs maîtres qui les poussent d'un côté et leur famille qui les retient de l'autre, je suppose qu'ils s'efforcent de démêler eux-mêmes la vérité et de se faire une idée réfléchie qui les conduise à un choix indépendant et personnel. A qui vont-ils s'adresser ? A leurs livres évidemment, aux seuls guides et aux seuls conseillers qui leur restent, aux écrivains, aux poètes, aux grands génies du passé, aux intelligences immortelles qui ont traversé les siècles, à l'histoire, à l'histoire surtout, c'est-à-dire à l'institutrice du genre humain. C'est là qu'ils vont étudier, sans passion, sans parti pris, comment on devient un bon citoyen et ce qu'il faut penser des républiques.

La première qui se présente à leurs yeux est l'histoire grecque. Eh bien, je défie M. Fallières d'expliquer sincèrement l'histoire grecque à des écoliers dont il voudra faire des républicains. Ils n'en auront pas tourné deux feuillets qu'ils seront pour jamais dégoûtés de cette démocratie athénienne qui périt misérablement de ses propres mains, après avoir exilé tous ses grands hommes. Lisez cela, jeunes gens, lisez cela, et vous y apprendrez à quel point toute la culture d'esprit, toute la supériorité intellectuelle d'une république de poètes, de sculpteurs, de grammairiens et de philosophes est impuissante contre l'épée d'une monarchie ou d'une aristocratie barbare, dont les soldats ne savent pas lire et ne lisent pas. Lysandre commandait à des Spartiates ignorants, Épaminondas à des Béotiens épais, Alexandre à des Macédoniens farouches, Paul-Émile à des Romains sauvages ; et la Grèce a disparu sous les coups qu'ils lui ont portés, et cette brillante Athènes s'est écroulée la première, avec sa démocratie de saltimbanques et de sophistes.

Et je défie pareillement M. Fallières d'apprécier devant ses petits citoyens les exemples et les analogies que nous offre la République romaine. Celle-là était aristocratique par excellence, et elle tomba en dissolution aussitôt qu'elle essaya de devenir démocratique. C'est le peuple lui-même qui fit César, et César n'eut qu'à pousser du pied la République pour la jeter par terre ; elle s'en allait en ruines !

En étudiant tour à tour ces deux républiques, la grecque et la romaine, les collégiens français apprendront peut-être à devenir de bons citoyens, peut-être même à devenir de bons républicains ; mais je leur garantis qu'ils apprendront en même temps à détester le modèle de citoyen, le modèle de républicain et le modèle de république que leur ministre leur recommande et que le gouvernement leur offre ; car leur jeune esprit remarquera immédiatement que c'est ce modèle-là, et pas un autre, qui a perdu Athènes et Rome, qui a perdu toutes les républiques dans le passé et qui perdra toutes les républiques dans l'avenir.

Il ne suffit pas de célébrer, avec des phrases de Prudhomme, la révolution de 1789, pour faire de bons citoyens. Il faut l'étudier sérieusement, avec les témoignages désintéressés et avec les documents nouveaux. Il faut lire l'Américain Governor-Morris et le Suisse Mallet-Dupan, deux citoyens de deux républiques, n'ayant par conséquent aucune prévention contre la Révolution française, qu'ils ont vue et racontée. Il faut lire les *Mémoires* du constitutionnel Malouet ; enfin, il faut lire *les Origines de la France contemporaine* de M. Taine.

Un homme gênant, ce Taine ! Il appartient à l'Université autant que M. Fallières, voire un peu plus. Elle le cite comme un de ses esprits les plus hardis, comme un de ses philosophes les plus sincères. Nos professeurs, dont beaucoup sont ses camarades, admirent la vigueur et la pénétration de son intelligence. Il est libre-penseur dans l'âme. Un coup de vent politique le mettrait à la place de M. Fallières, que ses oracles, s'il avait la faiblesse d'en rendre, auraient peut-être plus de crédit que ceux de M. Fallières ou de M. Paul Bert lui-même. Il a étudié la Révolution dans les faits, rien que dans les faits, comme un physiologiste, et il n'a généralisé que quand la masse des observations accumulées a été assez considérable pour permettre aux hommes de bon sens de tirer eux-mêmes la conclusion. Eh bien, lisez son livre. Lisez-le, jeunes gens, et vous verrez ce qu'il faut penser du bon citoyen tel que l'entendent vos ministres.

Pauvre Université ! La voilà qui travaille dans le civisme, qui était autrefois la partie du citoyen

Robespierre. Il ne lui manquait plus que cela ! Tous ses grands maîtres s'en mêlent et les comparses font rage en province. Elle supportera ce nouvel assaut ; elle survivra aux grands maîtres et aux petits citoyens. Mais, jour de Dieu, il faut qu'elle ait les reins solïdes !

VII. — LE CLERGÉ

Le budget des cultes. — Mgr Freppel
M. le comte de Mun

—

LE BUDGET DES CULTES

Le cléricalisme étant l'ennemi, la République supprime les cléricaux ; elle les frappe tous, mais elle varie les supplices. Pour les jésuites et pour les moines, elle a les décrets, c'est-à-dire la mort sans phrase ; contre les évêques et les curés, elle s'arme du budget des cultes, instrument admirable qui lui permet de dépouiller ses victimes, en proclamant bien haut qu'elle les enrichit.

La politique est déjà par elle-même une chose bien amusante. Elle divise les familles, elle arme les citoyens les uns contre les autres ; aussitôt qu'elle s'introduit dans une maison, elle y rend la vie impossible. On n'y peut plus dîner sans se jeter les assiettes à la tête. Les meilleurs amis se disent d'abord des mots aigres, puis des injures grossières et finissent par se traiter de malhonnêtes gens. Sous l'influence des nobles passions que la politique allume et des généreuses querelles qu'elle provoque, le fils arrive à proclamer que son père est un scélérat ou un idiot, et réciproquement. C'est délicieux.

Cependant, il y a encore mieux. Seule et abandonnée à ses propres forces, la politique, malgré d'aussi brillants résultats, ne réussirait peut-être pas complètement à déchirer un peuple, ou du moins à éterniser ses déchirements. Il viendrait une heure où les différentes classes de la société, fatiguées tour à tour d'aventures et de représailles, où les partis eux-mêmes désabusés d'une lutte inutile s'aviseraient que le jeu n'en vaut pas la chandelle et qu'en s'échauffant pour ces chimères, on fait un métier de dupe. Il viendrait une heure, enfin, où le bon sens reprenant ses droits, on planterait là cette politique décevante, qui ne sert absolument qu'à nourrir dix ou quinze mille hommes sur trente-six millions.

Pour perpétuer les dissensions, pour éterniser la guerre entre les habitants d'un même pays, pour les tenir continuellement en haleine et en armes, pour leur ôter tout espoir de réconciliation, il faut quelque chose de plus puissant encore que la politique, il faut que la religion s'en mêle. Oh ! alors le compte y est ! C'est complet ! C'est parfait ! C'est divin ! Au lieu d'échanger simplement des mauvais propos et des injures, on échange des excommunications et des anathèmes. On ne se contente plus d'accuser, on maudit, on fulmine ; on appelle à son aide toutes les puissances visibles et invisibles ; on se divise en anges et en démons, on se traite de mécréants et de damnés, on embouche la trompette du jugement dernier, on lance

Dieu lui-même contre l'ennemi. Une guerre religieuse l'emporte sur une guerre purement civile et politique de toute la distance qu'il y a de la terre au ciel. C'est puissant, c'est beau, c'est grand comme l'infini !

Nous jouissons de ce merveilleux spectacle tous les ans, lors de la discussion du budget des cultes. Tous les ans, nous voyons les démons et les anges lutter dans les nuées. La Chambre des députés nous offre une représentation du *Paradis perdu*, de Milton, et, par une pente inévitable, elle descend volontiers, comme ce grand poète, des hauteurs de la poésie dans les subtilités de la théologie. L'épopée dégénère invariablement en controverse et l'on tombe du ciel dans la Sorbonne.Les docteurs prennent rendez-vous au Palais-Bourbon pour nous ramener aux disputes si réjouissantes du moyen-âge et de la réforme. Nous entendons saint Bernard et Luther ; nous assistons à deux ou trois colloques et à cinq ou six croisades ; les assemblées de Constance, de Bâle, de Trente, de Poissy défilent tour à tour sous nos yeux.

Ils sont là une trentaine de clercs, prédicants, sorbonistes, théologiens, controversistes, qui, après avoir fumé un cigare dans la salle des Pas-Perdus et pris un verre de bière à la buvette, reviennent gravement occuper leurs stalles et promener leurs saintes fureurs à travers la religieuse délibération d'un parlement métamorphosé en concile. Il semble qu'on leur voit soudain pousser de grandes barbes et qu'ils vont se coiffer tout à l'heure d'immenses bonnets carrés. M. Jules Roche, député de Draguignan, et

M. Lockroy, député des Batignolles, figurent parmi les plus illustres. Je les admire, mais je ne comprends pas. Est-il donc nécessaire de prendre ce visage, cet habit et ce ton pour discuter le budget des cultes ?

Tout le monde a lu dans l'*Assommoir*, de M. Émile Zola, une scène entre Lantier, le sergent de ville Poisson et l'ami Coupeau, qui est vraiment très drôle. Lantier, le bel esprit et le beau parleur de la société, se charge de résoudre toutes les questions de politique étrangère ou intérieure en deux minutes. Je cite de mémoire, mais il y a au moins un mot que je suis sûr d'avoir bien retenu :

— Je monterais à la tribune, s'écrie Lantier, je regarderais tous ces gens-là en face, et je leur dirais...

— Qu'est-ce que tu leur dirais ?

— Je leur dirais...!

On devine ce que leur dirait Lantier. C'est aussi ce que dit « cette petite roulure de Satin » sur la terrasse des Variétés, au premier chapitre de *Nana* ; c'est d'ailleurs ce que disent, à un moment donné, presque tous les personnages de l'auteur.

Je ne suis pas un partisan forcené de la politique et de l'éloquence de Lantier. Je ne crois pas que toutes les questions européennes puissent se résoudre aussi rapidement qu'il le dit ; mais je suis profondément convaincu qu'il n'est pas non plus nécessaire de mettre tant de théologie dans le budget des cultes. C'est, n'en déplaise au père Lockroy, la plus simple de toutes les questions. On paye le budget des cultes, et on le payera encore longtemps, parce qu'on ne peut pas cesser de le payer sans bouleverser de fond en comble un état de choses qui ne gêne personne, pas même le père Lockroy. On a signé avec le clergé un contrat qui ne coûte pas très cher ; on s'y tient parce qu'on ne sait pas du tout, mais du tout, par quoi on pourrait le remplacer. Il y a encore en France de la religion, il y a des prêtres, il y a un culte. Est-il prudent de supprimer ce qui reste de la foi et du culte ? On sait ce qu'on a, sait-on ce qu'on aurait ? Est-il raisonnable de détruire ces antiques débris ? Est-on bien certain qu'il n'en résulterait aucun dommage pour la société ?

A quoi bon, en tout cas, s'agiter là-dessus et se mettre sur les bras une aussi grosse affaire ? A qui la religion fait-elle du mal ! Est-ce que vous en êtes vraiment à croire qu'une religion énerve, abêtit ou déprave les hommes ? Êtes-vous bien convaincus que la conscience, avec sa lumière vacillante, suffise à conduire les simples d'esprit ? Et, d'autre part, pensez-vous que la philosophie, avec ses hypothèses, satisfasse à tous les besoins des intelligences plus relevées ?

A la place des ministres, quand on me taquinerait sur le Concordat, sur le clergé, sur le budget des cultes, je me contenterais de répondre que l'on ne supprimera rien de toutes ces choses, parce qu'elles répondent à de vieilles habitudes, avec lesquelles on ne peut rompre sans secousse, et parce que l'influence qu'elles exercent est, en somme, plus utile que nuisible à la société. Je me placerais, pour résoudre la question cléricale, à un point de vue exclusivement politique et pratique. Lorsque j'aurais dit : « nous voulons la paix ! » j'aurais tout dit. Mais non !

Nos savants tiennent absolument à faire de la doctrine. Lockroy s'est révélé, M. Jules Roche s'est révélé, il se révélera demain un nouvel Erasme ou un Mélanchton. On s'était figuré jusqu'à présent que M. Lockroy, ancien rédacteur du *Figaro*, député par dilettantisme, artiste, amateur, homme d'esprit, très parisien, très boulevar dier, passait son temps à savourer toutes les fines jouissances de la curiosité moderne. On se trompait, il consumait ses veilles à étudier les vieilles histoires, à approfondir les vieux textes, pour lutter de science avec les apologistes chrétiens et battre nos Tertulliens avec leurs propres armes. Il sait ceci, il sait cela, il sait tout. Il connaît à fond les origines de l'Église et de la société catholique, il a dans la tête toutes les bulles des papes, toutes les décisions des conciles ; il enfoncerait une armée de docteurs. Auprès de lui Pic de la Mirandole n'était qu'un écolier ; Saint Thomas saluerait en lui un rival. On s'était habitué à considérer Edouard Lockroy comme un homme du dix-neuvième siècle et même du vingtième. Quelle erreur ! Il est du douzième ! Il vivait du temps de Roscelin et de Guillaume de Champeaux !

M. Jules Roche est tout à la fois plus moderne et moins savant ; il n'a étudié la théologie que dans Larousse. Nous n'avons plus affaire à Mélanchton ni à Erasme, mais à Rodin, à Rodin devenu libre-penseur. Cet ancien membre de la confrérie de Saint-Vincent-

de-Paul, ce ci-devant catholique mystique veut affa-
mer les séminaristes et réduire l'archevêque de Paris
à la besace.

Il n'a pas moins varié dans ses opinions politiques.
M. Jules Roche, lors de ses débuts à la Chambre,
posait pour l'intransigeant inflexible; mais cette barre
de fer s'est ployée sous la forte main de M. Ferry.
Ministériel et autoritaire, il forme, avec l'aimable président du conseil et le séduisant M. Paul Bert, une
trinité sympathique. C'est un grand homme ! et, sa
supériorité ne lui permettant d'être le second ni
dans l'extrême gauche, ni dans l'Union républicaine,
il a formé, à lui seul, un groupe dont il est naturellement le chef ; c'est un groupe homogène, mais à
programme panaché.

M. Jules Roche n'est peut-être pas un orateur puissant, mais il est incontestablement un orateur prolixe.
Il disserte à perte de vue sur des broutilles et ne néglige
que les grands côtés des choses ; il ne s'élève pas,
mais il s'étend. On l'a entendu requérir, pendant toute
une séance, contre deux ministres dont l'un avait distrait trente sous des fonds secrets et l'autre emprunté
quelques centimes au Commerce pour les verser à
l'Agriculture ; mais lorsque M. Ferry dépense des millions au Tonkin sans l'autorisation des Chambres, il
n'y trouve rien à redire. La somme est trop grosse, la
question trop vaste ; M. Jules Roche ne saurait voler
si haut, il se récuse.

La question religieuse n'est, à ses yeux, qu'une
question de gros sous; il reproche à l'archevêque de

Paris de percevoir, dans les églises, une redevance sur la location des chaises et part de là pour réclamer la suppression du concordat.

C'est admirable ! seulement, devant ces sacrées disputes, le public des tribunes bâille à se décrocher la mâchoire. Le public des tribunes goûte médiocrement le concile de Bâle, le concordat de François Ier, et même la déclaration de 1682, rédigée par Bossuet. Le public des tribunes trouve qu'on l'assomme et ne se gêne pas pour le dire. Épargnez-lui, de grâce, cette casuistique. Et surtout ne donnez jamais un billet à Lantier ; au sortir d'une pareille séance, Lantier voudrait encore une fois résoudre la question religieuse, et il la résoudrait encore une fois d'un seul mot.

Mgr *Freppel*

Nous aimons, en France, les comparaisons et les parallèles. Lorsque M. de Mun arriva à la Chambre, on dit : « C'est Montalembert ! » Lorsque Mgr Freppel y entra, on s'écria : « C'est Mgr Dupanloup ! » Il y a dans ce dernier jugement une parcelle de vérité.

Mgr Freppel est un militant, et ne s'en cache pas. Pendant l'invasion, il fut presque un militaire. On se rappelle la lettre qu'il écrivit alors pour pousser son clergé au combat. Lui-même, il eût volontiers pris les armes, et il regretta plus d'une fois le temps où il était permis à un évêque d'être un soldat. Alsacien, il entrevoyait sans doute la destinée de l'Alsace. Peut on s'étonner qu'il lui soit resté quelque chose de cette humeur belliqueuse et de ce tempérament batailleur ?

Mᵍʳ Freppel figure au premier rang parmi les hommes à sang chaud, qui semblent avoir été créés tout exprès pour prendre d'assaut le ciel et la terre. *Violenti rapiunt.* On dit que la religion s'en va et que la foi elle-même a baissé. C'est une raison de plus pour que leurs fidèles, excités par la persécution, prennent des airs de croisés et éprouvent des tentations de croisades. Et puis, dans l'Église comme ailleurs, il y a les ardents et les timides. Mᵍʳ Freppel est un de ces ardents qui ont le courage de leur opinion, et auxquels un invincible besoin de propagande et de conquête arrache le cri de saint Paul : « Je voudrais que le monde entier pensât comme moi ! » *Cupio omnes fieri qualis et ego sum.* Peut-être n'y a-t-il pas de bon évêque sans cela !

Tel apparaissait déjà l'abbé Freppel, il y a une trentaine d'années, lorsqu'il n'était encore qu'un des chapelains de Sainte Geneviève sous Mᵍʳ Duquesnay. Il prêchait les jeunes gens des collèges voisins, et ces philosophes adolescents ondulaient comme une moisson en herbe sous l'ouragan de son éloquente parole. Sa voix profonde, son regard inspiré, son habit blanc à large pèlerine bordée de bleu, une certaine poésie répandue dans tout son personnage, lui assuraient un ascendant que les sceptiques mêmes ne discutaient pas, et il vous emportait avec lui, sans résistance, dans les plus hautes régions de la métaphysique religieuse.

Cétait le bon temps, car on pouvait s'émouvoir aux

accents de l'abbé Freppel, sans cesser de compâtir aux amères tristesses de Jouffroy, et, au moment même où le prédicateur enseignait comment les dogmes durent, on restait libre, sans renier Dieu, de rechercher comment les dogmes finissent. Aujourd'hui, Jouffroy, qui a été député, lui aussi, paraîtrait à nos maîtres aussi suranné, et un peu plus ridicule, que Mgr Freppel.

Celui-ci avait alors une flamme, qui n'était pas seulement de la flamme, on y voyait de la lumière, on y sentait surtout de la chaleur. Il animait et réchauffait ceux-là mêmes qu'il n'avait pas convaincus. Le courant électrique s'établissait du premier coup entre son auditoire et lui, et on n'avait pas besoin d'être terrassé par ses arguments pour deviner, à l'éclair de ses yeux et à l'énergie de son geste, qu'il serait un jour un lutteur.

Assurément, c'en est un, et depuis la mort de Mgr Dupanloup, tout l'espoir de ceux qui aiment les lutteurs, catholiques ou autres, s'est reporté vers Mgr Freppel. Cependant, puisque le rapprochement a été fait, et qu'une confusion s'est établie dont pourraient s'offenser également la mémoire de l'évêque d'Orléans et la réputation de l'évêque d'Angers, il importe, en retenant l'analogie, de marquer aussi la différence.

Mgr Freppel, malgré son entrain et son zèle, malgré cette vivacité originale qui fait le fond de son caractère, n'est pas un de ces bouillants, un de ces emportés, qui ne connaissent ni frein ni bride. Il n'y a pas de catholiques, il n'y a pas d'évêques incapables de se maîtriser.

Ses adversaires politiques ont intérêt à dire et à répandre qu'il ne se possède pas, que la contradiction l'irrite et l'exaspère, que la tribune l'enivre, qu'on le voit continuellement frapper du poing, tonner, fulminer, vouer ses ennemis à l'enfer ; que cette tenue et ces fureurs, chez un prêtre moderne, chez un prélat contemporain, ressemblent à un anachronisme ; qu'elles font du tort à la cause qu'il défend, qu'elles lui en font à lui-même, qu'elles sont incompatibles avec l'idée qu'on a de la douceur sacerdotale, de l'onction évangélique et même de la charité chrétienne, et qu'enfin, il n'y a pas de place dans nos assemblées, pour un Bridaine parlementaire.

Nous trouvons quotidiennement, dans les journaux, des plaisanteries de plus ou moins bon goût sur la turbulence, sur la violence de Mgr Freppel. On le représenterait volontiers comme une sorte de Jules II, ou de prédicateur de la Ligue, entrant dans la Chambre la croix d'une main et l'épée de l'autre. Eh bien, c'est une légende, l'épée est de trop ! Mgr d'Angers est, en réalité, beaucoup moins bouillant, beaucoup moins emporté que ne le fut l'illustre évêque d'Orléans. Sa passion, sa colère, s'il en a, éclate beaucoup moins facilement à l'extérieur. Ainsi qu'il le disait lui-même, à propos des Bénédictins de Solesmes, il sait contenir et refouler son indignation. Son animation naturelle, sa véhémence oratoire le laissent parfaitement calme, sûr de lui, maître de sa pensée, maître de sa parole, protégé contre tout écart par son empire sur lui-même, et aussi par un sentiment de dignité, par une habitude de décence que devraient bien imiter ses grossiers interrupteurs.

La vérité est que la malignité avait fait son siège d'avance. Il était entendu que Mgr Freppel serait un homme violent, et qu'on exploiterait contre lui cette invention de violence. On l'attendait là, et on n'a pas voulu en avoir le démenti ; mais il a eu vent du piège, et il s'est parfaitement dominé, ce qui est toujours méritoire, méritoire deux fois pour un prélat vif, habitué à parler et à commander du haut de la chaire. Quand un évêque sort de sa cathédrale pour entrer dans une assemblée, quel que soit son tact, il ressemble un peu à un enfant gâté qui sort de sa famille pour entrer dans le monde. Quel changement ! Au lieu de la subordination, du respect, de l'obéissance prosternée et passive, il ne rencontre plus que la prévention et l'hostilité, tout au moins la contradiction et l'égalité. Il faut qu'en un instant le député dépouille l'évêque !

Pour Mgr Freppel, on a comblé la mesure. Ses adversaires lui ont refusé et lui refusent tous les jours le minimum de déférence et de respect que l'on se doit entre collègues ; ils y ont substitué l'injure, l'injure permanente et préméditée, une persistance et une âpreté d'injure dont on ne se fait pas la moindre idée dans le public. Il faut voir cela ! Un jour, de la galerie, je percevais fort distinctement ces interruptions, ces apostrophes, ces quolibets, ces coq-à-l'âne, cet outrage continu et grossier à la personne, à l'habit, au caractère du prélat. C'étaient, sur tous les bancs, au milieu d'un tapage infernal, des : « Tais ton bec ! » —

« Ferme ta boîte ! » — « As-tu fini ! » — « Quel bla-
gueur ! » Et une infinité d'autres fleurettes, emprun-
tées au même répertoire.

L'évêque entendait tout cela sans sourciller. Il ne
voulait pas entendre ; il n'entendra jamais que ce qu'il
voudra. Les chroniqueurs de fantaisie qui le représentent
comme un convulsif, perpétuellement hors des gonds,
ne l'ont jamais vu à la tribune.

Il a compris, à la première provocation, qu'il allait,
dans ce cirque, devenir la proie des bêtes, s'il avait
l'imprudence de se commettre avec elles ; il ne se commet pas. Il laisse dire, il laisse interrompre, sans perdre
de vue le fil de son discours, sans s'émouvoir de ce qui
se passe à côté. On peut vomir, on vomit autour de lui;
il a juré de ne pas s'en apercevoir, et il ne s'en aperçoit pas. L'impression qu'il en éprouve se trahit à peine
par un sourire, où l'on croit remarquer une pointe de
satisfaction. Sans doute, il s'amuse de ce spectacle que
lui donnent ses adversaires. Il n'y a que la première
bordée qui effraie ou répugne. Bientôt on s'y fait.
Quelquefois, lorsque l'agression n'est pas trop naturaliste, l'orateur se permet une riposte aimable et enjouée.
Il néglige le reste, décidé à garder l'attitude, non d'un
martyr, mais d'un bon curé, fourvoyé dans une rue
suspecte, et qui invite gaiement des ivrognes de son
village à ne pas troubler la tranquillité publique.

J'ai souvent entendu dire que l'évêque d'Angers était
très éloquent. Ce n'est pas tout à fait le mot. Entre
l'éloquence sacrée et l'éloquence politique, il y a un
abîme qu'on ne franchit guère d'un seul bond. M⊃gr&/sup; Du-

panloup lui-même... il était très éloquent ; eh bien ! ce n'était pas Berryer.

Mgr d'Angers a une manière à lui de parler, probante et convaincante ; c'est un discuteur, un dialecticien solide, avec des arguments et des raisons, et aussi, çà et là, des grâces littéraires qui ne sont point improvisées. Il tient aux bonnes divisions, à la méthode sûre qui vous conduit régulièrement au but, sans rien laisser au hasard. Même en présence de l'auditoire que vous savez, il fait de vrais et sincères efforts pour persuader, et comme qui dirait pour convertir. Il ne veut pas se décourager ou en avoir l'air. Il le prend au sérieux avec ses adversaires. Il s'adresse consciencieusement à leur raison, à leur justice. Il leur dit avec un accent convaincu : « Vous êtes d'honnêtes gens, vous ne ferez pas cela ! » Ils le font, et il ne désespère pas de les amener bientôt au repentir.

Cette façon d'en user est curieuse et originale. On peut la trouver naïve, elle l'est peut-être ; en tout cas, elle est correcte. Il ne faut jamais admettre, pour l'honneur de l'humanité, que des gens à qui vous avez d'excellentes raisons à donner ne prendront même pas la peine de les entendre. Il ne faut jamais supposer, chez eux, le parti pris bien arrêté, la résolution ferme de résister au droit, à la justice, à la vérité. Autrement, on les irrite sans profit. Les cyniques eux-mêmes désirent qu'on soit hypocrite avec eux, et que l'on croie, de temps en temps, à leur pudeur.

Le comte de Mun

Attaquant l'élection de Pontivy, où M. de Mun avait battu M. l'abbé Cadoret, « l'un est prêtre, disait Gambetta, l'autre est digne de l'être ». Voilà pourquoi nous plaçons dans ce chapitre sur le clergé, à côté de Mgr Freppel, ce laïque d'un esprit si élevé, d'une éducation si parfaite, en qui la foi, la foi active et sincère, chaque jour manifestée par des œuvres, brille à côté du talent.

Cette figure de soldat catholique, belle sans être fade ; ces grandes manières, point calculées, plaisent et attirent. On n'est pas fâché d'arrêter ses regards sur un homme superbe que sa vocation religieuse n'a point déformé. Mais n'insistons pas. Il repousse et dédaigne, j'en suis convaincu, tous ces compliments qui ne s'adressent qu'à la personne extérieure, et que le premier venu peut mériter. Avec lui, il faut aller à l'âme, comme il y va lui-même ; il faut chercher ce qui compte, la supériorité interne et la vraie valeur.

Elle éclate chez M. de Mun et, de bonne heure, elle avait frappé ses chefs, quand il était encore au service, incertain de sa direction et de sa destinée, perdu dans ces durs escadrons de cuirassiers que l'on acclame quand ils reviennent de Reichshofen, mais où quelques railleurs trouvent étrange qu'un comte de Mun ait voulu tremper son caractère et son cœur. C'est pourtant un bon commencement, une excellente éducation, et un honneur que de porter le casque et la cuirasse ;

c'est un signe de force et de santé. Les farceurs s'égaient de cette religion soutenue, de cette foi robuste chez un cavalier. S'il était dans la marine, ou seulement dans l'infanterie, on la lui passerait. Ce qui étonne, c'est le cheval ; on n'admet pas un Polyeucte monté. De là certaines railleries un peu usées, et sans conséquence, que se permettent encore, à l'occasion, quelques journalistes de province nouvellement débarqués à Paris.

Les gens sérieux se sentirent, au contraire, tout disposés à la sympathie, et naturellement prévenus en faveur de cet officier correct qui faisait son service, lisait l'Évangile, et n'allait pas au café. Il eut rapidement une réputation parmi les siens et dans son monde. Un petit monde, j'en conviens, grand par le rayonnement intellectuel et moral, mais petit par le nombre, presque une famille, un cénacle de piété. On l'a trop souvent décrit pour que j'y revienne. C'est, à soixante années de distance, le monde de Lamennais avant la grande et irrévocable rupture, le monde des Guérin, et, un peu plus tard, des Swetchine, communion parfaite de quelques créatures d'élite, sorte de crèche des jeunes croyants, espèce de Paraclet délicieux dont rêvent quelquefois, dans le mystère de leur pensée, les profanes qui n'ont aucun droit à y pénétrer, ni aucune prétention à s'en faire ouvrir les portes ; confrérie charmante, délicate, exquise, non point si raide ni si gourmée qu'on le prétend, nullement triste, un peu subtile seulement et raffinée sur les petits plaisirs à soi, qui sont la charité et la vertu ;

chapelle discrète, pour tout dire, couvent mondain où l'on doit être dorloté dans toutes les douceurs de la vie spirituelle, et abonné, si j'ose le dire, à toutes les musiques de l'âme.

C'est de là, c'est de ce refuge béni et de ce sanctuaire que des amis zélés, non pas trop zélés, prirent le comte de Mun par la main pour le conduire dans la politique. A son entrain, à son ardeur, à un besoin de propagande qui, visiblement, le tourmentait, on avait deviné en lui un de ces êtres privilégiés qui remuent profondément les consciences, on espérait un orateur chrétien, et déjà, en tirant l'horoscope de **M.** de Mun, on évoquait un grand souvenir, on prononçait un grand nom, Montalembert !

Et qui donc le prononçait ? qui entrevoyait ainsi l'avenir réservé au jeune lévite, au jeune croisé ? Ce n'était pas seulement son entourage, ses nourriciers ou ses flatteurs ; non, c'était Gambetta lui-même, qui, dès la première apparition de **M.** de Mun à la Chambre, le saluait, pour l'en écraser peut-être, de cet inévitable rapprochement. La modestie du comte le sauva du piège. Il se contenta de sourire avec un grand air d'incrédulité.

Dans un pays sérieux, on se fût empressé de toutes parts pour ouvrir à un pareil débutant les avenues de la carrière. Le bon sens proclame qu'il est toujours honorable et avantageux d'avoir de tels hommes dans les Chambres, et, si ce sont des adversaires, de lutter contre eux à visage découvert et bannière au vent. Loin de les repousser, il faut les appeler systématiquement

sur tous ces grands champs de batailles de la politique
où le public est là pour compter et juger les coups.
L'ostracisme républicain s'efforça, au contraire, d'é-
carter ce champion de l'autel et du trône. On lui fit
toute sorte de misères indignes. Après s'être acharné
contre sa candidature, on s'acharna contre son élection. On la cassa trois ou quatre fois ; on lui chicana
sa place au soleil ; il fut parmi les invalidés.

Il fallut quatre décrets sans réplique des électeurs
de Pontivy pour lui rendre et lui assurer son siège ;
comme tout cela est bas et vil, et comme tout cela
paraît loin ! Dans une Chambre qui compte les Germain Casse par centaines, on s'évertuait à expulser le
comte de Mun !

Le calme qu'il montra dans tous ces petits ennuis,
le peu de rancune qu'il en a conservé, l'oubli parfait
qu'il en témoigne, ont permis de mesurer la hauteur de
son caractère. On a compris tout de suite que ces vilai-
nes scories de la cuisine parlementaire ne l'atteignaient
pas, et que les personnalités n'arriveraient jamais
jusqu'à lui. Il n'a pas même l'air de remarquer les
malpropretés environnantes. Et ce fut ainsi dès le
premier jour. Tranquille dans la tempête, il montra
une sérénité inaccessible à toutes les attaques. Pour
lui, ce qui se passe de mauvais à la Chambre a l'air de
se passer dans un autre monde. Il prit place à son
banc, parla, écouta, et n'interrompit jamais. Il est
clair que tous ces incidents qui troublent et égarent
les délibérations ne sont, à ses yeux, que des niaise-
ries, des rixes puériles, sans dignité et sans portée. Sa

tenue y répugne. Il ne veut pas s'y mêler ni qu'on l'y mêle. Aux provocations les plus directes, il vous regarde fixement et ne répond pas.

Même dans les couloirs, sa réserve et son recueillement commandent le respect. Ce n'est pas qu'il y mette de la morgue. On le voit souvent se promener avec un collègue de son parti ou même avec un député républicain (de ceux qui sont cotés). Cependant, il ne se livre guère et reste assez replié sur lui-même ; on sent bien qu'il n'y a là que des habitudes de courtoisie ou des obligations de politesse. La familiarité parlementaire est facile et naturelle à l'évêque d'Angers. Elle en fait le plus aimable des ecclésiastiques et lui permet de causer gaiement, dans un quart d'heure de trève, avec des adversaires plus sensibles à sa verve qu'à ses raisons. Elle demanderait à M. le comte de Mun un trop long apprentissage ; elle n'est pas dans son style. On ne peut pas dire qu'il tienne les gens à distance ; mais il se tient lui-même à l'écart. Il faut qu'on vienne à lui, et alors on trouve un collègue gracieux, un interlocuteur bienveillant, d'une distinction à toute épreuve, très disposé à vous être agréable, et rien de plus, un ennemi de toute indiscrétion, et pour vous, et pour lui.

Il y a gagné une considération particulière qui se manifeste efficacement aussitôt qu'il paraît à la tribune. On lui accorde le silence, l'attention et même une arrière sympathie dont les plus bourrus ont de la peine à se défendre. Si ses façons y ont contribué, son éloquence n'y est point étrangère. Elle grandit tous les jours, et c'est le dépit de ses adversaires qui le proclame. On a pu en mesurer l'envergure et le vol, on a pu prévoir jusqu'où elle irait le jour où un retour de fortune lui rendrait toute sa liberté; mais ce qui d'abord vous frappe et vous étonne, c'est que, malgré l'âpreté des temps, des luttes et des milieux, aiguisée dans les réunions publiques au contact des ouvriers eux-mêmes, elle n'a rien perdu de ses caractères primitifs et essentiels, la facilité et l'élégance.

Il est impossible de parler plus aisément une langue plus noble. C'est au point qu'on a été quelquefois tenté d'y voir une préméditation, une recherche, enfin un peu d'art et d'apprêt. Les avocats qui pérorent avec tant d'obstination ne comprenaient rien à ce flot si pur qui jaillissait avec tant d'abandon d'une fontaine toujours remplie, toujours limpide et toujours répandue au dehors sans que son niveau parût baisser. Surpris de cette fluidité merveilleuse, ils en concluaient que M. de Mun apprenait ses discours par cœur, ce qui, d'ailleurs, n'est pas un crime, et quelquefois les observateurs semblaient tentés de se rallier à leur opinion. Mais, épreuve faite, si la mémoire est pour quelque chose dans cette éloquence dont la sûreté rappelle Jules Favre, on a pu se convaincre souvent qu'elle n'y tient pas la première place. Interrompu et apostrophé violemment, M. de Mun n'en a jamais ressenti aucun trouble. Sans se déconcerter, sans hésiter un seul instant, il a cinglé les interrupteurs avec autant de dextérité que d'à-propos; puis il a repris, comme si de rien n'était, le fil de son discours. Il y faut plus que de

la mémoire, il y faut de l'improvisation et de la présence d'esprit.

Plus il ira, plus on prononcera autour de lui ce
grand nom de Montalembert. Entre les deux talents et
les deux hommes, la différence crève les yeux, et ce
serait déjà une inconvenance que de les comparer. Ce
que nous avons entendu, ce que nous avons vu et
senti, ce n'est pas le souffle de feu Montalembert ; ce
n'est pas cet enthousiasme exubérant, cet emporte-
ment contagieux, cette électricité qui se communiquait
instantanément à toute la salle aussitôt qu'on touchait
le condensateur. Il y a moins de flamme, il y a aussi
plus de sérénité chez M. de Mun. Ils se ressemblent
par la propagande extérieure et la passion du prosé-
lytisme.

La Chambre n'est, à leurs yeux, qu'un champ clos
pour y rencontrer et terrasser l'adversaire. Ils entendent qu'à cela on joigne les œuvres. La vie de Montalembert en fut toute pleine, et n'est-ce donc rien que
cette grande création des cercles catholiques de M. de
Mun ? Non plus que son immortel devancier, celui-ci ne
se croit quitte quand il a présenté de beaux développe-
ments et déroulé de belles phrases à la tribune. Il lui
faut le corps-à-corps de la vie quotidienne, la bataille
et la croisade de tous les instants. Je dirai même qu'il
se commet et s'abandonne plus volontiers avec deux
mille ouvriers en blouse qu'avec trois cents députés en
redingote. Et il a raison, il connaît son monde ; ce ne
sont pas les premiers qui l'insulteront. Ils savent
qu'ils ont devant eux un avenir et un homme !

VIII. — BRELAN DE DIPLOMATES

M. Challemel-Lacour. — M. Waddington
M. Barthélemy Saint-Hilaire

M. Challemel-Lacour

Parmi ses compagnons radicaux et jacobins, M. Challemel-Lacour, ancien ambassadeur de France en Angleterre, ancien ministre des affaires étrangères, jouit d'une grande réputation.

Des méchants que sa timidité déguisée en raideur a souvent froissés, prétendent que sa renommée est surtout faite d'aversion; quoi qu'il en soit, M. Gambetta l'a consacrée en la subissant. Pendant de longues années, avant de devenir Dieu, il a paru fort petit garçon devant le redoutable Challemel et, même après l'apothéose, on était tenté de croire qu'il ne se sentait pas complètement à l'aise auprès de ce trouble-fête. On a dit qu'il l'avait nommé ou fait nommer ambassadeur à Londres pour l'éloigner.

Faut-il croire que l'austérité bien connue du stoïcien Challemel tranchait trop sensiblement sur la bonne humeur de ses joyeux compères, et que sa présence réfrigérante glaçait tout à coup la gaieté sur leurs lèvres et dans leurs cœurs? Je me les représente surpris par cet hôte incommode, et se communiquant leur impression les uns aux autres : « Silence, voilà Challemel ! »

Ce n'est pas sa faute ; fût-il plus aimable, il serait encore trop savant, trop lettré, trop philosophe pour la plupart d'entre eux, et ils fuiront toujours en lui une manière de gêneur, disons le mot, un fâcheux.

C'est sous ce jour qu'on est habitué à le voir ; mais comme il en a éprouvé les inconvénients, il en a aussi recueilli le bénéfice. Son personnage en a grandi. On a pensé qu'un homme qui s'arrogeait avec préméditation, le droit d'être désagréable devait nécessairement être supérieur.

Il a, en effet, des parties qui approchent de la supériorité. Ce ne sont point ses facultés politiques. Dans la politique pure, où l'honnêteté même ne va pas sans souplesse, un homme aussi peu attirant ne saurait briller. Il y porte, au dire de ses amis, un caractère hautain et cassant, un tempérament violent et dominateur, des allures méprisantes, et surtout des passions vindicatives, des petitesses rancunières, qui semblent incompatibles, sinon avec la réussite et la satisfaction passagères, du moins avec le succès durable et définitif.

Rien n'est plus doux ni plus naturel que de se venger des ennemis qu'on a ; mais on n'y arrive pas sans quelque sacrifice. Il faut savoir attendre, épargner, et même, à l'occasion, pardonner ou en avoir l'air. M. Challemel aigri depuis longtemps, et impétueux dans l'aigreur, ne se résignera jamais à faire la part du feu.

Il est tout d'une pièce, et paraît flatté quand on le dit, bien que ce soit un mauvais compliment pour un professeur de philosophie, qui est censé philosophe. Il s'opiniâtre et se butte. Il a peu d'idées, je pense : mais on voit qu'il y tient en proportion de leur rareté même. La principale consiste à ne pouvoir souffrir aucune opinion autre que la sienne, et à considérer ses adversaires comme des hérétiques bons à brûler.

On a dit qu'au besoin il apporterait le fagot; c'est exagéré. Je suis convaincu que son fanatisme n'irait pas jusque-là. Il ne réclamerait pour ceux qui ne pensent pas comme lui ni le bûcher, ni même, malgré la fameuse phrase, le poteau; l'exil lui suffirait !

Platon chassait de sa république les poètes ; il en chasserait simplement tout ce qui ne serait pas Challemel ou Lacour.

Notre ancien ambassadeur à Londres semble donc avoir encore des qualités à acquérir ou à perdre, pour devenir un homme d'État contemporain. Il lui manque beaucoup moins pour devenir un orateur. Son éloquence est réelle, bien que la mémoire y ait plus de part que l'inspiration. Il compose ses discours avec un grand art et les apprend avec un grand soin. On y sent le travail; mais le travail aboutit à une phrase ferme, sobre, élégante même, d'une précision et d'une correction remarquables où l'on voudrait à peine un peu plus d'aisance et de légèreté. Mais le laisser-aller ne va point à M. Challemel-Lacour; l'abandon n'est pas son fait. Avec sa figure féline, où l'on croit apercevoir de la ruse ou au moins de l'adresse, il est tout en raisonnement et en doctrine.

Il a rarement abordé la tribune, qui visiblement lui fait peur ; il y a produit de l'effet une fois ou deux, et n'a guère recommencé. Cela ressemblait à du Royer-Collard de 1880.

Les observateurs impartiaux pensent qu'il ne faut voir en M. Challemel-Lacour ni un politique, ni même un orateur de premier ordre. C'est un érudit, qui est resté intelligent, et qui impose aux demi-bacheliers de son parti. Il n'a point de vocation ; il est, dans une certaine mesure, propre à tout, ce qui est une jolie spécialité ; et apparemment ceux qui ont disposé des places lui ont rendu cette justice, puisque, après l'avoir utilisé comme préfet, ils ont songé à en faire un ambassadeur et ont fini par en faire un ministre.

Dans l'idée qu'on a eue de le nommer ambassadeur en Angleterre, il y avait peut-être autre chose que l'envie, d'ailleurs bien naturelle, de lui assurer une grande situation. M. Challemel-Lacour est Normand. On s'est dit sans doute que ce philosophe de Falaise, processif, et qui l'a prouvé, défendrait pied à pied nos intérêts contre les âpres héritiers de Guillaume le Conquérant, et qu'il nous rapporterait un excellent traité de commerce.

Je suis sûr qu'il a plaidé notre cause moins gaîment, mais aussi énergiquement, qu'un Pouyer-Quertier eût pu le faire, bien qu'avec d'autres arguments et des tendances différentes. Quant à la compétence, Amé était là !

Voulez-vous qu'un philosophe, nourri du suc de Kant et de la moelle de Hegel, s'abrutisse pendant des semaines sur les filés de coton ? Voulez-vous qu'un artiste qui est descendu, comme Cousin, des hauteurs de la philosophie, pour s'occuper des belles dames du temps passé, et qui a vécu dans le commerce de Mme d'Épinay, sache exactement ce qu'il y a de broches dans nos filatures de Normandie ou des Vosges ?

L'objectif et le subjectif, le moi et le non-moi n'ont plus de secrets pour lui ; mais les tissus en ont encore, et allez-vous lui demander de déterminer, à un centime près, le rapport qu'il faut strictement établir, pour faire un bon traité, entre le prix de revient et le tarif de douane ? Au milieu de la plus intéressante discussion sur les vins de Bordeaux, il reviendra à ses premières amours, c'est-à-dire à Fichte ou à Mme d'Épinay !

On savait cela ; mais on savait aussi qu'il se rattraperait sur les belles manières. Sans être aussi élégant que M. Antonin Proust, M. Challemel-Lacour a de la tenue ; il porte des guêtres !

Ses ennemis, encouragés par son absence, avaient fait courir de mauvais bruits ; qu'il n'avait pas réussi à Londres, qu'il était resté suspect à la haute société anglaise, que la glace ne s'était jamais rompue même entre le monde officiel et lui, et que le prince de Galles en avait franchement révélé le motif à M. Gambetta : M. Challemel-Lacour est célibataire !

Purs cancans ! Il est possible qu'à Londres on eût préféré un ambassadeur moins seul et qui sentît moins la diplomatie renfermée, un ambassadeur qui eût une famille, une maison. A cela près, M. Challemel-Lacour a toujours été considéré comme un célibataire très bien, très comme il faut ; il a l'air d'un veuf !

Personne ne dira qu'il soit muscadin ; mais enfin, on vante à bon droit sa correction irréprochable. Dans la petite église, où tout le monde n'est pas monté au même ton, on le traite un peu comme les républicains de 1848 traitaient Armand Marrast ; on l'appelle M. le marquis de la Jacobinière, et il fait des jaloux.

M. Waddington

Notre ambassadeur à Londres n'est pas un de ces mortels privilégiés qui laisseront dans l'histoire une empreinte ineffaçable. Vous vous rappelez peut-être ces anciennes pièces de quinze ou de trente sous, si mal frappées qu'elles semblaient presque n'avoir jamais eu d'effigie. L'argent jaunâtre, le terne alliage dont elles étaient faites, et leur valeur relativement modeste donnent une idée assez exacte de cet ambassadeur fruste, que l'on supprimera un jour ou l'autre, sans espoir de retour, comme une monnaie de titre inférieur et d'usage anormal, qui ne répond à aucun besoin précis, et qui jette un certain trouble dans la circulation. Il faut donc se hâter de cataloguer, avant qu'elle disparaisse complètement, cette pâle et fuyante médaille.

Il y a un mot que l'on prononce, ou que l'on prononçait volontiers, et qui vous venait tout naturellement à la bouche lorsque l'on parlait de M. Waddington : c'est le mot *honnête.* L'honnête M. Waddington ! Je n'y contredis pas ; mais je ferai remarquer que c'est un mot un peu parasite et de remplissage, qui est devenu banal dans la langue courante, et qu'on emploie généralement quand on n'en peut pas trouver d'autre. Va pour *honnête,* bien que j'aie entendu porter des jugements singulièrement sévères sur certains actes de celui qu'on décorait de cette épithète, et sur la naïveté de ceux qui la lui donnent. Quant à moi, je veux être ingénu jusqu'au bout, et je maintiens le compliment, à la condition qu'on l'applique à l'ensemble du personnage : homme honnête, physique honnête, talent honnête, parole honnête ; un honnête milieu entre rien et tout. De relief, peu au point ; rien de saillant ; nulle originalité ; un savant estimable fourvoyé dans un monde qui n'est pas le sien ; quelque chose d'analogue, en politique, à ce qu'est M. Henri Martin en littérature ; un bourgeois plein de bonnes intentions.

On dira plus tard, si tant est qu'on dise de lui quoi que ce soit, qu'il a fait innocemment des actions inexcusables. Ainsi, lorsqu'on a juré devant le Sénat qu'on ne reprendrait rien de la loi sur l'enseignement supérieur que la collation des grades, et que, devenu chef du cabinet, on accepte et on préconise personnellement l'article 7 de la loi Ferry, il est bien certain que l'on manque, avec innocence, à la parole donnée. Lorsque l'on exerce contre la presse opposante des sévérités contre lesquelles on réclamait autrefois ; lorsqu'on bouleverse, dans un but politique, une juridiction aussi haute que le conseil d'État ; lorsqu'on souscrit bénévolement à ce scandaleux décret sur l'auditorat, qui est la négation même des principes de 89 dont on s'est toujours réclamé ; lorsqu'on prend, en maudissant les révolutions, toutes sortes de mesures révolutionnaires ; lorsque, sous prétexte de respect aux lois, on pratique cette légalité à outrance, cet extrême droit qui est l'extrême injustice ; lorsqu'on exhume arbitrairement, pour les besoins de l'heure présente, des prescriptions législatives tombées en désuétude ; lorsque, en un mot, on sacrifie les principes les plus clairs aux expédients les plus douteux, il devient évident pour tout le monde qu'on est un innocent, car on s'expose de gaieté de cœur à baisser d'un cran dans la considération publique ; mais cette innocence tout individuelle n'ôte rien à la gravité politique des choses qu'on fait ou qu'on laisse faire, ni à la responsabilité qu'un ministre a encourue par parole, par action ou par omission.

Je me suis laissé dire que personne n'avait été plus furieux contre le 16 mai que M. Waddington. Il ressemblait alors à un mouton enragé. Il jetait feu et flamme contre un gouvernement prévaricateur qui avait abusé de son droit. Au lieu d'un Waddington gémissant, on avait un Waddington tonnant dont la colère épouvantait ses amis intimes. Eh bien ! ceci est encore de l'innocence. Évidemment, M. Waddington se considérait comme une colombe immaculée en se comparant aux ministres du jour. Étaient-ils donc moins innocents que lui ? De quel droit se figurait-il être plus pur que ces candides usurpateurs ? Ont-ils plus tourné les lois que leur successeur ? Ont-ils fait plus de procès aux journaux ? Ont-ils porté plus de défis aux règles ordinaires de la sagesse politique ? Ont-ils plus abusé des influences officielles ? Ont-ils plus menacé ? Ont-ils plus destitué ? Je vous demande sérieusement quelle différence il y a entre lui et eux ? Il y en a pour le talent, oui, sans doute, et il ne viendra jamais à l'esprit d'un homme sensé d'égaler, sur ce point, M. Waddington au duc de Broglie. Le numismate convaincu qui a représenté la France à Berlin ne saurait marcher de pair avec l'écrivain, avec l'orateur, avec l'homme politique qui a été ambassadeur à Londres, et il n'y a jusqu'à présent que M. de Bismarck qui ait paru préférer la diplomatie du premier à celle du second. Celle même du duc Decazes, encore qu'un peu entortillée et brouillonne, soutiendrait hardiment la comparaison avec celle de cet ancien ministre des Affaires étrangères. Le duc Decazes n'est pas allé au congrès de Berlin, il n'a pas été l'arbitre de l'Europe, il ne nous a pas conquis l'alliance grecque, mais enfin il avait, devant les puissances, sa tenue à lui que n'a pas encore éclipsée la béatitude soutenue de M. Waddington.

Mais, en dehors de ces nuances, qu'il serait injuste de négliger, le rapprochement entre M. Waddington et les ministres du 16 mai ne saute-t-il pas aux yeux? Quelle différence sensible aperçoit-on entre celui-là et ceux-ci? Peser sur les élections ; frapper ceux qu'on ne peut convertir et même ceux qui se sont convertis ; écarter des fonctions publiques des hommes de premier mérite, sous prétexte que leur virginité n'a pas appartenu au régime républicain : voilà le système Waddington, et il a porté ses fruits. Quelle clairvoyance! Quelle modération ! Quelle étendue d'esprit ! Quelle large et puissante compréhension de la société contemporaine et des besoins de cette France déchirée, qu'il faudrait recoudre et non point déchiqueter de plus belle, sous peine de la voir s'en aller en lambeaux ! C'est toujours de l'innocence, dira-t-on. Oui, l'innocence comique du Pharisien, qui crie dans le temple : « Mon Dieu, je vous rends grâce de ne pas ressembler à ces hommes! » — Mais, malheureux, tu es tout leur portrait !

L'honorable M. Waddington en a eu sans doute le sentiment, ou le pressentiment, lorsqu'il a fait feu des quatre pieds pour éviter le procès des ministres du 16 mai. Il a prononcé, à cette occasion, un discours où il a parlé d'apaisement. Était-ce un remords? Sa conscience, en sursaut réveillée, lui disait peut-être qu'il ne faut pas condamner si sévèrement ceux qu'on imite et qu'on s'apprête à surpasser.

Je crois bien que le remords tourmente et obsède parfois M. Waddington. Autrement on ne s'expliquerait pas la mélancolie intense répandue sur toute sa personne et qui semble faire corps avec lui. Cette humeur noire l'enveloppe, l'emboîte comme un étui, et ne le quitte jamais.

On l'a plaisanté quelquefois sur sa manière de s'habiller, sur ses pantalons à carreaux, sur ses accroche-cœurs blondasses, sur sa cravate bleue à pois blancs, sur son veston de bookmacker. Il est bien vrai qu'il monte à la tribune comme un bon bourgeois s'en va aux courses d'Epsom ; mais pourquoi s'arrêter à ces vétilles ? Elles ne tirent point à conséquence. On passe aisément condamnation sur cet extérieur démesurément britannique. Mais cette tristesse ! cette incurable tristesse ! ce spleen ! voilà qui n'est pas français ! M. Waddington, avec son petit ventre rondelet et son teint fleuri, est irrémédiablement morose et hypocondriaque. Cet homme si honnête, si innocent, qui ignore même le mal qu'il fait, a toujours l'air de plier sous le poids d'une impitoyable fatalité, comme un OEdipe centre-gauche, livré en secret aux furies vengeresses et aux dieux infernaux.

Rendons-lui justice ; on ne rencontre pas d'autres cadavres, dans sa vie paisible et heureuse, que ceux des malheureux fonctionnaires qu'il a égorgés ou laissé égorger à côté de lui. Mais ces revenants suffisent à troubler son sommeil. De là cette désespérante hypocondrie. Peut-être l'influence de la numismatique y est-elle aussi pour quelque chose, les monnaies antiques n'égayent pas. Il y a de la désolation même dans la manière dont M. Waddington, qui fume beaucoup, fume ses cigares ; le cigare a un air penché, accablé, funèbre. Si encore cette grande tristesse aboutissait de temps à autre, à quelques beaux mouvements oratoires ; s'il en sortait quelques sombres éclairs d'éloquence, comme en trouva Jérémie pleurant sur les ruines de Jérusalem. Mais non ! l'éloquence est la chose du monde avec laquelle M. Waddington est le plus irrévocablement brouillé. Il a la parole lourde et embrouillée comme un écheveau de mauvais fil. Ce n'est pas même un *debater* comme M. Say, ou un avocat comme M. Ferry. En 1871, dans la discussion de la grande loi sur les conseils généraux, il parut à peine suffisant comme rapporteur; dans toutes les tempêtes ministérielles, il abandonnait la tribune à M. Le Royer, et M. Le Royer fut la grande voix du cabinet.

Il se contente philosophiquement d'être une utilité, et il essaie de remplir consciencieusement son rôle d'utilité. Jamais un applaudissement, sincère ou non, n'a répondu à ses discours ; sa voix monotone, sa diction glaciale, découragent les bravos. Il lui suffit sans doute de songer que le monde a les yeux sur lui, comme sur les astres polaires, qui ne répandent ni lumière ni chaleur, mais qui servent de guides aux navigateurs dans l'embarras. M. Waddington a la prétention, j'en suis convaincu, d'être à lui tout seul, une boussole politique. Des étrangers facétieux le lui ont dit au congrès de Berlin, et, comme il est innocent, il les a crus sur parole.

M. Barthélemy Saint-Hilaire

Dans ses premiers *Essais* de critique, d'une finesse si pénétrante, quoique d'un dilettantisme moins subtil que ses nouvelles *Études* littéraires, M. Renan, étudiant à fond le personnage, la vie, le caractère, l'intelligence et l'âme même de Lamennais, y découvre un je ne sais quoi d'obscur, d'incomplet et d'inachevé, une sorte de grande et mystérieuse lacune. Il cherche à en expliquer la cause, et il finit par l'attribuer, avec toutes sortes de précautions oratoires et de circonlocutions pudiques, à la pratique du célibat volontaire et prolongé.

D'un bout à l'autre de cette existence agitée et fébrile, M. Renan cherche la femme, ne la trouve pas, la déclare absente, et proclame que tout le Lamennais connu vient de là, et ne vient que de là.

On pourrait en dire autant, toutes proportions gardées, de cet ancien ministre des Affaires étrangères. Aussitôt qu'on observe ce vieillard respectable, on aperçoit, à l'œil nu, dans le plein travers de sa vie politique et privée, un vide, une fissure, un *déficit*, en un mot, une case qui manque; et c'est bien précisément, si je ne me trompe, celle que M. Renan dit avoir manqué à Lamennais, M. Barthélemy Saint-Hilaire est un *misogyne*. Il a détesté ou fui, toute sa vie, cette moitié de nous-mêmes que nous avons l'habitude de rechercher avec tant d'empressement. Tout au moins ne l'a-t-il pas rencontrée, il n'en a pas même eu le temps, il a passé à côté d'elle, l'esprit et le cœur distraits, sans s'arrêter. Il n'a eu par conséquent ni la jeunesse, ni l'expérience qui résulte de la jeunesse. Sa maturité n'a point passé par les étapes nécessaires. Suivant une expression familière aux paysans et aux paysannes, il n'a pas été *dégoisé* par la vie.

Quiconque ne partira pas de ce point n'y verra goutte et ne comprendra jamais rien aux étourderies majestueuses de ce grand ingénu de soixante-dix-neuf ans.

Voyez-le naître et grandir : à peine au monde, l'étude, la science s'emparent de lui, et l'asservissent absolument. Son esprit solide, son corps robuste, acceptent sans révolte ce joug relativement léger qui le dispense de chercher des satisfactions ailleurs. Sa lucidité s'enferme volontairement dans cet esclavage. Du premier coup, il est pris, et pris tout entier. Il se plaît et s'absorbe dans un travail écrasant, loin des plaisirs naturels, et, comme il le dirait lui-même en son langage très académique, à l'abri des voluptés. Voilà déjà une éducation bizarre et un développement singulièrement artificiel.

Les physiologistes vous diront qu'il faut nécessairement que le cerveau s'hypertrophie, aux dépens du reste. Dans tous les cas, l'équilibre est rompu, et, pour comble de malheur, la politique s'en mêle. Vous entendez bien qu'après l'invasion de cette jalouse et impérieuse maîtresse, il n'y a plus de place pour quoi que ce soit.

Je voudrais bien savoir comment ce savant chaste et cadenassé a été amené à faire de la politique ; je ne crois pas qu'il y ait été porté de son propre mouvement, ni qu'il ait commencé par là. Ce doit être, dans sa vie, un résultat et une suite. C'est encore Aristote qui nous aura valu cette surprise ; c'est Aristote qui aura lancé M. Barthélemy-Saint-Hilaire dans le tourbillon. Aristote, ne l'oublions pas, a écrit une *Politique*, et, en conscience, le disciple ne pouvait moins faire que le maître. Il s'est dit : « Je serai moi aussi un homme d'État. Je m'occuperai des grandes affaires, je travaillerai au bonheur de mes semblables, je veillerai aux progrès de l'humanité. Peut-être suis-je destiné à devenir le précepteur d'un autre Alexandre ! » C'était bien son rôle. Il a été le secrétaire de M. Thiers.

De pareils désirs et de pareilles résolutions sont assurément fort honorables, mais on y sent un peu le bouillonnement d'une pensée surchauffée par le travail et la solitude. Il y entre nécessairement quelque chose de factice. La plante humaine, ne trouvant point son expansion naturelle, a cherché, pour ne pas étouffer complètement, des issues bizarres ; elle s'est glissée comme elle a pu à travers les pierres dont on a voulu la murer. Cet helléniste, ce philosophe de vingt ans, qui sera un jour ministre des Affaires étrangères de France, nous apparaît alors comme un Descartes dans son poêle. Vite une soupape, ou il éclate ; pour l'amour de Dieu, un peu d'air, ou il tombe asphyxié. L'air n'est jamais entré en quantité suffisante. La femme de ménage qui fait le lit d'un vieux garçon n'ouvre pas la fenêtre autant qu'il le faudrait.

Le génie ne s'y trouvant point, on ne saurait comparer ce dont je parle à l'austérité vraiment monacale, à la grande et magistrale virginité d'un Newton ou d'un Kant. Mais, enfin, il y a bien quelque chose de cela. Comme le disait cet effronté de Théophile Gautier en parlant d'*Esther* et d'*Athalie :* « Ça sent un peu la vertu renfermée !... »

Il y a beaucoup de mérite à rester naïf, et profondément, et radicalement honnête et pur jusqu'aux moelles. Je n'en fais pas un crime à M. Barthélemy-Saint-Hilaire. Cette disposition, cet état si particulier, ont engendré chez lui, non seulement des qualités recommandables, mais des vertus, de vraies vertus, et, en première ligne, un dévouement, un désintéressement rare et unique.

Il faut bien que la nature exerce, un jour ou l'autre, ses revendications, et prenne sa revanche. Il ne suffit pas toujours, pour mater ses mutineries, de la plonger, en plein hiver, dans des étangs glacés, comme le faisait saint Bernard ; il ne suffit pas toujours, comme l'a fait M. Barthélemy Saint-Hilaire, de se livrer à des exercices violents, et de se dompter, de se rompre soi-même par une espèce de boxe spiritualiste et moralisante. Cette gymnastique, qui est un des goûts les plus curieux de l'homme curieux dont j'étudie les origines, ressemble beaucoup, n'en déplaise à mon philosophe, au cilice et à la discipline des couvents catholiques. Aussi bien, M. Barthélemy Saint-Hilaire est, au premier chef, un homme de couvent. Je crois volontiers que son amour pour l'art de Léotard ou de Rabasson dérive aussi du grec. Il a vu cela à Lacédémone. Il aime le palestre, comme un contemporain de Léonidas; mais je tiens pour certain qu'il y a dans ce penchant bizarre, plus qu'un dérivé, il y a un dérivatif! C'est la nature qui réclame, et que l'on trompe, que l'on occupe, que l'on soumet.

Seulement, je le répète, cela ne suffit pas; il faut aimer, en dehors de la boxe et du disque, et du ceste, quelque chose ou quelqu'un. Tant qu'on n'est qu'un jeune ou vieil Entelle, on soupire après des jouissances plus délicates et plus complètes. M. Barthélemy Saint-Hilaire n'a pu se soustraire à cette loi. Il a cherché, lui aussi, et toujours, et dès sa jeunesse, une âme à épouser. A défaut de mariage, il s'est marié philosophiquement, littérairement, politiquement, et il a apporté dans ces unions diverses, des trésors d'affection.

Il s'est d'abord donné, et donné sans réserve, à ce grand exploiteur, à ce philosophe nul, à cet admirable artiste, qui s'appelait Victor Cousin. Plus tard, il s'est donné, non moins complètement, à M. Thiers ; aujourd'hui, il se donne tout entier à la République ; c'est la première femme qu'il ait courtisée !

Une fois qu'il s'est sacrifié ainsi, la générosité de son caractère le stimule, la vigueur de son tempérament l'emporte. Il ne lésine pas, il ne chicane pas ; il passe du premier coup à l'état d'esclave, à l'état de nègre ; il se métamorphose immédiatement en Domingo politique ou privé. Il fait tout ce qu'on veut, tout ce que ne veulent pas faire les domestiques; il eût frotté le parquet, il eût ciré les bottines de Mme Thiers. Il se charge de toutes les besognes répugnantes. Au jour de l'an, c'était lui, si honnête, si véritablement net et propre, qui distribuait les fonds secrets, sous forme d'étrennes, aux gens qui en vivent. C'était même lui, en personne, qui négociait avec ces messieurs.

C'est lui qui, dans un genre plus noble, a élevé les enfants de Prévost-Paradol. On ne saura jamais tout ce qu'il a dépensé de lui-même pour aider, pour soulager autrui. Par là, et par d'autres côtés encore, il est chrétien. Sa charité ne connaît pas de bornes. Et c'est bien réellement de la charité. La cupidité, l'ambition même n'ont sur lui aucune prise. Est-ce qu'il peut savoir le prix de l'argent? Il n'a jamais eu de besoins. Et d'ailleurs la Fortune est une femme, il la redoute ou il la dédaigne. Tout ce qu'il fait, tout ce qu'il donne, il le fait et le donne pour rien. Il sert gratis. Secrétaire du gouvernement provisoire, secrétaire de M. Thiers, il ne touchait pas un sou. Il travaillait vingt heures par jour pour l'amour de l'humanité, et il était content le soir quand il avait ainsi mis en pratique les leçons de ses philosophes.

Un pareil régime a sa beauté et même sa grandeur ; mais il a aussi ses inconvénients. Il communique à ceux qui l'adoptent une apparence lourde et empâtée dont ils n'arrivent jamais à se défaire. Il y a là quelque chose de trop tendu, et, pour ainsi parler, quelque chose de surnaturel qui les suit et qui les gêne partout. M. Barthélemy Saint-Hilaire est assurément un merveilleux travailleur, ou, plus exactement, un piocheur hors ligne ; mais cette tension, cette lourdeur de l'homme qui ne se décarême jamais, l'accompagne jusque dans ses travaux philosophiques et littéraires. Il a traduit Aristote, soit, mais il a aussi traduit Homère, en vers français ! Homère, le divin poète de l'Ionie, il l'a pris dans ses mains robustes, dans ses mains brutales, il l'a écharpé, assommé, et il ne pouvait pas faire autrement ; on n'est pas impunément Barthélemy Saint-Hilaire, c'est-à-dire un ennemi né des grâces ioniennes, un Dorien, un Spartiate, et même un de ceux qui ont tenu garnison dans la citadelle de Thèbes en Béotie.

Mais c'est bien pire lorsqu'un esprit ainsi façonné et préparé veut aborder la politique, la politique active, la diplomatie. Tel que je vous l'ai dépeint (et je n'ai point chargé les couleurs) vous le figurez-vous dirigeant le concert européen au quai d'Orsay ? Là, ses vertus mêmes, sa probité immaculée, sa loyauté sans tache le desservent et le désarment. Les représentants des autres nations ont en face d'eux un personnage grave jusqu'à la tristesse, austère jusqu'à la barbarie, ferme, farouche et d'une candeur *inestimable*.

Il est bien certain que la sienne est hors de prix. On a souvent cité le mot de Cousin à ses familiers les plus illustres : « Si Saint-Hilaire n'était pas un sot, il vous damerait le pion à tous. » L'épigramme est aussi injuste que violente. M. Barthélemy Saint-Hilaire n'est point un sot, c'est un naïf qui, n'ayant jamais été gouverné par les femmes, n'a pu apprendre l'art de gouverner les hommes. Naïf, rien de plus !

Par exemple, il l'est bien ! Ses lettres sur **M.** de Bismarck, et ses conseils aux Grecs sont, en ce genre, des chefs-d'œuvre. Comme il a été le factotum de deux ou trois malins, qui l'ont exploité, il a été le commissionnaire de l'Europe qui l'exploitait, le Patito, le Sigisbé' de la diplomatie. Il conduisait, sur le ton d'une controverse philosophique ou religieuse, des négociations transcendantes au bout desquelles il entrevoyait la victoire de la raison pure. Cette conviction suffit à le juger. C'est proprement l'astrologue qui se laisse tomber dans un puits ; et, même en y tombant, le bon Saint-Hilaire croira encore y apercevoir la ravissante image de la vérité.

« Il vaut mieux, a dit quelque part George Sand, appartenir à la dernière classe des jobards qu'à la première des roués ! » Je l'admets, à la condition qu'on ne soit pas ministre des Affaires étrangères. **M.** Barthélemy Saint-Hilaire n'a vraiment pas assez de ce dont le duc Decazes avait trop.

IX. — LA POLICE

La Forêt de Bondy. — Les préfets de police

—

La Forêt de Bondy

On devine qu'il s'agit ici de Paris et de la sécurité qu'on y trouve, même dans les quartiers les plus populeux, entre minuit et cinq heures du matin. Il y a longtemps, j'en conviens, que ce sujet est à l'ordre du jour ; mais on avouera qu'il a conservé toute sa fraîcheur ; messieurs les voleurs, encouragés par madame la police, en entretiennent avec persévérance la désagréable actualité.

Tous les jours, la chronique des attentats nocturnes s'enrichit de quelque nouveauté et la colonne des faits-divers est envahie, acccaparée par ce genre d'opérations hardies et violentes qu'on appelle les arrestations à main armée. Ce ne sont pas des histoires de bonnes femmes, ni des contes en l'air. Ces arrestations et ces meurtres sont bien tout ce qu'il y a au monde de plus authentique. Les journaux qui les racontent prennent soigneusement leurs informations ; ils vous disent le nom de la victime, la rue dans laquelle on l'a attaquée, l'hôpital où on l'a transportée ; rien n'est plus facile que de vérifier leur récit. La vérité est que les journaux en disent encore moins qu'il n'y en a, par la bonne raison qu'ils ne savent pas tout, et que l'administration en cache autant qu'elle peut. Nous voilà donc revenus au bon temps des *Mystères de Paris*, aux tapis-francs de la Cité, à la délicieuse rue aux Fèves et aux galants héros d'Eugène Sue, le Maître d'école, la Chouette, le Squelette et le Chourineur.

Si vous voulez avoir des renseignements sur cette nouvelle pègre, vous n'avez qu'à consulter l'homme de Paris qui la connaît le mieux, le vicomte Othenin d'Haussonville, ancien député, que sa passion pour la réforme pénitentiaire a poussé à étudier hommes et choses *de visu* et sur le vif. Il en sait long, celui-là, et Camescasse et M. Macé lui-même ne sont que des écoliers à côté de lui. Il a causé, dans les carrières d'Amérique et autres, avec tous les chiffonniers de Paris, à l'heure où ces industriels se couchent et à l'heure où ils se lèvent. Il a, sous tous les déguisements, visité et fréquenté ce Paris souterrain et louche qui s'enroule, comme un serpent, autour de l'autre Paris. S'il racontait ses impressions, il vous empêcherait de dormir.

Mais, sans qu'il les raconte, on commence à être suffisamment averti. On se tient sur ses gardes. Les hommes prudents ne s'aventurent plus dans certaines rues sans faire leur testament, et le soir, dans les familles, la partie de mouche est interrompue par la crainte de s'en aller trop tard. Le beau-père dit à son gendre : « Hâtez-vous de partir ; si vous alliez manquer l'omnibus ! » Les voitures elles-mêmes ne sont plus sûres ; on arrête jusqu'aux cochers, quand ce ne sont pas les cochers qui arrêtent les voyageurs ou les égarent dans des lieux inconnus, pour procurer aux malfaiteurs l'occasion de faire un bon coup.

Les Parisiens se demandent, avec un étonnement bien naturel, comment on peut être exposé à de pareils désagréments en l'an de grâce 1884, à la fin du dix-neuvième siècle, dans une ville si policée, qui a, pour veiller sur ses habitants, une quantité de sergents de ville, hommes autrefois très résolus, ainsi qu'une forte garnison de cavalerie et d'infanterie, chargée, elle aussi, de concourir à l'ordre intérieur ; tout cela payé très cher.

On est surpris, et presque humilié, de voir se prolonger un état de choses aussi fâcheux et, pour ainsi dire, déshonorant. On éprouve encore plus de honte que de peur. Comment se fait-il donc que le mal empire tous les jours et qu'on ne puisse venir à bout des surineurs de Paris ? Les personnes clairvoyantes en donnent plusieurs raisons qui, à y regarder de près, n'en font qu'une : c'est une raison politique ; je pense que vous vous en doutiez.

Il est évident que le gouvernement ne demanderait pas mieux que d'en finir avec les bandits qui font des boulevards extérieurs une nouvelle Sierra-Morena ; il est même à peu près certain qu'il y travaille de son mieux. Son intérêt nous répond de son zèle. Malheureusement, il faut bien le dire, la police n'est plus ce qu'elle a été. Dénoncée, détraquée et mal recrutée, elle a perdu quelques-unes de ses qualités primitives. Les sergents de ville eux-mêmes mollissent. On disait, sous l'Empire, qu'il y avait trop de Corses parmi eux ; chose bizarre, c'est depuis qu'on a supprimé les Corses que nous sommes dans un mâquis. Il y a encore de bons sergents de ville ; mais il y en a aussi de détestables, témoin certaine circulaire dans laquelle le préfet de police a dû rappeler les anciens règlements ; témoin cette grève qui a fait perdre la tête à **M. Camescasse** et capituler **M. Waldeck-Rousseau**. La masse est découragée, elle n'ose plus agir ; elle a toujours peur d'un désaveu.

De là, l'impuissance de la police et la prolongation indéfinie d'une situation intolérable. Le gouvernement, convaincu de cette impuissance, a compris et mesuré le tort qu'elle lui faisait. Il a senti qu'on finirait par le rendre responsable, et la République avec lui, des méfaits qu'il ne sait ou n'ose réprimer. Il a prévu des rapprochements rétrospectifs, des comparaisons accablantes. Alors il a pris un grand parti : ne pouvant empêcher les arrestations nocturnes, il a trouvé commode de les nier.

On n'a pas oublié la fameuse circulaire de **M. An-drieux**. Des arrestations, allons donc ! c'étaient de simples rixes, entre passants avinés et attardés. **M. Ca-mescasse** a repris la chose pour son compte. Pas même des rixes : des altercations, de simples querelles. Il est hors de doute que, s'il prend envie à un passant attaqué de se défendre contre son agresseur, il y a nécessairement altercation et rixe. Le gouvernement et ses officieux sont partis de là pour tout atténuer, pour tout adoucir. Ils se sont efforcés de railler nos craintes, de ridiculiser nos réclamations. Nous sommes des agités, des poltrons qui prenons le sifflet du chemin de fer pour le signal d'une bande de brigands. Des gaillards, qui se couchent comme les poules pour ne pas faire de mauvaises rencontres, accusent les vrais Parisiens d'avoir peur de leur ombre. C'est amusant !

Il faut d'ailleurs reconnaître que cette effronterie de l'administration a eu pour complices l'étourderie parisienne, le scepticisme parisien. Nous sommes naturellement portés à ne plus croire aux voleurs. Un certain esprit de fanfaronnade nous pousse à rire des histoires et des aventures tragiques ; nous voyons des romans partout.

Mais c'est surtout la passion politique qui s'en est mêlée et qui a empêché certaines gens de voir ou d'avouer ce qui crève les yeux. Le bourgeois républicain est têtu. Essayez donc de lui faire entendre que la police était mieux faite et les rues plus sûres sous la monarchie ou sous l'Empire ! Il n'admettra jamais que le nom seul de la République ne suffise pas pour décourager et même pour convertir les malfaiteurs. Qu'un député s'avise d'interpeller le ministère à ce sujet, on lui répondra par des huées. On l'accusera de calomnier ou de trahir la République. Je vous parie que pas un député de la Seine ne s'y risquera !

Il y a aussi certains propriétaires qui ont leurs idées là-dessus. J'en ai connu un, à Neuilly, dans un quartier où l'on arrête et où l'on assassine presque toutes les nuits ; son amour-propre d'habitant de Neuilly et son intérêt de propriétaire conspirant ensemble, il n'en voulait pas démordre ; jamais, de mémoire d'homme, on n'avait vu un malfaiteur à Neuilly. C'étaient de mauvais bruits qu'on répandait pour déshonorer sa commune et pour déprécier son immeuble !

D'aussi fortes convictions sont bien dangereuses. Elles nous condamnent aux arrestations nocturnes à perpétuité. Il faudra pourtant bien qu'on sache, un jour ou l'autre, à quoi s'en tenir. Puisqu'il y a tant d'incrédules, l'enquête s'impose. Nous verrons si, poussés dans leurs derniers retranchements, M. Waldeck-Rousseau et M Camescasse nieront. Ils en sont bien capables ! Mais, au moins, nous nous tiendrons pour avertis ; nous saurons qu'il y a, dans Paris, deux forêts de Bondy au lieu d'une.

LES PRÉFETS DE POLICE

M. Léon Renault

Jeune encore, et même très jeune pour un homme politique, il a déjà eu plusieurs phases et comme qui dirait plusieurs manières ; il en a vu de toutes les couleurs. La Fortune, en le prenant par la main presque au sortir du collège, y mit pour condition qu'elle le soumettrait aux épreuves les plus variées, et le fait est que, sans jamais lui retirer son appui, elle s'est montrée quelquefois très capricieuse à son égard. Elle l'a

exposé, en mainte circonstance, à des tentations, à des
périls. Elle l'a forcé de se modeler sur elle-même et
d'imiter ou de paraître imiter sa propre inconstance.
Elle a voulu que son enfant gâté fût en même temps
son élève docile, et vraiment elle lui a fait voir bien du
pays ; de sorte que M. Léon Renault, qui ne date que
de 1870, c'est-à-dire de la République, s'est déjà cru
obligé, sous un seul gouvernement, d'en servir trois
ou quatre. La Fortune a de ces fantaisies et elle ressemble par là au peuple souverain ; ses favoris sont
ses esclaves.

Il est bien inutile de rappeler les métamorphoses,
ou plutôt les vicissitudes si curieuses de cette courte
existence de quatorze ans. Elles sont présentes à toutes
les mémoires et même à tous les yeux. On voit M. Léon
Renault se mouvoir, dans toutes les crises, dans les
circonstances les plus diverses et même les plus con-
traires, avec une aisance de jeune homme et une sérénité de vieillard qui ne laissent rien à désirer. Au moment où l'on va murmurer : « Quel étourdi ! » on se
reprend pour s'écrier : « Quel diplomate ! » Il possède
en propre une désinvolture dont on ne saurait dire
exactement si elle est une faculté spontanée ou un
calcul profond, une habitude inconsciente ou un système. Je croirais plutôt, pour ma part, au calcul profond, sillonné par-ci par-là, (on n'échappe jamais
complètement à sa nature), de quelques inadvertances
juvéniles. C'est un Machiavel qui s'oublie.

On sait à quel point M. Léon Renault fut un moment
engagé dans ce qu'on qualifiait, vers 1873, d'intrigue

conservatrice. Franc comme il l'est à ses heures, il conviendrait lui-même que le duc de Broglie, en l'appelant *son* préfet de police, ne fit que lui rendre pleine et entière justice, car il fut réellement, avec bonne grâce toujours, mais avec résolution aussi, et même avec un certain dévouement, le préfet de police de l'ordre moral.

Je sais qu'il n'y a rien de vrai dans la querelle que lui fit, au 16 mai, M. de Saint-Paul, en affirmant qu'il se chargea un jour de ramener le Roi à Paris moyennant un million. Il s'en est défendu d'ailleurs avec une extrême énergie et il était prêt à s'en défendre le pistolet à la main, ce qui ne lui eût guère coûté, car il est brave.

Mais je suis bien sûr de ne pas le calomnier, et presque sûr de ne pas le blesser, — tant il est coulant sur ces matières, — en rappelant sa curieuse bascule du 16 mai, qui permit un instant de douter s'il prendrait parti pour ou contre l'Exécutif, et qui, même après l'évènement, même après son éloquent discours contre le *nouveau Polignac*, autorisa les mauvaises langues à répéter que sa détermination n'avait tenu qu'à un fil.

C'est ce que j'appelle ses inadvertances. Elles font bien partie de son personnage, et peut-être même ne sont-elles pas aussi involontaires qu'elles le paraissent. Quand on l'observe de très près, on est amené à croire qu'il entre quelque préméditation dans sa négligence. M. Renault trouve sans doute un plaisir délicat, une sorte de jouissance ironique à se tenir ainsi en l'air au milieu d'une situation, au fort d'une crise, indifférent de quel côté la fortune penchera et incertain même de quel côté la justice penche. Les sceptiques ont de ces moments, de ces gageures avec eux-mêmes, de ces bravades à la galerie.

Le public, qui n'entend rien à de pareils raffinements, et pour qui les plus intimes curiosités du dilettante sont lettre close, et ses collègues eux-mêmes, moins gourmets que lui d'émotions neuves, moins blasés sur la politique, ont fini par juger sévèrement ces exercices d'équilibre auxquels il aimait à se livrer sur la barre même du navire prêt à couler.

Ils lui ont souvent reproché de manquer de boussole, et de n'avoir jamais bien su de quel côté s'orienter. A les entendre, c'est un irrésolu, un indécis, qui hésite à chaque pas, qu'on ne prend un instant que pour le reperdre aussitôt et qui se figure toujours qu'il aurait mieux fait d'épouser Célimène.

On doit reconnaître qu'il y a du vrai dans cette manière de voir et de juger M. Léon Rénault; ce n'est pas un homme de parti pris ni de détermination irrévocable; il est sujet au doute, comme tous les philosophes intelligents. Je le louais tout à l'heure d'avoir beaucoup de résolution; c'est peut-être « beaucoup de résolutions » qu'il fallait dire. Mais non, ne jouons pas sur les mots; il a vraiment beaucoup d'élan, beaucoup d'entrain pour se jeter en avant, et aussi pour revenir en arrière; il est très prompt et très décidé dans chacune de ses évolutions les plus contradictoires, très permanent dans la mobilité et très fixe dans l'inconstance. Il a voulu successivement beaucoup de choses différentes, mais il les a voulues avec la même énergie et poursuivies avec la même ardeur.

Pour ce qui est de la boussole, il en a une, invariable, dont l'aiguille ne se tourne point vers le Nord, c'est-à-dire vers les mornes tristesses de la défaite, mais vers le pays chaud, vers le rayon vivifiant et joyeux, vers le succès, vers le soleil. Il n'y est pas poussé par cette pauvreté de cœur et cette bassesse d'âme qui inclinent lâchement, servilement du côté des victorieux. M. Renault vaut mieux que cela ; il va de lui-même au succès, par instinct, par sympathie, par un attrait irrésistible pour tout ce qui triomphe et rayonne, par un ennui naturel qu'il éprouverait à rester avec ces vaincus qui ne rient jamais. Il se respecte trop pour les accabler, mais il s'aime assez pour les fuir.

C'est ainsi que, après tant de marches et de contremarches, il a fini par aller à Gambetta, c'est-à-dire à celui qui fut un instant le grand vainqueur : c'était écrit ! Il s'est dirigé tout papillonnant vers ce centre d'attraction, vers ce foyer de lumière. Tandis que son éducation, ses idées premières, la tournure de son esprit, son réel libéralisme paraissaient l'en éloigner, son goût pour tout ce qui reluit l'y ramenait invinciblement. Sur ce point, il est sauvage, il prend les verroteries pour des joyaux. Cet homme, que la nature a fait centre-gauche, est devenu un pur gambettiste.

Cette dernière incarnation ne lui a pas porté bonheur. M. Léon Renault a beaucoup de talent et surtout un talent oratoire qui serait de premier ordre dans une

monarchie. Il possède à fond la tradition de la bonne
éloquence parlementaire, de celle qui prend toute sa
valeur quand on lutte avec un Bocher ou un Buffet. Il
a aussi beaucoup de courage, il a tous les courages et
le plus difficile de tous, qui consiste, pour une nature
fine comme la sienne, à se débarrasser cavalièrement
de tout ce qui nous gêne pour monter plus vite à ce
plateau étroit où trône la Fortune et à ne jamais se
retourner vers les anciens amis et compagnons qu'on
a très allègrement laissés au bas de la montagne. Ah !
que cela doit être dur ! Et comme, à certains moments,
on doit avoir envie de redescendre pour serrer la main
de tous ces abandonnés !

Il a fait, non sans quelque chagrin, je suppose, le
sacrifice de ces généreux élans, de ces affectueux
retours ; il s'est donné tout entier à ses nouveaux
patrons, et voyez pourtant à quoi il a tenu que tant de
gages ne servissent de rien. M. Léon Renault, battu à
Corbeil par un Rémoiville, a été obligé de se réfugier
dans un bourg pourri. Quelle chute !

Elle avait presque détruit son prestige et ruiné son
crédit. Il s'y ajoutait un renom d'homme d'affaires,
de financier cosmopolite, de fondateur de banques tu-
nisiennes ; des cancans absurdes, même des calomnies.
La dextérité de M. Léon Renault l'a tiré de ce mauvais
pas. Le divorce l'a rajeuni, raffermi.

Mais avec quel art il lui a fallu manœuvrer pour en
revenir ! D'abord, il a eu soin de choisir ce sujet mé-
lodramatique, le divorce ; il s'est procuré, pour la circonstance, des cordes sensibles, des cadences senti-

mentales que son éloquence avait jusqu'alors dédaignées ; il a forcé son accent, enflé sa voix, mis toutes voiles dehors ; il s'est bien gardé de répondre à un orateur républicain, il a pris à partie Mgr Freppel, qui n'en pouvait mais, uniquement pour se donner le prétexte d'une sortie contre le cléricalisme et d'une comparaison populaire entre le mariage civil et le sacrement ; enfin, il a soigné sa rentrée comme un comédien ou même une comédienne, comme Sarah Bernhardt elle-même. Il a joué la *Dame aux Camélias* dans une représentation à bénéfice. Il a réussi.

M. Andrieux

Tandis que M. Léon Renault allait droit à l'Union républicaine, M. Andrieux cheminait en sens inverse : parti du radicalisme, il venait planter sa tente sur les confins du centre gauche. Quelques sceptiques prétendent qu'ils sont plus près l'un de l'autre qu'on ne le pense et leur appliquent le mot de M. Thiers sur les frères Pontalis : « Amédée est légitimiste, Antonin est républicain, tous deux sont orléanistes. »

M. Andrieux orléaniste ! C'est une réputation un peu dangereuse que lui font ses ennemis. Ses amis le donnent plus simplement, et plus exactement je pense, pour un libéral doublé d'un conservateur. Il faut convenir que les antécédents, pas très lointains, de

M. Andrieux ne semblaient guère le destiner à ce rôle.
On a exagéré, je le reconnais, ses anciennes escapades
révolutionnaires ; on lui a prêté des actes qu'il n'a
jamais commis et des propos qu'il n'a jamais tenus. Il
les a démentis énergiquement et il a eu raison des
calomniateurs. Mais il en reste assez pour faire un
pur jacobin. Procureur général à Lyon, sous le gouvernement de la Défense nationale, il était le bras droit
de M. Challemel-Lacour. Pense-t-on que M. Challemel-Lacour fût alors un conservateur ? « Je l'ai été
relativement! » a dit un jour ce dernier. Très relativement, à coup sûr, et M. Andrieux aussi.

Ce qu'on peut dire à sa louange, c'est que, même à
cette époque de sa vie, dans cette sombre et sanglante
fournaise de Lyon, l'homme d'autorité et de gouvernement s'ébauchait, se révélait déjà ; l'homme courageux
tout au moins, qui marchait aux barricades en avant
de la troupe, et qui s'en allait, le revolver au poing,
arrêter lui-même les assassins du commandant Arnaud.
Il ne se laissa jamais faire prisonnier dans son pré-
toire, comme M. Challemel-Lacour dans sa préfecture,
et il brava les plus menaçantes responsabilités. Cela
est vrai, et doit être dit, d'abord parce que c'est vrai,
et ensuite parce qu'on y voit se dessiner le futur préfet
de police. La robe sauva M. Andrieux ; comme ces
petits gardes mobiles de 1848 qui se mirent contre
l'insurrection de juin, parce qu'ils avaient une tunique,
il se déclara, pour l'honneur de l'uniforme, contre
l'émeute déguenillée et hurlante, qui avait peut-être
espéré en lui. Depuis ces journées terribles, l'homme

de réaction s'est complètement dégagé. Le penchant y était ; il a grandi à mesure que M. Andrieux a vu tomber ses illusions révolutionnaires. Car il les a perdues, et il ne s'en cache pas.

On se rappelle ce fameux rapport sur l'amnistie partielle, qui mit la Montagne en fureur, et à la suite duquel la populace lyonnaise considéra M. Andrieux comme un renégat. Avec quel accent il qualifiait la Commune ; avec quel dégoût il parlait des meurtriers, des incendiaires et des voleurs ! Avec quelle indignation il flétrissait l'assassinat des généraux, des ôtages et des gendarmes ! Comme on le sentait impatient de marquer au fer rouge tous ces malfaiteurs ! Le magistrat se retrouvait, le futur préfet de police naissait. Ce jour-là, il brûla ses vaisseaux avec crânerie. On l'interrompait à gauche, on essayait d'étouffer sa voix sous les protestations et sous les murmures ; impassible, l'œil fixe, les dents serrées, il attendait le silence, et, entre deux huées, il recommençait la flagellation.

Il l'emporta enfin, grâce à l'appui un peu tardif du centre ministériel ; grâce surtout au coup d'épaule secret de M. Gambetta ; et, le lendemain, il était préfet de police. Les délicats trouvèrent que c'était trop et affectèrent de voir dans cette récompense le prix d'un marchandage. C'était, dans tous les cas, une rupture avec tous ceux qui sont naturellement ennemis des préfets de police ; c'était, avant tout, un gambettiste dévoué dans un poste de confiance ; c'était un nouveau Ranc, amorti et adouci suivant les besoins du temps. L'amitié de M. Andrieux pour M. Gambetta avait tous les caractères de l'ambition ; elle ne souffrait pas qu'on parût douter un seul instant non seulement de ses qualités éminentes, mais même de ses vertus supérieures. Elle attira à M. Andrieux un duel fort sérieux avec M. Paul de Cassagnac. On se battit au pistolet, à beaucoup moins de trente-cinq pas. La balle de M. de Cassagnac se perdit dans le sable aux pieds de M. Andrieux, et la balle de M. Andrieux frôla presque l'épaule de M. de Cassagnac. La question entre les deux adversaires était de savoir si M. Gambetta était un grand homme; on voit qu'elle ne fut pas résolue.

Depuis son rapport sur l'amnistie partielle et son installation à la préfecture de police, M. Andrieux s'affermissait visiblement dans sa nouvelle manière. Son néo-conservatisme ne perdait pas une occasion de se signaler. La *Lanterne* avait engagé contre son administration et même contre sa personne une lutte formidable; mais elle n'eut pas aussi bon marché de M. Andrieux que de M. Albert Gigot. M. Andrieux ripostait par des mots spirituels, par des communiqués épigrammatiques, à propos du *coupe-file*. Le directeur de la *Lanterne* demandait une carte de police qui lui permît de couper, dans Paris, les files des voitures. M. Andrieux lui fit entendre, en mettant les rieurs de son côté, qu'il ne convenait pas de créer une inégalité aussi peu démocratique, aussi choquante, entre les rédacteurs et les lecteurs de la *Lanterne*. Le trait était cruel; la *Lanterne* y répondit par des attaques contre la préfecture de police ; M. Andrieux fit saisir la *Lanterne* et l'incident arriva jusqu'à la Chambre.

M. Andrieux faillit n'en pas être le bon marchand. Si M. Christophle, gouverneur du Crédit foncier, ne s'était pas dévoué pour lui avec une courageuse ingénuité, la bataille menaçait de tourner mal. La diversion Christophle le sauva, et, comme il avait vu la mort de près, il se vengea par un bizarre procès en fausse nouvelle. Cette affaire a donné quelque célébrité passagère à une jeune actrice. Elle a surtout prouvé que M. Andrieux ne pardonne pas. Il doit se rappeler avec une certaine émotion cette étrange journée durant laquelle il vit, à plusieurs reprises hésiter sa fortune. Il était bien seul, bien abandonné, au début, lorsqu'il se tenait debout dans l'hémicycle, la tête baissée, le petit doigt dans la poche de son gilet blanc, lisant, pour se donner une contenance, quelque journal où l'on parlait déjà d'un *homme à la mer*, c'est-à-dire de lui-même, du préfet de police Andrieux.

Il fut irréprochable de tenue et de dignité. Pas une main ne serrant la sienne, il n'en chercha aucune ; tant que son sort ne fut pas décidé, il s'enferma dans le vide que l'on faisait déjà autour de lui, fier, un peu dédaigneux, résolu à ne pas quêter des sympathies qui se dérobaient, déterminé à tomber en homme ; et, un peu plus tard, l'instant d'après, lorsque la victoire lui fut assurée, il ne se dérangea pas davantage pour serrer ces mains, tout à l'heure fermées, qui maintenant se tendaient vers lui avec un empressement équivoque ; il ne les repoussa point, mais ce fut tout. Un certain mépris qu'il paraît nourrir pour l'humanité, et surtout pour les hommes politiques, dut s'accroître considérablement dans cette mémorable séance où il passa successivement par toutes les alternatives de la défaite irréparable et du triomphe complet.

Tous ceux qu'il a froissés, blessés, malmenés ou déçus répètent en chœur que c'est un homme nerveux et qui prend volontiers sa névrose pour de l'énergie. Nerveux, il l'est certainement, et susceptible, et irritable, et ombrageux, et emporté à l'excès. Cela se voit à un petit tremblement des mains, à un tic des jambes qui ne peuvent tenir en place et surtout à un hochement de tête fébrile, qui ne se rencontre pas d'habitude chez un homme de quarante-cinq ans. La figure est belle, régulière, d'une grande douceur ; la bouche souriante ; le nez envahissant et fort. On peut reprocher à l'œil d'être un peu voilé ou refermé, non pas éteint, mais vague et languissant comme celui d'un homme de plaisir qui rêve, dans un demi-assoupissement volontaire, aux souvenirs de la veille ou aux espérances du lendemain. Il y a là un côté très féminin (ou très viril) du personnage, sur lequel on comprendra que je ne veuille pas insister, bien qu'il ne fasse aucun tort à M. Andrieux. En France, on est plein d'indulgence et même d'admiration pour ces choses-là.

C'est sur les nerfs, sur ces maudits nerfs, et sur tous les inconvénients que peut engendrer, chez un homme politique, la prédominance du système nerveux, que s'appuient les adversaires de M. Andrieux pour déclarer qu'il ne saurait devenir ministre. Plaisante raison, s'il n'y avait que cela ! L'extrême irritabilité n'a jamais empêché un ministre d'être un ministre. Il

n'est pas vrai que le monde n'appartienne qu'aux fleg-
matiques. Presque tous les grands hommes d'État et
presque tous les grands orateurs ont été des violents.
Voyez M. de Bismarck; voyez Mirabeau ! Souvenez-vous
de Casimir Perier. Ce héros de la résistance était le
plus violent des hommes; toujours emporté, toujours en
ébullition et en fièvre. Le fonctionnaire le plus méritant
était toujours sûr d'être reçu par lui comme un chien
dans un jeu de quilles ; jugez des autres ! Il ne dai-
gnait pas comprimer les cris d'indignation et de révolte
que la sottise, l'hypocrisie et la lâcheté humaines
arrachaient à son grand cœur. La moindre impression
remuait et secouait ce grand corps de six pieds, comme
celui d'un enfant. On a dit qu'il était mort du choléra ;
non. Il est mort de colère.

S'il n'y avait que cela ! Mais il y a bien autre chose ;
il y a le passé, les antécédents, les amitiés, les relations, et tout ce qui se croit trahi quand un homme
devient simplement raisonnable. Déjà, on qualifie
M. Andrieux d'orléaniste. En faut-il davantage pour
l'arrêter en route et pour l'empêcher d'être, non pas
précisément le Casimir Perier, mais le Léon Faucher
de la troisième République ?

———

X. — DEUX PARVENUS RÉPUBLICAINS

M. Tolain

La fortune politique de **M.** Tolain, sénateur de Paris
(j'allais dire gamin de Paris), date des élections qui
suivirent le siège. On nommait alors des amiraux et
des ouvriers ; on nomma **M.** Tolain, bien que ses titres,
comme ouvrier, parussent déjà un peu suspects. C'est un
ciseleur ! disaient les uns. C'est un *feuillagiste !* disaient
les autres. Ceux qui ne votaient pas pour lui le traitaient de contre-maître.

Ouvrier, il l'était, au moins par l'habit, par l'allure,
par sa forte barbe vert-de-gris, par ce caractéristique
déhanchement des faubourgs dont il n'a jamais voulu
se défaire, par la spirituelle effronterie de son nez en
trompette, par sa physionomie narquoise et par son air
d'émeutier. On sentait en lui un gaillard qui aime à
fouler le bitume, et, au besoin, à remuer les pavés.

Erreur profonde ! Émeutier, il ne l'était pas, il ne le
fut jamais, sauf en paroles. Il a, de nature, une faconde
turbulente, une verve socialiste, qui, fort heureusement,
se restreint à la théorie. Au début de sa carrière, il
répandait à flots cette mousse révolutionnaire dans de

brûlants conciliabules, en chambre, où résonnaient les mots de misère, de prolétariat, d'infâme capital, de travailleur sublime, etc. Il raisonnait même et subtilisait sur la matière. Il expliquait aux jeunes adeptes la différence qu'il y a entre un collectiviste et un communiste.

Il le sait sans doute encore, mais il n'en parle presque plus.

C'était précisément sur cet entrain communicatif que comptaient les ouvriers quand ils l'envoyèrent, comme mars en carême, siéger à l'assemblée de Versailles. On disait rue Vieille-du-Temple : « Vous verrez Tolain ! » On vit Tolain, et l'on vit que Tolain était devenu un sage.

Quinze jours s'étaient écoulés, et il n'avait pas encore mis le feu au palais de Louis XIV. Évidemment, il hésitait !

La Commune éclate ! La plupart des électeurs de M. Tolain espèrent qu'il va se décider. Chaque séance trahit quelque vide nouveau sur les banquettes parlementaires. C'est Delescluze, c'est Millière, c'est Benoît Malon qui secouent tour à tour sur cette Assemblée maudite la poussière de leurs souliers. M. Tolain ne bouge pas !

Ses vieux copains lui en ont voulu mal de mort. Ils ont dit qu'il se trouvait là comme un coq en pâte et qu'il tenait, avant tout, à y rester. Assurément, M. Tilain ne s'était jamais vu à pareille fête, car c'était la première fois que le budget lui faisait des rentes. Du jour au lendemain, il passait de la pauvreté à l'aisance, et cette satisfaction, nouvelle pour lui, ne pouvait pas le laisser complètement insensible. Peu habitué aux somptuosités, la vie était moins chère pour lui que pour beaucoup de ses collègues. Des témoins oculaires m'ont raconté qu'il faisait son marché lui-même, en fumant sa pipe, et qu'on le rencontrait souvent, place Hoche, avec un homard tendrement couvé sous sa vareuse. Il y a quelquefois, dans ces natures parisiennes, un vieux fond épicurien qui ne dédaigne pas ces modestes joies.

M. Tolain n'en était pas plus fier pour cela, et, comme il a bon cœur, je suis bien sûr qu'il eût voulu inviter tous les amis. D'ailleurs, il était meilleur citoyen et meilleur Français avec son homard de député qu'avec un fusil d'insurgé.

Ils l'ont renié cependant ! Ils lui ont prodigué les injures. Tolain le pur est devenu Tolain le riche, Tolain le repu, Tolain l'apostat. Enfin, suprême outrage, ils l'appellent maintenant monsieur Tolain !

Ce n'est pas sa faute. Voyant que la faveur populaire l'abandonnait, il a fait tout ce qu'il a pu pour la retenir. Il s'est multiplié pour conserver sa petite prébende parlementaire sans se brouiller complètement avec les dévorants qui l'ont élu. Il a souvent pris la parole dans les discussions démocratiques. A défaut de grands discours, il a lancé, il lance encore des interruptions ouvrières, des apostrophes sociales. A Versailles, il disait majestueusement : «Un évêque ne me fait pas peur !» Et il venait sans cesse mordiller la soutane de Mgr Dupanloup. Il a fulminé contre l'église du Sacré-Cœur des imprécations tragiques. On l'eût pris, en ce moment, non pour Talma, mais pour Bouffé, dans un monologue connu.

Un jour, il eut sa séance, toute une séance, bien à lui, comme Proudhon en 1848. Des indiscrets voulurent connaître le fond de son sac et le sommèrent d'expliquer ce qu'il entendait par la rénovation sociale. Il répondit : « C'est l'unité de transport ! » Et, trois heures durant, il pérora sur *l'unité de transport*. Que les grandes compagnies de chemins de fer consentissent seulement à transporter mille tonnes de houille au même prix qu'un ressort de montre, et le peuple était sauvé ! Elles ont refusé, les misérables!

Malgré tant d'efforts si persistants et si magnanimes, M. Tolain dut s'apercevoir que son ancienne popularité était perdue sans retour, et que la fin de l'Assemblée de Versailles serait aussi sa fin. Décidément, les camarades de la rue Vieille-du-Temple lui trouvaient l'air trop heureux. Le fait est que sa petite ambition, contente à peu de frais, s'épanouissait, malgré lui, sur son visage. Il souriait d'aise, bourgeoisement. Il engraissait à vue d'œil ; sans doute il mettait de l'argent à la caisse d'épargne. Cela ne se pardonne pas !

On prétend qu'un soir, dans un dîner que M. Tolain offrait à un ami sûr et fidèle, celui-ci le compara à Rothschild. Dès lors, il comprit qu'il n'y avait plus d'espoir et il se rabattit sur le Sénat. Il fut élu, mais c'était déchoir. Le sénateur Tolain !

M. Tolain s'en est rendu compte, et il a essayé de se refaire une virginité. Il a repris le chapeau mou, un instant abandonné. Il est revenu à son dandinement classique, à son accent naturel, dolent et traînard.

Cette astucieuse politique lui a conservé son siège. Réélu en 1882, il en a (au moins jusqu'à nouvel ordre) pour sept années, et c'est plus qu'il n'en faut pour le bonheur d'un philosophe. Toutefois, je me hâte de dire qu'il ne sera jamais heureux que relativement. Il n'y a plus pour lui, en ce monde, de bonheur parfait. Il a sa plaie secrète, son ver rongeur, ou plutôt, il a un ennemi, disons tout, une ennemie personnelle qui, depuis sept ou huit ans, ne lui laisse aucun repos.

C'est Marie Alacoque ; je ne sais pas si vous la connaissez !

Marie Alacoque trouble les jours et les nuits de M. Tolain. On se figure quelquefois qu'il en veut au clergé, à la religion, à l'Église ; mais il l'a avoué, il n'en veut qu'à Marie Alacoque. Il a une manière à lui de prononcer ce nom terrible... Ah ! vous ne l'avez jamais entendu !

Tous ses ressentiments, toutes ses fureurs contre le catholicisme ont pris un corps, toute sa haine s'est incarnée dans ce fantôme, et ce fantôme l'empêche non seulement de dormir, mais de respirer. Marie Alacoque ! Qui le délivrera de cette apparition ? Qui débarrassera son chevet de cette nouvelle nonne sanglante ? Supplice affreux ! Cauchemar atroce ! Il n'a pas même la ressource de la tuer : elle est morte !

M. Barodet

Il y a trois étapes distinctement marquées dans la carrière de ce grand homme. Il a franchi la première d'un seul bond, il est devenu grand homme tout de suite et du premier coup. La seconde a été plus lente, plus laborieuse, plus silencieuse et plus effacée. Il a mis quatre ou cinq ans à cesser d'être grand homme. Enfin la troisième, celle d'aujourd'hui, s'annonce victorieuse et réparatrice ; le grand homme est ressuscité.

Ces différents moments de la vie politique de M. Barodet sont également intéressants et instructifs ; mais l'heure brillante, l'éclat, le triomphe, c'est le début ! Un magister déclassé qui, à la première attaque, prend Paris d'assaut, Paris défendu par Rémusat et par Thiers ; un ex-courtier en vins qui n'a qu'à se montrer pour entrer par la brèche dans une capitale qui se refusa longtemps à Henri IV ; le miracle y est, et la fortune, et la prédestination, et le génie !

On dira qu'à cette époque mémorable M. Barodet n'était plus ni maître d'école, ni faiseur d'assurances, ni courtier en vins ; peut-être même n'a-t-il été jamais très sérieusement ni l'un ni l'autre. Il a été quelque chose de mieux : Lyonnais ! Il est né, il a vécu longtemps, et même toujours, dans cet étrange milieu où se cuisinent chaque jour, au fond de l'ombre, de grandes renommées locales, et où l'on voit continuelle-

ment sortir du four, après une cuisson occulte, des
légions de grands hommes inconnus. C'est vraiment
une chose curieuse à observer, et tout à fait extraordinaire, que cette élaboration des grands hommes
lyonnais ; on les fabrique dans les souterrains comme
la fausse monnaie, et il y entre toutes sortes d'ingré-
dients mystérieux. Tous sont marqués, et comme
tatoués d'emblèmes révolutionnaires.

Comment, par quelle secrète influence, par quelle
magie maçonnique, un homme appelé Barodet était-il
devenu maire de Lyon ? Je ne saurais le dire ; enfin, il
l'était ; et à point pour marcher sur Paris. La victoire
le prit sur ses ailes, et vola, avec lui, de clocher en
clocher, jusque sur les tours de Notre-Dame (6ᵉ arrondissement) qu'il représente encore aujourd'hui. En
vain M. Thiers expliqua aux Parisiens que, s'ils capi-
tulaient devant Barodet, les chevaux des uhlans vien-
draient encore une fois brouter l'herbe des Champs-
Élysées ; les Parisiens capitulèrent !

Cet évènement est connu, les conséquences en sont
classiques. Le 24 mai sortit tout armé de la leçon
donnée au pouvoir par le lyonnais Barodet. Je n'insiste
pas. A l'origine, ce grand vainqueur parut lui-même
un peu étonné et même écrasé de son triomphe. Parmi
les badauds qui avaient inventé sa mission, il y eut
beaucoup de réaction et de désappointement. Ils le
poussaient à se montrer, mais il ne semblait pas autrement pressé de se faire voir. Enfin l'on vit Barodet, et
personne ne pensa que ce fût Charlemagne. Il récita,
après deux ans de stage silencieux, un petit discours

en quinze lignes, qui ne fit aucun effet, et réalisa ainsi son désir.

Passer inaperçu était devenu, à ses yeux, le souverain bien. Une subite modestie lui disait que cette Assemblée nationale où un coup de vent populaire venait de le pousser n'aurait pas la patience d'écouter longtemps les catéchismes des faubourgs lyonnais. Il se réserva, il rentra spontanément dans l'ombre qui lui était chère, et attendit patiemment son jour, sans qu'il eût besoin de se préparer ni de s'armer sérieusement pour reparaître à la lumière, chaque heure qui s'écoulait rapprochait évidemment sa revanche. On voyait venir le moment où les idées et les discours qui réussissent dans les clubs jouiraient de la même fortune à la Chambre. Un beau matin, celle-ci se trouva juste au niveau de M. Barodet ; une égale inclination les porta l'un vers l'autre, et, dans ces derniers temps, ce mariage admirablement assorti a rendu à M. Barodet son prestige, tout son prestige. Il est vraiment l'homme, et même le Benjamin de la Chambre. Elle n'a de sourires et de tendresses que pour lui.

Aussi voyez comme il s'enhardit, comme il se risque ! Cet orateur prudent et même timide, qui s'était pour ainsi dire retenu pendant cinq années, comme il se débride et se lance ! Avec quel entrain il poursuit sa rescousse barodettiste. C'est le Turenne de la démocratie, toujours plus audacieux en vieillissant. Il n'a plus à craindre qu'une majorité à la fois petite maîtresse et réactionnaire lui oppose les discours d'un Bocher ou d'un Broglie ; il n'a plus même à redouter qu'une minorité bourgeoise préfère à son éloquence naturelle l'éloquence travaillée d'un Challemel-Lacour ou d'un Jules Favre. La Chambre et Barodet sont faits l'un pour l'autre ; il est à elle, elle est à lui.

C'est Barodet qui lui a soufflé dans l'oreille cette heureuse idée de la revision constitutionnelle, qui a déjà exercé tant de ravages dans le parti républicain et qui en exercera encore. C'est Barodet qui a conçu cette grande pensée des cahiers de 1881 pour faire pendant aux cahiers de 1789. Ici, des gêneurs ont essayé de se mettre en travers ; mais il s'est précipité sur eux comme un torrent, et les a emportés, misérables fétus de paille, dans sa retentissante écume.

Il dépose chaque jour quelque nouveau projet, auquel on sourit avant même d'en avoir entendu la lecture ; après la lecture, c'est du délire. Il peut présenter et proposer tout ce qu'il voudra. Les gens raisonnables, s'il en est encore, oseront à peine faire une petite grimace, la majorité applaudira de confiance ; elle salue en lui Barodet, ou le nouvel enfant chéri de la victoire !

Je me refuse absolument à croire qu'une Chambre, quelle qu'elle soit, témoigne tant d'affection à un simple mortel, s'il n'a pas en lui de quoi justifier, au moins dans une certaine mesure, la préférence un peu compromettante dont il est l'objet. M. Barodet est un fort bel homme, un brun qui a bien blanchi, avec une noble prestance et un chapeau à larges ailes, genre Floquet. Comme M. Floquet n'en porte plus de ce goût, on pourrait même dire que M. Barodet en a hérité ; mais quelle que soit l'influence de ces détails de toilette sur l'esprit des hommes, il nous en coûterait d'admettre que la Chambre y attache tant d'importance et que M. Barodet n'a pas de plus sérieuses séductions.

On lui trouve de la gravité, une bonne tenue parlementaire, un air de profondeur ; à notre avis, il possède en propre une vertu supérieure à toutes ces qualités de surface, un mérite qui tient lieu de tous les autres mérites ; c'est cette *aurea mediocritas* que le poète a louée, et que je loue après lui, en latin, chez M. Barodet parce que le mot « médiocrité » a, en français, un sens désobligeant. C'est cette délicieuse moyenne d'idées, et même de préventions et de préjugés populaires, qui assure à un homme l'estime et la reconnaissance éternelle de ses concitoyens.

M. Barodet est le serviteur du peuple. Il déclare, à qui veut et même à qui ne veut pas l'entendre, qu'il a été créé et mis au monde pour faire la volonté du peuple. Aussitôt que le peuple a parlé, M. Barodet s'incline. C'est le peuple qui lui a demandé la révision et les cahiers. La proposition la plus saugrenue, si elle a seulement une apparence populaire, M. Barodet s'en empare, ou du moins s'y rallie, et, quand il ne la défend pas, il la vote, sûr de ne pas se tromper, ou du moins de se tromper sans inconvénient.

Cette médiocrité populaire, radicale, jacobine (tout ce que vous voudrez), a un immense avantage sur la médiocrité libérale. Un libéral médiocre est quelquefois, par la force même des choses, par la pente de son esprit et de son caractère, indécis, flottant, irrésolu. Un radical médiocre n'hésite jamais. Il dit : « Le peuple ! » d'une certaine façon, avec un certain accent, et il étrangle bravement la justice et la liberté, pour le peuple, par le peuple, avec le peuple. Aussi, est-il vanté partout, et spécialement dans quelques quartiers excentriques de Paris ou de Lyon, comme le fort des forts. Voilà un gaillard qui ne bronche pas, qui n'a jamais bronché ! Sa force est d'être à la fois l'idole et le courtisan du peuple. Il dit au peuple : « Toi seul es grand ! » Et le peuple lui répond : « Toi seul es incorruptible et inébranlable ! » D'où il suit qu'il suffit généralement d'être une tête de bois pour être regardé par le peuple comme un homme de fer.

XI. — FUTURS MINISTRES

M. Brisson

M. Brisson, député de Paris, président de la
Chambre, est une des personnalités de notre temps
qui font le mieux comprendre combien l'étoffe à
hommes d'État s'est amincie. Assurément, il compte
parmi les gros bonnets du parlement ; on n'en voit pas
cinq ou six au-dessus de lui soit au Sénat, soit à la
Chambre ; aussitôt que le fauteuil présidentiel s'est
trouvé vacant, ses collègues se sont empressés de l'y
asseoir ; un jour ou l'autre, il aura un portefeuille ; il
y touche, et nul n'en a la main plus proche que lui.

Étant donné le monde politique actuel, je reconnais
bien volontiers que c'est justice. M. Brisson y occupe
une place extrêmement distinguée, parmi les meilleurs.
Quel que soit l'aspect sous lequel on l'envisage, il
brille presque au premier rang. Écrivain, orateur, il
a conquis l'estime et il la mérite. Homme politique, il
a de la dignité, de la tenue, le respect de soi, un certain esprit de conduite, une solidité plus qu'ordinaire.

On peut contester, et on l'a contesté, son talent
d'écrivain et de journaliste. Il est bien certain que le
journal n'est pas sa spécialité. Dans la presse, il ne

tenait pas absolument le haut du pavé, et on citerait vingt noms en avant du sien. Ses articles du *Temps* étaient de pâte un peu massive et lourde, sérieusement pensés, fortement écrits : de véritables maçonneries romaines, cimentées et cuirassées, mais dépourvues quelquefois de ventilation et d'air.

Comme orateur, il se relève. Quand par hasard il peut se dépouiller des avocasseries, dont le barreau l'a malheureusement imprégné, et qui glacent à certains moments sa parole, quand il peut repousser et renfoncer en lui le rhéteur, pour s'abandonner à sa chaleur naturelle, il rencontre souvent le mouvement juste et l'accent vrai. Il a de l'entrain et de la vigueur, une certaine âpreté corrosive qui est bien à lui, une brutalité sincère, des colères concentrées qui se communiquent à son auditoire ; enfin, une influence et une action, ce qui est le propre de l'éloquence.

Sa voix, un peu psalmodiante et glapissante, ne le dessert pas trop dans les rapides moments d'inspiration. Elle perce et pénètre. Elle traverse la salle comme un cri. A Bordeaux et à Versailles, dans les grandes séances de l'Assemblée nationale, elle bravait les tumultes, elle dominait la sonnette du président, et s'imposait par quelque interruption héroïque dans l'orageuse symphonie environnante. La Chambre entière s'arrêtait comme pétrifiée par une note extraordinairement douloureuse, par un râle suprême de victime qu'on égorge, et on disait avec une émotion étrange : « C'est Brisson. »

Un homme ainsi doué et si vraiment supérieur à la moyenne parlementaire, justifie certainement l'attention dont il est l'objet, et les destinées prochaines qu'on lui prédit. Il faudrait céder à un singulier parti-pris pour ne pas le distinguer dans la masse qui l'entoure. M. Brisson a une valeur relative qui lui assure l'avantage sur un grand nombre de ses contemporains, et spécialement sur la plupart des hommes nouveaux qui sont éclos à la vie politique depuis que le régime électif a complètement triomphé. Mais il faut aussi reconnaître que le voisinage le rehausse, que les talents deviennent presque introuvables ; que, dans tous les cas, le niveau a étonnamment baissé. Comparé à toutes les sommités d'alentour, M. Brisson vous fait l'effet d'un aigle parmi les passereaux ; mesuré à l'ancienne toise, sous laquelle il fallait absolument passer pour obtenir autrefois la qualification d'homme d'Etat ou même la qualification plus simple et modeste d'homme politique, on le voit soudain se raccourcir et diminuer comme par enchantement, on s'aperçoit du premier coup qu'il bénéficie de l'insuffisance des autres, et qu'il n'est grand, hélas ! que parmi les petits. Ce n'est pas sa faute ; et j'incline à croire, au contraire, qu'il est plus difficile de dominer ainsi une décadence générale que d'atteindre simplement et sans effort à la grandeur commune, dans ces heureuses époques où rien n'a encore dégénéré.

Une chose qui n'a point dégénéré chez M. Brisson, c'est le caractère, et il n'en faudrait pas davantage pour lui assurer une place à part dans la société con-

temporaine. Ses adversaires rendent hommage à une
certaine fierté, à une certaine vertu intègre et farouche,
qui paraît être en lui mais qui n'est point du siècle. On
le regarde comme un républicain à l'antique, un républicain de la vieille roche, inflexible sur les principes,
fermé à toutes les contagions malsaines, absolument
ignorant et immaculé de certaines corruptions qui ne
sont pas exclusivement monarchiques, plus ambitieux
pour son parti que pour lui-même, le pur, l'austère
Brisson ; un Caton et un Brutus, si tant est qu'il y ait
encore des Brutus et des Caton.

Je n'ai aucune raison de croire que cette réputation
soit usurpée ; il est certain que M. Brisson, dont on ne
m'accusera pas d'avoir rabaissé le talent, vaut surtout par le caractère. Ce n'est pas une petite supériorité ; et elle a reçu sa récompense, car c'est à son
caractère que M. Brisson doit la situation chaque jour
grandissante qu'il occupe dans le monde républicain.
C'est ce caractère dont la sévérité s'imposait par le
contraste, qui l'a recommandé, j'imagine, aux électeurs parisiens, et qui lui a conservé la faveur populaire, sans interruption ni éclipse. Les bons bourgeois
de la dixième circonscription sont tout fiers d'être
représentés par un Romain.

Malheureusement, toute médaille à son revers, et
celle-ci a le sien. Cette honnêteté rigide, cette probité,
cette indépendance cornéliennes, M. Brisson n'a pas
su les concilier avec les qualités aimables, avec l'indulgence sévère qui donne à la vertu elle-même tout
son prix. Il a voulu en avoir l'extérieur et l'apparence,

les porter sur soi, ou même devant soi, *præ se ferre*, comme on dit en latin. Il s'est rendu volontairement un peu hirsute et farouche, et renfrogné et mélancolique. C'est un caractère, mais un caractère sombre ; un personnage noir qui ne s'égaye et qui ne rit jamais, ou presque jamais. La majesté tourne chez lui au drame, et ce républicain si pur a l'air de porter le deuil de la République, comme M. de Montespan portait le deuil de sa femme. Elle ne l'a pourtant pas trahi ; elle ne lui a pas ôté une seule de ses illusions ; elle lui promet un ministère. Pourquoi donc ce chagrin? Pourquoi cette éternelle tristesse ? Il n'y a rien qui aille si peu avec ce ton parisien, qu'on aimerait à rencontrer chez un député de Paris.

Si encore c'était purement extérieur, une habitude ou une affectation qui ne touche que le dehors, une manière de dire au public qu'on porte en soi un monde et qu'on en est de temps en temps surchargé ! Cette petite manie à la Saint-Just serait bien inoffensive chez M. Brisson ; mais elle va plus loin. La pensée est vraiment sombre et lugubre comme la physionomie. Nous avons ici affaire à un homme naturellement bon et doux, poli et bien élevé par surcroît, dont l'esprit de secte a noirci l'imagination, et qui voit partout des fantômes. Oui, M. Brisson en est, de ces sectaires hantés, qui portent, dans la politique, en l'an de grâce 1884, l'âme de Calvin. Au beau milieu de ses affiches électorales toutes rouges, placardées sur les murs de l'église de St-Vincent-de-Paul, il parlait d'une bande de jésuites à exterminer. Évidemment, cette bande passe dans ses rêves. Pour tout dire, c'est un homme du seizième siècle égaré dans le dix-neuvième, un ligueur de la libre-pensée, un fanatique à rebours; qu'il me passe ce mot, une espèce de Maurevel ou de Ravaillac républicain.

Cela est peint sur son visage, cela se voit dans ses yeux où circule une flamme sombre ; cela se marque dans son allure, dans son geste, dans certaines exclamations qui lui échappent. Il est possédé d'un démon qui lui fait endurer mille tortures et qui imprime à sa face cette douloureuse expression. On nous dit quelquefois, à nous qui ne donnons pas dans ces passions terribles, que nous sommes des sceptiques, des hommes sans foi et sans conviction. Il en a trop, lui, de conviction et de foi ! Quant à nous, c'est vrai : nous n'avons pas de ces religions, de ces violentes et cruelles superstitions politiques, qui ôtent toute liberté à l'esprit, toute sûreté au jugement, et quelquefois toute lumière à la conscience.

Nous préférons un peu de tolérance et de bonne grâce, nous tâchons de conserver notre âme large et hospitalière, même aux opinions et aux prétentions d'autrui. Les cerveaux étroits nous font peur. Nous ne croyons pas devoir veiller, comme des dragons fabuleux, sur un trésor qui nous serait confié. M. Brisson veille sur un trésor, et l'idée qu'il pourrait s'endormir ou se relâcher un seul instant lui cause de mortelles inquiétudes dont son visage bouleversé garde et gardera la trace éternellement. Ce grand souci explique l'acharnement injuste qu'il a porté dans la commission d'enquête contre le 16 mai, et la rage disproportionnée qu'il a manifestée à la tribune dans son réquisitoire contre le bon Pâris et l'innocent de Fourtou. On croyait voir Milton répondant aux pamphlets royalistes, et réfutant avec une sorte d'épilepsie républicaine l'*Eikôn basiliké*.

M. Brisson retarde de deux ou trois siècles ; à cela près, intelligent ; le plus honnête et même le meilleur fils du monde, de telle sorte que, si la France est destinée à périr faute d'hommes, il est encore un de ceux qui feront assez bonne figure dans cette irrévocable pénurie.

M. Clémenceau

Il y a une chose qui m'a toujours frappé, à première vue, chez M. Clémenceau : c'est la forme de sa tête, c'est son crâne. Même à l'époque naturaliste où nous vivons, lorsque les nouvelles écoles attachent tant d'importance aux choses purement extérieures et matérielles, il semble un peu puéril de s'arrêter à la tête ou à la figure d'un homme. Cependant, je demande une exception pour M. Clémenceau. Son crâne est phénoménal, c'est évidemment la plus grosse boîte osseuse de la Chambre. Cette boule énorme, toute ronde, avec de fortes pommettes saillantes et des mâchoires de Caraïbe, prend un relief qui fait rêver. Je ne conseille pas à M. Clémenceau de se mettre des plumes sur la tête et de se déguiser en anthropophage ; l'illusion serait trop complète. C'est à peine si le nez, rétréci et recroquevillé tout à coup, au moment même où il commençait à s'élargir, vous rassure quelque peu sur les intentions de ce cannibale intelligent.

Qui sait ? C'est peut-être uniquement cet aspect océanien qui a valu à M. Clémenceau sa réputation de mangeur d'hommes !

Et dire que c'est un philanthrope !

C'est aux flammes de la Commune qu'on a commencé à l'apercevoir. Avant le siège, sa jeune renommée n'avait guère dépassé les buttes Montmartre, et il se tenait, volontairement peut-être, dans cette menaçante pénombre, chère aux blanquistes. Il faisait partie de ce bataillon sombre qui semble sortir de dessous terre le matin d'une révolution. Il n'était encore, suivant un mot connu, qu'un politique de carrière.

Il tint bientôt le haut du pavé. Il était maire de Montmartre au 18 mars ! M. Clémenceau s'est toujours défendu énergiquement d'avoir contribué, par apathie et indifférence, à la mort des généraux Lecomte et Clément-Thomas. Il a juré, à plusieurs reprises, qu'il ne pouvait rien pour eux, et il a même envoyé une balle dans la jambe à un officier qui, devant les conseils de guerre, avait paru en douter. Quand un homme comme lui se montre prêt à sceller de son sang, et même du sang des autres, une affirmation aussi honorable, personne n'a le droit d'insister.

Ce qui, pendant un certain temps, a donné créance aux mauvais bruits, c'est la façon preste et cavalière dont il quitta l'Assemblée de Versailles au plus fort de ses embarras. Il était à la tribune, armé déjà de cette ironie parisienne qui constitue sa principale force, et il se moquait de son auditoire, qui lui répondait par des interruptions désobligeantes. Tout à coup, sur un mot plus vif parti de la salle, il pirouette sur ses deux talons, salue ses collègues d'un dernier ricanement, et ne reparaît plus.

Il n'ignorait pas que le conseil municipal de Paris était là pour le recueillir lui et bien d'autres. Il y fut reçu à bras ouverts, comme une épave de prix, et se distingua bientôt parmi les membres les plus distingués de cette seconde Commune, épurée, qui s'apprêtait à faire à la Chambre des députés une rentrée triomphale, sur les épaules des Parisiens.

M. Clémenceau fut un de ceux qui nous procurèrent ce spectacle. Montmartre nous le rendit aux élections de 1876, après un stage de cinq ans, plus hardi et plus entreprenant que jamais. Immédiatement, il s'enrôla dans la gauche la plus radicale, avec des airs de simple soldat qui sera bientôt un chef. Il eut alors l'initiative des motions que l'on regardait comme les plus audacieuses, comme les plus féroces, par exemple l'amnistie. Il faisait trembler les centres. Quand on disait à quelqu'un : « Vous êtes donc avec Clémenceau ? » c'était comme si on lui eût dit : « Vous êtes donc avec Robespierre ? »

On s'y est fait.

Au milieu de ces révolutionnaires forcenés que plusieurs faubourgs considèrent aujourd'hui comme des républicains timides, M. Clémenceau se distingua tout

de suite par l'audace de ses idées et par l'inflexible
rigueur de sa logique. Nul n'avait plus de courage pour
proposer et plus de dextérité pour défendre quelque
chose d'énorme. Discuteur acharné et intrépide, ses
discours brefs et serrés ressemblaient à un cliquetis de
fleurets. Leur sécheresse même, quand on se rappelait
que l'orateur était un médecin, leur donnait une apparence d'opération chirurgicale. Les ennemis les plus dé-
clarés de ce praticien émérite admiraient sa phrase taillée
au scalpel, son argumentation strictement scientifique,
sa prestesse à débrider une équivoque ou une sottise.

La Chambre comptait beaucoup d'orateurs plus
abondants, plus éloquents et même plus électriques ;
mais nul mieux que lui ne savait saisir le point d'une
discussion, déshabiller un prétexte, désarticuler un
mensonge, faire l'autopsie d'une lâcheté.

Littéralement, il découpait un adversaire comme un
poulet.

Ajoutez à ce talent tout spécial une réputation
méritée de duelliste, ou, plus exactement, d'homme
qui ne craint pas un duel, et vous aurez une idée de
l'impression que **M.** Clémenceau devait produire sur
ses collègues. A la tribune, il était presque toujours
battu, mais aussi toujours ménagé, on le repoussait
avec perte, mais avec respect. Enfin, on aimait mieux
se trouver en face d'un autre.

Il était invariablement de toutes les affaires d'honneur, et, comme on disait alors, il n'y avait pas de
bonne rencontre sans lui. Témoin obligé dans les querelles les plus variées, il jouissait, à lui tout seul, de

l'autorité d'un jury. Il assista M. Gambetta dans ce coup de pistolet, à trente-cinq pas dans le brouillard, avec M. de Fourtou. On croirait qu'il en fut agacé, car c'est à partir de ce moment que l'on vit se refroidir peu à peu les relations de ces deux amis.

Nous touchons à une nouvelle phase de la vie politique de M. Clémenceau. L'heure de la rupture définitive a sonné. Le chef des radicaux n'entend plus qu'on le prenne pour un gambettiste, et, en toute occasion, il tient à marquer les distances. Il trouve que M. Gambetta mollit; il le dit d'abord dans les couloirs, il le dit ensuite publiquement, à la tribune; enfin, le député de Montmartre attaque en face le député de Belleville avec autant d'insistance que d'âpreté.

L'autre d'abord ne répondit guère, et parut éviter les mots irréparables; mais à la longue, il lui fallut bien voir que ses tentatives de réconciliation se heurtaient à un parti pris, à une résolution longuement et froidement calculée, à une hostilité définitive; et, son arrogance reprenant le dessus, il s'écria, ou à peu près : « Silence aux trente voix ! »

Si la logique absolue était, en politique, une garantie de succès, M. Clémenceau, qui a triomphé de Gambetta, triompherait, un jour ou l'autre, de tous ses ennemis personnels et de tous les partis opposés au sien, car la logique absolue est de son côté. Mais elle devient, au contraire, dans le train du monde, une cause de faiblesse, comme toutes les abstractions, parce qu'il y a toujours dans l'évènement quelque chose qui déconcerte la théorie.

Quiconque ne tient pas compte de cet élément ou,
plutôt, de ce frottement nécessaire qui change la proportion des quantités et le rapport des forces, croit
bien calculer et calcule mal. Il néglige l'exception dans
un milieu où règne l'exception.

M. Clémenceau s'attache à ses formules radicales;
il veut tout ou rien ; on lui cède sur un point, il vous
envahit sur un autre. Chaque jour il fait un pas;
chaque jour, encouragé par la faiblesse de ses adversaires, il demande, il exige impérieusement plus qu'on
ne lui a donné la veille. Il se figure que les nations et
les Chambres finissent invariablement par se rendre à
merci à ceux qui ont obtenu d'elles la première faveur.
Il a tort. Son système radical réussit longtemps, et
ne réussit pas toujours. Il arrive un moment où l'absolu
échoue, parce qu'il est l'absolu, c'est-à-dire le contraire
de la politique. L'humanité a horreur de l'absolu,
comme la nature a horreur du vide. Il a échoué, que
M. Clémenceau y songe, dans les mains de Robespierre, dans les mains de Napoléon, et même dans les
mains de M. de Girardin, qui n'a jamais été ministre.

M. Ribot

Voici un des hommes les plus importants de la
Chambre, véritablement un personnage. Il a grandi
étonnamment. Dans toute assemblée parlementaire, il
serait en vue; dans celle-ci, il prend un relief extraor-

dinaire. On le veut partout, on le met partout. En séance publique, en comité intime, dans toutes les grandes discussions, dans toutes les grandes commissions, on voit apparaître ce pâle fantôme que quelques-uns appellent l'ombre de Dufaure. Il semble qu'on ne puisse rien faire sans lui.

Ce n'est pas sa faute; il ne se jette pas volontiers à la figure des gens; il ne se propose pas. Longtemps il s'est réservé et ménagé. Il se montrait prudent, discret, défiant et économe de lui-même, très désireux de prolonger longtemps son apprentissage politique. Il se contentait d'être le disciple de son maître, disciple fidèle et respectueux, acolyte modeste et pénétré, sous-diacre. Même après la disparition de M. Dufaure, il ne se pressa pas d'abandonner cet office; il ne s'essaya que lentement à des emplois moins effacés, et il fallut presque le pousser de force à la pleine lumière des premiers rôles.

Est-ce à dire qu'il fût absolument dépourvu d'ambition? Je ne l'affirmerais pas. A certains moments, on croit découvrir chez lui des jeux de physionomie, des tressaillements nerveux qui trahissent une passion concentrée, des espérances inavouées, des amertumes solitaires, des déceptions muettes, et surtout un vif sentiment de la bêtise humaine. Mais, à ses débuts, il ne l'avait pas encore mesurée. Il marchait, au milieu de ses collègues, avec la précaution et la timidité d'un homme qui se croit entouré de supérieurs, et qui ose à peine prétendre à une petite place auprès d'eux.

Depuis, on l'a détrompé, il a dû s'apercevoir qu'un

mortel ordinaire pouvait, sans fol orgueil, s'asseoir
au milieu de ces génies, et eux-mêmes l'ont tout de
suite accueilli comme leur égal, voire un peu plus.
Ainsi s'expliquent son progrès continu et sa récente
renommée. Il est aujourd'hui très haut, ce qui ne veut
pas dire qu'il ira très loin. Entre l'estime dont il jouit
et la fortune qui l'attend, il y a une disproportion
curieuse, un écart étrange dont je dirai la cause tout à
l'heure, lorsque j'aurai rendu à **M. Ribot** la justice
qu'on lui doit.

Il faudrait être absolument aveugle ou prévenu pour
fermer les yeux à ses mérites. Il en a d'assez remarquables pour paraître éclatants dans le milieu où ils
se produisent. Il possède surtout, à dose très sensible,
une vertu maîtresse, la plus belle, la plus rare de
toutes en ce moment, qu'on appelle aujourd'hui le courage, parce que, dans la pénurie environnante, on
grossit tous les mots, mais qui s'appelle proprement :
le caractère. **M. Ribot** a du caractère, et avec discernement, ce qui est le grand point. Il sait vouloir et s'en
tenir à ce qu'il a voulu ; mais son opiniâtreté éclairée
ne ressemble en rien à l'entêtement brutal du niais qui
se bute, ou à la vanité du badaud qui s'admire.

Plusieurs fois, il a résisté aux puissants, et résisté
lorsque tout le monde pliait. On se rappelle avec quel
sang-froid il a supporté, à diverses reprises, les assauts
du jacobinisme et des jacobins. Aucune menace,
ouverte ou sourde, ne l'a effrayé ; aucune défection ne
l'a paralysé, aucune ironie ne l'a empêché de tenir bon
dans la débandade universelle. Le spectacle de la

lâcheté provoque son mépris sans affaiblir sa résolution. Il a porté le premier coup à M. Gambetta, et il ne l'a pas regretté ; il s'est trouvé souvent face à face avec M. Clémenceau, et il n'a pas reculé. Le duel entre eux est inévitable ; ils se rencontreront nécessairement un jour ou l'autre, et M. Ribot périra peut-être, mais il ne reculera pas.

A ce caractère trempé pour la lutte, et qui paraît y prendre un certain plaisir, répond une supériorité d'esprit, ou tout au moins, une supériorité d'éducation parlementaire qui étonne aujourd'hui, comme un anachronisme, mais qui assure l'avantage à M. Ribot sur la plupart de ses contemporains politiques. C'est même son originalité. Il se rend compte de ce qu'est un parlement et de ce que doit être une Chambre. Il a étudié le mécanisme des pouvoirs, l'organisation des assemblées, le fort et le faible du gouvernement représentatif.

Enfin, il connaît les éléments de son métier, ou, si vous préférez une expression plus noble, la signification de son mandat. C'est un vrai député, presque le seul. En cela, il rappelle l'ancienne et forte race dont nous avons vu, avec MM. Thiers et Dufaure, tomber les derniers débris. Il en a la tradition, il en maintient les pratiques ; il a manifesté souvent qu'il possédait, ou qu'il posséderait un jour l'art difficile de conduire, par la parole, et aussi par la tactique, une collection d'ambitieux. Enfin, il a une apparence d'homme politique, il a un air d'homme d'État.

Comment donc se fait-il que M. Ribot, qui est, de l'aveu unanime, le meilleur des députés, n'ait pas encore été ministre ? Par quel fossé, par quel abîme, se trouve-t-il indéfiniment séparé des grandes places et du premier rang ! Comment expliquer que la Chambre qui le tient en si haute estime, et qui lui donne si souvent raison, ne l'ait pas encore désigné au choix du président de la République ? C'est ici qu'éclate cette espèce de contradiction, d'anomalie, de paradoxe qui préside à la destinée, à la situation, à la fortune politique de M. Ribot. Il a du courage, il a du talent, il a du crédit, il est républicain, il croit à la République, il l'aime, il la sert ; mais il n'est pas dans le courant.

Ne pas être dans le courant, voilà le crime !

Je suis convaincu que M. Ribot est aussi bon et aussi sincère démocrate que M. Germain Casse, mais il n'a pas l'allure démocratique. Il ressemble à un homme d'un autre âge. Son républicanisme n'est pas sur le patron voulu, on en suspecte la coupe ; il a le je ne sais quoi monarchique. Pour tout dire, M. Ribot est centre-gauche dans un temps où il paraît que la France ne l'est plus. Il représente la modération, lorsque la modération est passée de mode, et la république conservatrice après que les républicains eux-mêmes se sont donné le mot pour n'y voir qu'une bêtise.

Voilà pourquoi M. Ribot n'a pas eu son jour, et ne peut plus l'avoir... au moins immédiatement. Malgré sa grande réputation, il est fini ou paraît fini avant d'avoir commencé. Il est venu trop tard, dans un État trop vieux, et dans une République trop folle. Il représente un avenir passé. Quand les idées qui lui sont

chères obtenaient quelque succès, il n'était pas encore
là, et quand il est arrivé, le succès était ailleurs, on a
brûlé son étape !

M. Ribot, c'est M. Dufaure, et M. Dufaure est loin !
M. Ribot lui succède, quand il n'y a plus de succession
à recueillir. La Chambre n'en crie pas moins : « Vive
Ribot ! » parce qu'elle le sait homme de sage parole et
de bon conseil ; elle lui demande des consultations, elle
tient à connaître son avis, elle apprécie ses raisonne-
ments, elle goûte son éloquence un peu didactique et
raide ; elle en admire la simplicité, la sobriété et le
nerf, mais généralement elle passe outre. Elle s'adresse
à lui, se sentant malade, pour l'acquit de sa conscience,
mais elle le considère comme un de ces vieux médecins
dont on loue encore la sagacité, mais dont on ne fait
plus les remèdes. Il jouit ainsi d'une espèce de réputation d'outre-tombe, de crédit posthume, dont le bénéfice ne va pas jusqu'à lui assurer une place dans le
gouvernement.

Il n'en a que plus de mérite. Le désintéressement
est grand qui consiste à avertir, sans relâche et sans
succès, des énergumènes. On les compte, à la Chambre,
ceux qui veulent bien remplir, avec M. Ribot, ce rôle
ingrat. Le groupe Ribot, que j'appellerais volontiers le
groupe des veilleurs de nuit, a été fortement éprouvé,
presque anéanti dans les dernières élections, et depuis,
il n'a fait qu'une recrue, M. Francis Charmes. Ce n'est
pas M. Léon Renault qui s'y serait attardé. M. Léon
Renault n'entend pas se renfermer dans ce personnage
de doctrinaire distancé, qui florissait en 1827. Il lui

serait désagréable de ressembler, même de loin, à M. Dubois (de la Loire-Inférieure), qui fut célèbre autrefois.

M. Ribot y trouve, au contraire, un amer plaisir. Il ne se fait pas l'illusion de croire que cette politique ait de quoi séduire les foules; mais il la juge solide; il en aime l'aspect sérieux et la tournure archaïque. Elle le met bien à l'aise. Il peut rester ferme sur sa doctrine, n'en rien retrancher, n'en rien rabattre, la défendre en toute occasion avec son courage froid, avec son énergie obstinée et systématique. Il peut combattre armé de toutes pièces, et en chevalier, pour l'honneur.

Cette fierté, cette crânerie a certainement des douceurs intimes pour celui qui, comme M. Ribot, a fait son deuil de tout ce que le contraire procure. Elle se suffit à elle-même. Et puis, qui sait, elle trouve quelquefois sa récompense. Voyez-vous d'ici quelle position aurait M. Ribot si, un jour, — pas maintenant, plus tard, beaucoup plus tard, dans ce lointain obscur où s'élaborent les destinées des peuples,— une main invisible préparait un retour des flots, quelle joie, quelle gloire de s'être posé en digue et de n'avoir pas fléchi !

Et même, si cette revanche lui est refusée, si la violence et l'imbécillité, conspirant ensemble, doivent nous conduire à une catastrophe, quelle consolation d'entendre dire autour de soi : « Voilà celui qui s'appelle Ribot et qui a prêché dans le désert ! » Et quelle consolation, plus grande encore, de pouvoir se dire à soi-même, avec la conscience tranquille de l'honnête homme : « Je n'y suis pour rien ! »

M. Floquet

Je ne parlerai ni de son chapeau pointu, ni de son gilet à la Robespierre, ni des affiches électorales qu'il collait lui-même sur les murs, en présence des gendarmes impériaux, ni du « Vive la Pologne, monsieur ! » Les temps héroïques sont passés. Aujourd'hui, le héros n'est plus qu'un député comme un autre, avec un petit ventre en pointe, qui a remplacé son chapeau. Il a pris de l'embonpoint et il s'est enrôlé parmi ces hommes gras qui ne font plus peur à César.

M. Charles Floquet, plus heureux en cela qu'un certain nombre de ses anciens amis, n'a pas seulement une position politique, il a une position sociale. Il fait figure dans la société aussi bien que dans l'Etat, il est magnifiquement apparenté. Par son mariage, il a pris place, il a pris pied dans une grande et riche famille alsacienne sur laquelle Charras a jeté autrefois un certain éclat. Quand je dis : une famille, c'est presque une dynastie, une maison républicaine, qui rappelle les anciennes maisons royales. M. Jules Ferry en est aussi ; il est, par alliance, le neveu, à moins que ce ne soit l'oncle de M. Floquet ; on s'y perd un peu. Cette nombreuse et puissante famille Kestner, avec ses ramifications infinies, a presque l'étendue et l'aspect d'une congrégation... protestante. On connaît et l'on vante en tous lieux les dons supérieurs, les qualités maîtresses qui ont fait sa force et sa durée, les vertus

solides qui la recommandent au respect et à l'admiration du monde : la probité rigide, l'opiniâtreté métho-
dique, la générosité froide, le désintéressement
raisonné. Le répertoire de ses mérites serait long ; la
largeur d'esprit n'y figurerait pas au premier rang.

L'esprit de tolérance, le libéralisme vrai, manquaient
et ont toujours manqué à M. Charles Floquet, juste
assez pour le mettre au point. Dès l'enfance, il a joué
au jacobin, et il s'est fait de la raideur jacobine un
idéal. C'est, chez lui, une affectation de collège. A neuf
ou dix ans, il a regardé Saint-Just en face ; Saint-Just
lui a plu, et il s'est dit : « Je serai Saint-Just. » D'autres ont préféré Robespierre ou Danton ; mais le véritable homme de bronze, c'est Saint-Just. Un adolescent
qui vise au caractère, choisit toujours Saint-Just. Dans
l'école contemporaine on en cite plusieurs qui l'ont
imité, et qui l'imitent encore, avec plus ou moins de
succès. Saint Just sert de modèle à tout un atelier
d'apprentis politiques ; mais, par un phénomène
bizarre, ce n'est pas le modèle qui pose.

M. Floquet n'a jamais cessé et ne cessera jamais
d'avoir les yeux sur lui. Il a lu et relu :

De l'aimable Saint-Just les touchants opuscules...

il s'est pénétré de sa vie et de sa mort; c'est son héros,
c'est son Christ ! M. Brisson a le même culte. Aussi,
ne me fera-t-on jamais croire à l'amitié de MM. Brisson
et Floquet. Ces deux frères, ces deux rivaux en Saint-
Just doivent se détester cordialement.

Voulez-vous faire à M. Charles Floquet un compliment qui lui soit vraiment agréable? Ne lui dites pas qu'il est un orateur ; il le croira sans doute, mais ce n'est pas par là que vous chatouillerez l'orgueilleuse faiblesse de son cœur. Ne lui dites pas qu'il est un administrateur, il en est certainement convaincu ; mais il pensera que vous rabaissez son mérite et qu'un Floquet est tout autre chose qu'un Ferdinand Duval ou un Léon Say. Ne lui dites même pas qu'il est un homme d'État ; bien que les hommes d'État soient rares, et que M. Charles Floquet, témoin de cette rareté, se félicite intérieurement de n'en être pas responsable, il trouvera encore que vous n'avez pas touché le point juste, ni mis le doigt sur son côté fort, sur la vraie trempe de sa cuirasse.

On ne le flatte véritablement qu'en lui disant qu'il est en pierre, comme le Philippe Auguste de la barrière du Trône. *Carole tu es petra!* Pour faire plaisir à M. Floquet, il faut absolument proclamer qu'il est le plus intraitable des Français, le plus inflexible des hommes, un rocher vivant. C'est sa seule prétention ! J'ai parcouru avec un soin scrupuleux la plupart des discours qu'il a prononcés depuis quinze ans; on y trouve invariablement une phrase où cette dûreté apparaît, où cette inflexibilité s'affiche. « Nous autres qui ne transigeons pas... nous autres qui nous attachons obstinément à l'inflexible rigueur des principes... nous, qui nous faisons une loi d'être impitoyables... etc. » C'est presque un refrain. Quand il dit cela, il a cent coudées !

J'ai connu autrefois un capitaine de cavalerie qui avait exactement la même originalité que M. Charles Floquet. Sa cavalerie lui avait tourné la tête. La nature l'ayant fait de stature grêle et d'apparence chétive, il s'efforçait de rattraper cela par son ton, par ses gestes, par ses manières rébarbatives et ses allures dominatrices. Même à pied, il voulait paraître à cheval. Quand il allait au café du Helder, il ne demandait pas son absinthe, mais son *absinthrre*, et au garçon qui lui proposait, suivant la coutume, toutes sortes de correctifs : « *De l'absinthrre purrre, nom de D.. ! »

De tels hommes consentent quelquefois à être méchants pour continuer à paraître forts. En temps de crise surtout, ils peuvent devenir dangereux, par gloriole, pour conserver leur réputation, pour soutenir leur caractère.

La préoccupation de leur rôle et de leur personnage, la peur de déchoir aux yeux des hommes, le souci du qu'en dira-t-on, agissent énergiquement sur ces hommes énergiques et arrachent à leur amour-propre de cruelles sottises. Je suis convaincu, pour ma part, que M. Floquet se vante, ou plutôt se calomnie, en prenant ces airs farouches de croquemitaine républicain ; et qu'on peut dire de lui ce qu'on disait autrefois de Cavaignac : « C'est un roseau peint en fer ! » Je suis sûr, en un mot, qu'il n'est pas plus méchant qu'un autre ; seulement, il ne faut pas le lui dire !

Avec lui, le danger commence au moment même où on lui rend justice, et où on le félicite de n'avoir pas les défauts qu'il veut absolument posséder. C'est pourquoi je sais bien le discours que je lui tiendrais si jamais il était appelé à prononcer sur mon sort. Je suppose un tribunal révolutionnaire quelconque, dans lequel M. Floquet serait juge ou procureur, voici comment je plaiderais ma cause auprès de lui : « O Charles, je n'espère point vous fléchir. Si légères que puissent être à mes propres yeux les fautes que j'ai commises, je sais que ce sont des crimes à vos yeux. Depuis longtemps, j'ai appris à connaître l'indomptable fermeté de votre caractère et l'inflexibilité de votre justice. Depuis longtemps vous avez prouvé au monde que les minéraux ou les métaux les plus durs n'en donnent qu'une imparfaite idée. Vous êtes un homme infrangible et implacable ; et je n'essaierai même pas de vous dire : « O Charles, soyez clément ! »

Il roulerait ses yeux, crisperait ses mains, et transporté de fureur il m'acquitterait !

XII. — LEQUEL ?

J'ai connu un vieillard, presque centenaire, qui avait
assisté à toutes les grandes scènes de la Révolution
française et qui portait sur ces divers épisodes des
jugements aussi personnels qu'intéressants. L'impression lui en était restée très présente et très vive ; il
avait d'ailleurs eu soin de la fixer, toute fraîche, dans
des *Souvenirs* que j'ai parcourus après sa mort et dont
l'originalité m'a reposé des histoires classiques.

J'en détache un passage où je rencontre, sous une
forme familière, l'idée-mère, l'idée-génératrice qui
domine tout le manuscrit :

« La Révolution, que quelques personnes regardaient
» et regardent encore comme une pièce montée
» d'avance, n'a été qu'une suite de surprises pour les
» acteurs aussi bien que pour le public. Personne ne
» savait la veille ce qui arriverait le lendemain, ni le
» matin ce qui se passerait le soir. La célébrité, ou
» au moins l'importance, s'acquérait en quelques jours,
» en quelques heures, pour certains favoris du peu-
» ple. On sentait que de grandes choses allaient se
» faire, mais, en voyant tomber tour à tour ceux sur

» qui l'on comptait pour les accomplir, il était impos-
» sible de ne pas se demander à qui l'Être Suprême ré-
» servait l'héritage de tous ces morts illustres. Depuis
» la nuit du 4 août 1789, à laquelle j'ai applaudi
» dans une tribune, jusqu'au 13 vendémiaire an
» IV, j'ai entrevu que tout cela finirait par un homme,
» et je me suis posé cette question : LEQUEL? »

N'est-il pas vrai que le morceau est de circonstance?
Inutile d'énumérer ici tous les noms, quelques-uns
fort bizarres, d'autres totalement inconnus aujourd'hui,
auxquels s'attache successivement l'auteur, et qu'il
considère comme prédestinés. Il y en a au moins quarante, la plupart d'une médiocrité exemplaire. Pétion
lui apparaît un moment comme le sauveur, comme le
messie de la France. Puis, il arrive à Robespierre, et
s'excuse de n'avoir pas deviné son avenir, en faisant
remarquer que ce défaut de clairvoyance a été général.
Les plus malins s'y trompèrent : « A l'Assemblée
nationale, dit-il, personne ne faisait attention à ce petit
chat qui miaulait de temps en temps dans son coin. On
ne voyait que les lions comme Mirabeau et les mâtins
comme Barnave! »

Eh bien, c'est une question qui, à nous aussi, se
pose et s'impose; nous voyons bien quels sont les
hommes d'aujourd'hui, les hommes de transition, les
hommes provisoires. Quel sera l'homme de demain?
Où est-il? Que fait-il? Est-il seulement sorti de la
foule? Brille-t-il au premier rang parmi ceux auxquels
la fortune politique a souri, ou attend-il patiemment
son tour dans l'ombre? Est-il même averti et conscient

de sa destinée? Est-ce un Robespierre *miaulant* dans son coin, ou un Bonaparte à Brienne ?

Il semble que, dans l'incertitude où nous vivons, au milieu de ce vague qui pèse sur nous et dont il faudra bien que nous sortions un jour ou l'autre, on voie constamment ce gros point d'interrogation qui se dresse devant l'avenir de la France : *Lequel ?*

Je ne fais pas ici de politique, je n'indique pas de préférence, je n'ai pas de candidat à moi ; je me borne à constater que nous restons en face d'une énigme, ou plutôt en face d'un problème à plusieurs inconnues, dont voici l'unique donnée : Quel est l'homme, Président de la République ou Roi, député ou général, avocat ou prétendant, qui nous assurera quinze ans de repos incontestable et incontesté ; non pas quinze années au jour le jour, ce qui est la situation actuelle, mais quinze bonnes années dont on jouisse d'avance, avec la conviction profonde qu'elles ne seront point troublées. On peut dire, sans malice, que la solidité de nos institutions ne suffit pas à nous procurer cette assurance ; il y faut l'intervention d'un homme : d'un homme qui fonde un gouvernement solide ou qui nous persuade que celui-ci, ou un autre, est solide ; toutes solutions qui aboutissent au même résultat : la sécurité. Où est l'homme ?

Pour ma part, je n'ai jamais pu assister à une séance des Chambres et regarder, du haut des tribunes, toutes ces têtes, dont quelques-unes, au moins, sont intelligentes, sans revenir à cette idée, sans en être hanté et obsédé, pour ainsi dire ; ils sont là, tant au Sénat qu'à la Chambre, environ 850, l'élite du pays ou soi-disant telle ; qu'elle est l'X providentiel, connu ou ignoré, qui va bientôt jouer un grand rôle ? Dans cette masse houleuse, qu'elle est la destinée puissante qui s'élabore et grandit ? En voilà un là-bas qui se tait, qui s'isole, qui ferme à demi les yeux quand le président parle ; je demande son nom autour de moi ; personne ne peut me le dire ; il vient de la Creuse ou de la Lozère ou des Basses-Alpes ; l'huissier me confie qu'il a été péniblement élu l'autre jour dans une élection partielle..... Qui vous dit que ce n'est pas le quelqu'un attendu ou marqué ?

Il y a des sommités dans les deux Chambres, il y a des nullités, il y a principalement des médiocrités ; sur lequel de ces trois ordres jetez-vous votre dévolu ? Où croyez-vous que soit l'homme au signe, l'homme au gros lot, qui jouera et gagnera la grande partie ? En haut, en bas ? A droite, à gauche, au centre ? Est-ce un bavard, est-ce un silencieux ? Est-ce un fanfaron qui s'avance ou un hypocrite qui s'efface ? Tenez, sous les tribunes, connaissez-vous ce petit homme sec, en paletot râpé et en cravate blanche ? Sans cette cravate blanche qui fait un point lumineux dans l'obscurité, on ne l'apercevrait même pas. Il s'appelle Duclos ou Duclaud. Connaissez-vous Duclaud ? Il se donne des airs de conventionnel. C'est peut-être lui !

Et cet autre, avec sa grande barbe, sur le sommet de la Montagne ; il a des allures ou au moins des cheveux de prophète Isaïe. C'est un apothicaire ! Il a battu le duc de Mouchy à une voix de majorité et il repré-

sente à la Chambre les descendants de Jeanne Hachette.
Cette réunion de circonstances extraordinaires n'a-t-
elle pas un caractère fatidique? Et cette unique voix
de majorité, n'est-ce pas la goutte d'eau qui fait
déborder le vase? O Boudeville, (il se nomme Boudeville), quel destin t'est promis?

En voici un troisième : je le prends au Sénat, pour
ne pas faire de jaloux. Je ne le connais pas, je ne l'ai
jamais vu, je n'ai pas besoin de le voir. Il s'appelle
Combescure. Est-ce que, vraiment, ce Combescure ne
vous dit rien ? Il y a des noms grands comme le monde :
Nabuchodonosor, par exemple. Quant à moi, j'entrevois
je ne sais quoi de miraculeux dans Combescure ; je
rêve et il m'est impossible de ne pas rêver sur Combescure. Si c'était lui !

Le seul désavantage de MM. Duclaud, Boudeville et
Combescure, c'est d'avoir un semblant de notoriété. Si
peu que ce soit, c'est encore trop. L'inconnu qui passe
dans la rue a plus de chance de plaire à **la Fortune** et
d'être choisi par elle, qu'un sénateur ou un député.
Puisqu'il s'agit d'un miracle, plus le favori sera
obscur, plus le miracle sera éclatant. Rien ne prouve
que ce prodige doive éclore dans nos assemblées politiques. Peut-être il couve et cuit ailleurs, sous l'œil
paternel de quelque municipalité rouge, qui l'emmail-
lotera dans du coton jusqu'à l'heure propice. Peut-être
fait-il ou a-t-il fait partie du conseil municipal de Paris ?
Grands dieux ! Serait-ce Joffrin lui-même ! Joffrin
semblerait tout naturellement appelé à étonner le
monde, si le peuple n'avait déjà, en ce genre, un

certain nombre d'idoles qui reviennent d'un long voyage et avec lesquelles l'illustre Joffrin, lui-même, ne peut *piger*.

La Commune n'a pas dit son dernier mot. Je ne serais pas autrement étonné si l'on me démontrait qu'il faut chercher dans cette foule grouillante et pullulante le fondateur, le pacificateur, le rénovateur, le restaurateur désiré. Cependant, je croirais plus volontiers qu'il se cache dans les rangs de l'armée, en attendant que son jour soit venu et que les évènements le mettent en lumière. Est-ce un général ? On en nomme plusieurs que l'on pose, malgré eux, en usurpateurs ou en prétendants. Il paraîtrait plus piquant que ce fût un simple sous-officier. Les sous-officiers ! Ce sont les benjamins de l'heure présente. L'armée en manque et on leur offre monts et merveilles pour les déterminer à se rengager. Qui nous prouve que notre sort n'est pas dans la main d'un de ces *rengagés*, caporal ou sergent ?

Nous sommes dans un pays et surtout à un moment où tout arrive ; et, pour qu'il vous arrive quelque chose, il n'est pas absolument nécessaire d'être un général. Malouet remarque finement, dans ses *Mémoires*, qu'une certaine division et anarchie des volontés favorise, en temps de révolution, les audaces les plus subalternes. « Marius, dit-il, gouvernait ses démocrates ; Sylla, ses aristocrates ; Cromwell, ses puritains ; chez nous, un seul mot, l'Egalité, a bouleversé les têtes, et aucune forte tête ne s'est montrée pour les contenir. *Il fallait pousser en avant pour se faire remarquer.* Aucun homme fort, dans cette grande époque, si l'on en excepte Mirabeau, n'a pré-cédé Napoléon. »

D'autre part, Armand Marrast avait coutume de dire que le premier venu, dans notre pays, avait des chances pour être roi de France ou pendu. « Seulement, ajoutait-il, il y a plus de chances pour être pendu ! »

Et c'est pourquoi nous répéterons : Lequel sera pendu, lequel sera roi !

———

Mais s'il évite d'être pendu, il évitera beaucoup plus difficilement d'être mangé ; on peut, avec de la chance, se sauver de la corde, mais non de la casserole.

Ainsi que nous l'avions observé au début de ce voyage autour de la République, ce qui caractérise les naturels de ce pays, c'est l'appétit qu'ils ont, l'espèce de fringale maladive qui les porte à se dévorer conti-nuellement les uns les autres. Nous avons eu souvent l'occasion d'assister à ce spectacle, et nous avons pu constater que la consommation d'hommes faite ainsi par le régime est véritablement incalculable. La Répu-blique se dépeuple tous les jours, et l'on se demande avec une certaine curiosité, ce qui adviendra lorsque le dernier républicain aura mangé l'avant-dernier.

Veut-on savoir, sans compter le menu fretin, ce qu'elle a avalé d'hommes politiques, d'hommes d'État et de personnages marquants, dans le court espace de treize années ?

Trois présidents de République : M. Thiers, le maréchal de Mac-Mahon et M. Grévy. Les deux premiers ont disparu longtemps avant terme sous les coups répétés de leurs ennemis. Quant au troisième, il se survit à lui-même. Le régime qu'il représente l'a si radicalement anéanti qu'on se dispute déjà son héritage, et que l'on ne compte plus avec lui que pour lui demander son visa. Il signe encore, il n'existe plus.

La République avait enfanté spontanément un être sensiblement supérieur aux trois présidents qu'on lui a donnés, un fils de son propre sang, en qui elle a paru un moment s'incarner, et par qui elle devait être défendue ; elle l'a tué ! Gambetta est mort de Belleville et d'un abcès.

Viennent ensuite les simples ministres. Imaginez-vous ce qu'elle en a expédié ? SOIXANTE-DIX au moins, en treize ans ; c'est-à-dire quatre ou cinq fois plus que tous les régimes qui l'ont précédée. Elle a tout gaspillé, tout massacré, tout mangé, au point qu'elle ne sait plus où en prendre, et qu'elle en est réduite, depuis un certain temps, à se rejeter sur des personnalités invraisemblables, auxquelles nous la voyons offrir des portefeuilles, uniquement pour marquer que ce sont des victimes destinées à son abattoir, une ressource extrême pour sa faim. Il ne lui reste plus actuellement d'un peu présentable que M. Brisson qui se cache de son mieux sous son fauteuil pour échapper au sort commun, mais qui, certainement, n'y échappera pas. Déjà on le désigne, on le montre du doigt ; on n'entend pas qu'il se dérobe indéfiniment à ce sinistre appel des condamnés. Frère, il faut être ministre ! Frère, il faut mourir !

Anciens ministres. — Voyons d'abord ceux de la droite, royalistes et bonapartistes, dont quelques-uns avaient accepté la République, ou tout au moins voté la constitution.

1° LE DUC DE BROGLIE. — Il a fait le 24 mai et le 16 mai ; qu'en a-t-il fait ? Le destructeur de M. Thiers et de M. Jules Simon a été abattu à son tour, et il aura de la peine à se relever, même sous un roi. Le peuple ne fait pas beaucoup de différence entre lui et Polignac. Chacun des discours qu'il prononce au Sénat est encore un régal ; ce n'est plus un évènement. Il y a incompatibilité absoluë entre le suffrage universel et cet académicien, qui n'est même pas inamovible.

2° M. BUFFET. — Cet honnête homme a au moins été populaire une fois dans sa vie, quand il confectionna, à la vapeur, la constitution républicaine. Il ne supposait pas que sa petite machine ferait bientôt explosion sous lui. La monarchie pourra un jour recoller les morceaux de l'ancien Buffet, et les utiliser pour la présidence de la Cour des comptes.

3° M. BATBIE. — La République n'a fait qu'une bouchée du plus spirituel des mastodontes. On a même oublié son *gouvernement de combat.*

4° M. DE FOURTOU. — Il a changé le fameux proverbe : *dulciter in modo, fortiter in re.* Au lieu d'avoir un gant de velours et une main de fer, il a eu un gant de fer, et une main de cire. Bougie éteinte !

5° M. POUYER-QUERTIER. — La carcasse d'un feu

d'artifice. L'homme qui a tenu tête à Bismarck a aujourd'hui moins d'influence que M. Tolain.

6° BEULÉ. — S'est tué d'un coup de couteau. Paradol avait préféré le pistolet.

7° CAILLAUX. — Non seulement il n'est plus rien ; mais la République songe à lui faire payer ce qui reste des Tuileries.

8° DE CHABAUD-LATOUR. — Saviez-vous qu'il avait été président du conseil ?

9° DE CUMONT. — Le seul dont le nom soit resté célèbre.

10° LE DUC DECAZES. — Il a fallu toutes les bêtises du Tonkin pour qu'on rendît justice à sa mémoire.

11° M. DEPEYRE. — Réduit à l'état de conférencier.

12° M. DE MEAUX. — On disait de lui, en son temps : « Ce n'est pas un aigle, de Meaux ! » On n'en dit pas tant aujourd'hui.

13° M. ERNOUL. — Un jour il s'écria : « Je me suis fait moi-même ! » Il s'est également défait tout seul.

14° M. MATHIEU-BODET. — On pense à lui quand il est question de la révision du cadastre.

15° M. PARIS. — « Cet homme que la nature a eu l'audace de faire laid ! » Le mot est de M. Challemel-Lacour, ancien ministre.

16° M. TAILHAND. — Comparé à M. Martin-Feuillée, il avait du prestige. Il n'en a presque plus.

17° M. DE LA BOUILLERIE... pour les chats ! C'était un mot du temps.

18° M. DE LARCY, mort l'année dernière ; enterré avant décès.

19° M. Magne. — Il avait fait à la République de bonnes finances qu'elle a complètement détruites pour ne rien devoir à un bonapartiste.

20° M. Wallon. — Le père de la République a été mangé par son enfant.

Il faut ajouter à cette liste déjà si longue, et peut-être encore incomplète, un certain nombre de ministres de la guerre et de la marine que l'on range ordinairement parmi les réactionnaires : **MM.** de Cissey, Gresley, Berthaut, du Barrail, Fourichon, Dompière d'Hormoy, de Montaignac, Gicquel des Touches, etc., tous victimes de l'insatiable minotaure.

*
* *

Nous arrivons aux hécatombes du centre gauche, aux martyrs de la République conservatrice.

21° M. Dufaure. — Quand on parle de lui à la Chambre, c'est pour dire une injure à M. Ribot. Aussitôt qu'un novice a l'imprudence de citer son nom, cent députés expriment, sous des formes variées, cette idée simple : « Fichez-nous la paix ! »

22° M. Léon Say — Il a été trois fois ministre, président du Sénat, et ambassadeur à Londres. Maintenant il écrit dans les journaux.

23° M. Waddington. — Celui-ci s'est rattrapé aux branches. On l'a nommé ambassadeur en Angleterre, parce qu'il a un nom anglais ; mais il plaît à M. Gladstone par le grec.

24° M. Ricard — Je crois qu'on lui a élevé une statue. C'est tout ce qui reste de lui.

24° *bis*. M. DE MARCÈRE. — L'ombre d'une ombre.

25° M. BARDOUX. — Il a fallu remuer ciel et terre pour faire de cet homme aimable un sénateur inamovible, et, pour comble de misère, il a subi cette disgrâce d'entendre dire à quelques-uns qu'ils préféraient l'affreux Pressensé, d'ailleurs nommé depuis.

26° M. DE RÉMUSAT. — Le Rémusat de Barodet.

27° M. TEISSERENC DE BORT. — Une invention de M. Thiers, qui n'a pas survécu à son inventeur.

28° M. CASIMIR PÉRIER. — Ce n'est pas le grand, ce n'est pas le petit, c'est le moyen. Ministre, fils de ministre, probablement père de ministre, et, malgré tout, un peu de poussière, comme disait Michel Ney cinq minutes avant de mourir.

29° M. BÉRENGER. — Il a été ministre une heure, en deux fois.

30° M. JULES SIMON. — Le crime de la République !

Restent les républicains proprements dits, les républicains sans épithète. Même pour ceux-là, même pour ces enfants de son lait et de son sang, la République a été une mère de peu d'amour, ou plutôt une dure marâtre. Elles les a dévorés les uns après les autres, et elle continuera jusqu'à parfait achèvement, Mme Saturne! Est-il nécessaire de citer des noms?

31° M. GAMBETTA. — Expédié encore plus vite que les camarades.

32° M. DE FREYCINET. — Il a déjà tâté deux fois de

la rôtissoire, et il faudra qu'il y expose encore très prochainement sa petite personne maigre.

33° CHALLEMEL-LACOUR. — Fini !

34° M. DUCLERC. — Dito.

35° M. JULES FAVRE.
36° M. ERNEST PICARD.   } Antédiluviens et fossiles.

37° M. LEPÈRE. — Depuis qu'il a été ministre de l'Intérieur, il lui est resté un petit dodelinement de la tête, un certain embarras de la langue, et, dans toute sa personne, on ne sait quoi de paterne jusqu'à l'attendrissement. Voilà où l'intérieur vous conduit !

38° M. ALLAIN-TARGÉ. — Allain agonise et Targé râle.

39 M. PAUL BERT. — Le Tantale du maroquin.

40° M. SADI-CARNOT. — Werther ingénieur. Il a installé la Mélancolie aux Travaux publics. Avec lui, les Ponts sont tristes et les Chaussées deviennent hypocondriaques.

41° M. CONSTANS. — Le plus malin de tous. Il est arrivé à faire le silence sur ses œuvres, et même sur ses pompes.

42° M. GOBLET. — Il a été mangé par les gambettistes, mais ils en gardent une arête dans le gosier.

43° M. ROUVIER. — Tenace et vivace. Reviendra sur l'eau. Il a encore quatre ou cinq mois de ministère dans le ventre.

44° M. BARTHÉLEMY SAINT-HILAIRE. — On parle quelquefois de lui à l'Académie des sciences morales.

45° M. CAZOT. — A conservé une certaine réputation dans l'industrie des chemins de fer.

46° M. Humbert. — Enseveli.

47° M. Le Royer. — Embaumé à la présidence du Sénat ; emploie le simula cre de vie dont il jouit encore à se rendre ridicule en retouchant des oraisons funèbres.

48° M. Magnin. — On dit qu'il est gouverneur de la Banque. Financier podagre, il a inventé les budgets goutteux.

49° M. de Mahy. — Je n'ai fait que passer, il n'était déjà plus.

50° MM. Varroy et Victor Lefranc, morts.

51° M. Antonin Proust. — Et rose, il a vécu ce que vivent les roses.

Cette nomenclature est navrante. Si vous le permettez, nous la terminerons par des *et cœtera*, dans lesquels se rencontreront naturellement les ministres comme MM. Farre et Thibaudin qui n'ont jamais été, en effet, que des *et cœtera* ; et aussi le général Billot, les amiraux Jauréguiberry, Pothuau, Cloué ; M. Gougeard, M. Charles Brun, et une vingtaine d'autres noms que la République a usés ; sans compter les sous-secrétaires d'État, les préfets, les magistrats, c'est-à-dire tout le personnel politique, administratif et judiciaire qu'elle a gâché, comme par exemple MM. Ribot, Andrieux et Léon Renault, avant même de s'en servir.

Encore un peu de temps, et son île sera devenue déserte. C'est à peine si on y aperçoit encore quelques Robinsons déjà invalides ou malades. Quand ceux-là auront à leur tour disparu, la République sera où nous en sommes : son voyage sera fini.

TABLE DES MATIÈRES

Imp. PARENT ET Cⁱᵉ, 13, rue de Buci, Paris.

ERRATUM

Page 131, ligne sept, au lieu de : *poser pour orateurs*, lire : *poser pour l'orateur*.

CHARLES COURRET

A L'EST ET A L'OUEST

DANS

L'OCÉAN INDIEN

SUMATRA

LA COTE DU POIVRE — MASSACRE DE LA MISSION WALLON A ATJEH

ZANZIBAR — NOSSI-BÉ — MOZAMBIQUE — QUELIMANE — LE ZAMBÈZE

ET LA ROUTE DES GRANDES MERS INTÉRIEURES

ÉDITION ORNÉE

d'une carte de la Zambèzie et de douze dessins de

D'APRÈS LES PHOTOGRAPHIES DE L'AUTEUR

Un beau et fort volume in-18 jésus. — Pr